金融供给侧结构性改革下的中小企业融资与订购策略

Financing and Ordering Strategy for
SMEs with Supply-side Structural Reform

燕汝贞　著

中国社会科学出版社

图书在版编目(CIP)数据

金融供给侧结构性改革下的中小企业融资与订购策略/燕汝贞著.—北京：中国社会科学出版社，2024.1
ISBN 978-7-5227-3073-8

Ⅰ.①金… Ⅱ.①燕… Ⅲ.①中小企业—企业融资—研究—中国 Ⅳ.①F279.243

中国国家版本馆CIP数据核字(2024)第011982号

出 版 人	赵剑英	
责任编辑	王　衡	
责任校对	朱妍洁	
责任印制	王　超	

出　　版	中国社会科学出版社	
社　　址	北京鼓楼西大街甲158号	
邮　　编	100720	
网　　址	http://www.csspw.cn	
发 行 部	010-84083685	
门 市 部	010-84029450	
经　　销	新华书店及其他书店	
印　　刷	北京君升印刷有限公司	
装　　订	廊坊市广阳区广增装订厂	
版　　次	2024年1月第1版	
印　　次	2024年1月第1次印刷	
开　　本	710×1000　1/16	
印　　张	15.5	
字　　数	278千字	
定　　价	78.00元	

凡购买中国社会科学出版社图书，如有质量问题请与本社营销中心联系调换
电话：010-84083683
版权所有　侵权必究

国家社科基金后期资助项目

出 版 说 明

后期资助项目是国家社科基金设立的一类重要项目，旨在鼓励广大社科研究者潜心治学，支持基础研究多出优秀成果。它是经过严格评审，从接近完成的科研成果中遴选立项的。为扩大后期资助项目的影响，更好地推动学术发展，促进成果转化，全国哲学社会科学工作办公室按照"统一设计、统一标识、统一版式、形成系列"的总体要求，组织出版国家社科基金后期资助项目成果。

全国哲学社会科学工作办公室

前　　言

作为国民经济和社会发展的重要力量，中小企业是社会主义市场经济的重要组成部分，在扩大就业、改善民生、优化创新创业结构等方面均起到了重要作用。然而，中小企业的发展普遍存在融资渠道狭窄、融资费用昂贵、信用低、核心竞争力弱、生命周期较短等诸多问题。正如习近平总书记在2018年11月1日主持召开的民营企业座谈会上所指出，解决民营企业融资难融资贵问题，要优先解决民营企业特别是中小企业融资难甚至融不到资问题，同时逐步降低融资成本[①]。

为了促进中小企业实现更好更快的发展，也是为了达到经济社会高质量发展的目标，解决中小企业融资难题已刻不容缓，而金融供给侧结构性改革的提出和实施，为此问题的解决提供了一个新的思路和契机。金融供给侧结构性改革是着力于改善金融供给侧，创新金融产品，推动金融业健康发展，优化金融机构体系、市场体系、产品体系和中小企业融资结构，推进多层次资本市场体系建设，大力发展中小微企业的直接融资，知识产权质押融资、供应链融资、互联网融资等多元化融资模式，提升金融市场的运行效率；丰富和完善金融产品体系，提高金融服务和产品的质量、效率和深度。这些举措将在很大程度上解决中小企业融资难问题。在此背景下，本书以供应链管理中的零售商为例，重点分析中小企业（零售商）在面临多种融资方式时的融资策略与企业订购策略问题。

本书主要以中小企业为研究对象，以市场需求变化为主线，较为系统全面地研究线性市场需求、随机市场需求以及特殊分布市场需求等情形下的中小企业融资与订购问题。首先，阐述本书的研究背景，以及国内外研究现状，并梳理和分析金融供给侧结构性改革对中小企业融资与订购策略的影响机理；其次，研究经典线性需求下的企业融资策略问题，针对具有

---

① 新华网，http://www.xinhuanet.com/politics/2018-11/01/c_1123649488.htm；中华人民共和国中央人民政府网，https://www.gov.cn/xinwen/2018-11/01/content_5336540.htm。

扩张属性的市场，引入市场扩张性系数，分析企业融资策略问题；再次，研究随机市场需求情形下的企业订购策略问题，还研究了在随机市场需求下考虑期权合同的企业订购策略问题；复次，在随机市场需求下，针对某些突发事件导致的市场需求剧烈波动情形，研究极端需求风险下企业订购策略问题；同时，考虑一类特殊的市场需求，也就是市场需求服从两点分布情形，研究此情形下企业融资与订购策略问题；最后，从差异化市场需求与政策法规体系等角度提出优化中小企业发展的对策建议。相关结论既可以为中小企业融资实践提供指导，降低企业融资成本、缓解融资困境，还可以为国家相关金融政策的制定提供理论借鉴和参考。

本书可供管理学、经济学等相关学科的高等院校师生，以及从事供应链管理研究的专业人员、中小企业运营管理人员借鉴与参考。在本书撰写过程中，得到了四川农业大学高伟、杜雪平、谭慧存，成都理工大学吴栩、淳正杰、张希、冯茜颖等专家的指导，特此表示感谢！同时，也感谢成都理工大学邱启文、张鹤立、张菁洋、王丽瑛、杨培新、陈柯，以及四川大学李冉等学生在数据收集与资料整理等方面所做的工作。由于笔者水平有限，书中难免有不妥之处，敬请各位专家批评指正。

目　　录

第一章　绪论 …………………………………………………（1）
　　第一节　选题背景与意义 …………………………………（1）
　　第二节　文献综述 …………………………………………（3）
　　第三节　研究内容 …………………………………………（33）

**第二章　金融供给侧结构性改革对企业融资与订购行为的
　　　　　影响机理** ……………………………………………（40）
　　第一节　国内中小企业发展现状 …………………………（40）
　　第二节　金融供给侧结构性改革概述 ……………………（70）
　　第三节　影响机理分析 ……………………………………（83）

第三章　线性市场需求下中小企业融资策略研究 …………（86）
　　第一节　问题描述和符号说明 ……………………………（86）
　　第二节　供应商单向持股零售商的融资模型 ……………（87）
　　第三节　供应商与零售商交叉持股的融资模型 …………（91）
　　第四节　数值示例分析 ……………………………………（95）
　　第五节　本章小结 …………………………………………（108）

**第四章　线性市场需求下考虑市场开拓的中小企业融资
　　　　　策略研究** ……………………………………………（109）
　　第一节　问题描述 …………………………………………（109）
　　第二节　融资决策模型与均衡分析 ………………………（111）
　　第三节　数值示例分析 ……………………………………（117）
　　第四节　本章小结 …………………………………………（119）

第五章　随机市场需求下中小企业订购策略研究 …………（120）
　　第一节　问题描述 …………………………………………（120）

第二节　模型构建和分析 ………………………………………… (121)
　　第三节　数值示例分析 …………………………………………… (132)
　　第四节　本章小结 ………………………………………………… (136)

第六章　随机市场需求下考虑期权合同的中小企业订购
　　　　　策略研究 ………………………………………………… (138)
　　第一节　问题描述 ………………………………………………… (139)
　　第二节　最优订购策略模型构建与分析 ………………………… (140)
　　第三节　数值示例分析 …………………………………………… (146)
　　第四节　本章小结 ………………………………………………… (151)

第七章　极端市场需求风险下中小企业订购策略研究 ………… (153)
　　第一节　问题描述 ………………………………………………… (153)
　　第二节　模型构建与分析 ………………………………………… (155)
　　第三节　数值示例分析 …………………………………………… (171)
　　第四节　本章小结 ………………………………………………… (177)

第八章　特殊分布市场需求下中小企业融资与订购策略
　　　　　研究 ……………………………………………………… (179)
　　第一节　问题描述 ………………………………………………… (179)
　　第二节　特殊分布需求下的中小企业融资决策 ………………… (180)
　　第三节　特殊分布需求下的中小企业订购策略研究 …………… (192)
　　第四节　本章小结 ………………………………………………… (207)

第九章　金融供给侧结构性改革下优化中小企业高质量发展的
　　　　　对策建议 ………………………………………………… (208)
　　第一节　线性市场需求下企业融资优化建议 …………………… (209)
　　第二节　随机市场需求下企业订购优化建议 …………………… (210)
　　第三节　特殊分布需求下企业融资与订购优化建议 …………… (211)
　　第四节　促进中小企业发展的政策建议 ………………………… (212)

结　论 ……………………………………………………………… (224)

参考文献 …………………………………………………………… (226)

第一章 绪论

第一节 选题背景与意义

中小企业是国民经济和社会发展的重要力量，在扩大就业、改善民生、优化创新创业等方面起到了重要作用。然而，融资难融资贵的问题却一直悬而未决，严重制约着中小企业的健康发展。在经济新常态背景下，解决中小企业融资困境问题已刻不容缓，而金融供给侧结构性改革的提出和实施，恰恰为此问题解决提供了一个新的思路。

2019年2月，中共中央政治局集体学习时指出，要深化金融供给侧结构性改革、增强金融服务实体经济能力。同年4月，中共中央办公厅、国务院办公厅印发的《关于促进中小企业健康发展的指导意见》中明确指出，要完善中小企业融资政策，积极拓展融资渠道，探索实施民营企业股权融资支持工具，研究促进中小企业依托应收账款、供应链金融等进行融资。同年12月的中央经济工作会议上也重点指出，抓好深化金融供给侧结构性改革、更好缓解民营和中小微企业融资难融资贵问题，是未来必须抓好的重点工作。

新冠疫情暴发以来，中小微企业受到了很大影响，面临很大的融资困难。在此背景下，2020年2月1日，中国人民银行等相关部门联合印发了《关于进一步强化金融支持防控新型冠状病毒感染肺炎疫情的通知》，明确指出要强化制造业、小微企业等重点领域的资金支持，较好地降低企业融资成本的目标；同时，对于那些发展前景较好，但是短时间内遭受疫情影响而陷入资金困境的企业，特别是小微企业，不得盲目抽贷、断贷、压贷。同时，2021年的政府工作报告中也对中小微企业和小微金融给予了更多关注，并全面部署了缓解和解决中小微企业融资贵融资难问题的政策措施，比如，继续执行制度性减税政策；延续普惠小微企业贷款延期还本付息政策；要求大型商业银行的普惠小微企业贷款增长目标不低于50%，金融系统向实体经济让利1.5万亿元；延长中小微企业融资担保、降费、奖补等政策；进一步完善与优化中小微企业信贷风险分担补偿机制；创新供应链金融服务模式；等等。在直接融资方面，为了更好地服务创新型中小企业高质量发展，2021年9月2日，习近平总书记在中国国际服务贸易交易会全球服务贸易峰会上发表视频致辞，指出继续支持中小企业创新发展，深化新三板改革，设立北京证券交易所，打造服务创新型中小企业主阵地[1]。中国证监会也表示，将坚持错位发展、突出特色建设背景证券交易所，更好地服务创新型中小企业高质量发展。

现阶段，在金融供给侧结构性改革背景下，本书将供应链金融纳入融资模式分析框架，既可以有效丰富现有研究主题，拓展已有研究视角，还可以将公司金融的资本结构理论、最优化理论中的博弈论、非线性规划等应用于中小企业融资优化问题中，拓展已有研究方法，为解决融资难融资贵问题提供一个新的思路和视角，并进一步促进不同学科间交叉融合。此外，本书从金融供给侧的视角，引入供应链金融、融资结构等要素，优化企业融资模式，相关结论可以为中小企业融资实践提供指导，降低企业融资成本、缓解融资困境，促进中小企业健康发展；同时，本书相关研究也是紧扣习近平总书记在民营企业座谈会上的讲话、2019年和2020年中央经济工作会议、2021年工业和信息化部与国家发展和改革委员会等联合印发的《"十四五"促进中小企业发展规划》，以及2022年和2023年国务院促进中小企业发展工作领导小组办公室分别印发的《加力帮扶中小微企业纾困解难若干措施》《助力中小微企业稳增长调结构强能力若干措施》，相关研究成果还可为国家相关金融政策的制定提供理论借鉴和参考[2]。

综上所述，现阶段在金融供给侧结构性改革背景下研究中小企业融资问题，分析融资问题对企业订购策略的影响，具有重要的理论价值和显著的社会意义。

---

[1] 中华人民共和国商务部，http://www.mofcom.gov.cn/article/ae/ldhd/202109/20210903194591.shtml。
[2] 中华人民共和国中央人民政府网，https://www.gov.cn/zhengce/zhengceku/2021-12/17/content_5661655.htm，https://www.gov.cn/xinwen/2022-05/09/content_5689338.htm，https://www.gov.cn/zhengce/zhengceku/2023-01/15/content_5737024.htm。

第二节 文献综述

一 企业融资约束的相关研究

作为全球中小企业普遍存在的问题，融资困境既是众多企业管理者和投资人重点关注的对象，又是大部分学者集中研究的话题。学者基于大量文献，试图利用理论研究找到缓解企业融资困境的有效方法。

从国外的融资情况来看，融资困境问题广泛存在于各个国家。早期英国面临经济危机时，由于金融机构不愿意向国内的中小企业提供资金支持，导致英国的企业一直存在资金约束的问题，这就是著名的麦克米伦缺口。事实上各个国家的中小企业均面临不同程度的麦克米伦缺口困境。并且，致使中小企业融资难的原因由于所处历史因素、经济发展阶段以及制度等而各不相同，所以各国根据具体情况采用的解决措施也有所差异。Sprcic 和 Wilson[1]强调，发达国家企业的资本结构具有多样性，多数较不发达国家的企业却只有依赖于银行贷款这种单一的融资模式。Sakai[2]研究日本资产泡沫破裂之后是否还普遍具有融资限制现象，以及融资限制对于日本企业发展投资的影响，研究发现，1991~2000 年以及 2010~2016 年，日本大型上市公司的研发和实物投资都存在较为明显的融资限制。Bartram 等[3]根据美国工厂的数据强调，资金约束影响企业的碳排放行为，影响相邻地区的发展。杨凤娟[4]指出，发达国家融资困难的原因，包括市场"看不见的手"、中小企业自身特点以及金融业的特殊性等，并总结了各国解决中小企业融资困境所采取的方案。

近年来，不同国家的政府逐步完善和优化对中小企业的扶持制度。Du[5]通过应用多变量 OLS 回归分析来探讨各国政府腐败对企业融资模式的影响，研究发现腐败会通过公司治理的渠道影响公司融资模式，较高的

---

[1] Sprcic D. M., Wilson I., 2007: "The Development of the Corporate Bond Market in Croatia", *EuroMed Journal of Business*, Vol. 2, No. 1, pp. 74~86.

[2] Sakai H., 2020: "Did Financing Constraints Cause Investment Stagnation in Japan After the 1990s?", *Journal of Corporate Finance*, Vol. 64, p. 101673.

[3] Bartram S. M., Hou K., Kim S., 2022: "Real Effects of Climate Policy: Financial Constraints and Spillovers", *Journal of Financial Economics*, Vol. 143, pp. 668~696.

[4] 杨凤娟:《发达国家解决中小企业融资难的举措及借鉴》,《经济问题》2004 年第 3 期。

[5] Du J., 2008: "Corruption and Corporate Finance Patterns: An International Perspective", *Pacific Economic Review*, Vol. 13, No. 2, pp. 183~208.

政府腐败会提高企业对银行融资的依赖性。蒋志芬和赖宇[1]根据不同国家解决中小企业融资问题的经验指出，美国政府偏向利用政策引导中小金融机构来支持企业的发展，包括制定法律法规消除不公平的竞争、设立风险投资基金以及成立专门的中小企业金融服务机构等。日本则主要依靠直接向企业注入资金的方式来缓解其融资困境，并着重利用多种信用担保手段帮助企业提高信用水平。虽然日本的政策性支持力度大，但是也存在手续较为繁杂且财政成本较高等问题。与美国和日本不同的是，德国对中小企的支持偏向于利用金融机构的融资服务来拓宽资金约束企业融资渠道。特别是在融资渠道方面，德国的金融市场与中国的融资现状较为相似，主要是以银行为代表的间接融资。并且，德国强调，由于解决中小企业的融资问题是一个长期的系统的任务，需要在不同国家的经验基础上，结合国内实际情况来制定有效的战略。事实上，发达国家中小企业融资的担保体系较为完善，并鼓励创业投资和创新，这些都有利于中小企业融资。

从国内的融资情况来看，国内中小企业的融资问题具有一定的特殊性，主要集中在融资难和融资贵两个方面。融资难是指中小企业面临资金约束时难以从各种渠道获得资金，融资贵则是指企业获得融资后所付出的成本较高。这一问题直接影响了中国中小企业的可持续发展。根据中国中小企业协会调研发现，虽然中国人民银行多措并举"精准滴灌"中小企业，但资金进入中小企业的渠道仍然不畅，小微企业融资难，账款拖欠，现金流紧张；截至2022年12月，流动资金指数为85.1，比上月下降0.2；融资指数为90.2，环比下降0.4点。所调查的8个行业中，5个行业融资指数下降、7个行业应收账款上升[2]。融资约束在很大程度上限制了国内中小企业的发展，不仅极大地抑制了企业的创新[3]，还阻碍了企业改善自身规模效率[4]。细分企业的属性，非国有企业的融资约束不仅影响增值税减税对企业的影响，还限制了宏观政策对经济的拉动作用[5]。进一步研究显示，2006~2013年，中国减少地方公共债务，使得民营企业的

---

[1] 蒋志芬、赖宇：《国外扶持中小企业发展的金融举措及借鉴》，《现代经济探讨》2004年第4期。
[2] 中国中小企业协会，https://ca-sme.org/content/Content/index/id/37404。
[3] 张璇、刘贝贝、汪婷等：《信贷寻租、融资约束与企业创新》，《经济研究》2017年第5期。
[4] 石晓军、张顺明：《商业信用、融资约束及效率影响》，《经济研究》2010年第1期。
[5] 梅冬州、杨龙见、高崧耀：《融资约束、企业异质性与增值税减税的政策效果》，《中国工业经济》2022年第5期。

投资受限，使企业普遍面临资金约束①。

大量学者针对国内中小企业融资难和融资贵的问题进行了深入的研究。针对企业融资难的原因，杨宗昌和田高良②指出，中小企业的融资困难一直存在，导致融资困难既有企业自身的原因，也有外部因素的影响。如中小企业公司财务制度不健全，贷款规模小而手续烦琐，经营状况不稳定，缺乏相应的政府激励政策等。根据白月③、郭娜④对企业融资现状的分析可知，中小企业信用评级低、融资渠道较窄等原因长期制约着企业的发展，既需要鼓励企业完善信用担保机制，还需要推动企业和政府的共同努力来缓解企业的融资困难。另外，赵岳和谭之博⑤、于海静和康灿华⑥、姚耀军和董钢锋⑦的研究显示，引入电子商务平台帮助企业改善信用状况，推动银行业结构调整等措施可以有效缓解企业的融资约束。林毅夫和李永军⑧强调，信息非对称是导致企业融资难的根本原因，商业银行对小微企业不具有信息优势，为了避免由于信息非对称而导致的逆向选择和道德风险等问题，银行通常不愿意给中小企业提供融资贷款。林毅夫和孙希芳⑨又指出，正是由于中小企业经营信息不透明，又缺乏足够的抵押担保资产，要想通过正规金融机构获得贷款显然非常艰难。并且，民营企业的融资难问题还会进一步加剧中小企业用工难和大学生就业难的问题，只有将降低民营企业的融资成本降低到国有企业的市场水平，才有可能缓解此类问题⑩。

事实上，根据Stein⑪的研究，在发展中国家和地区的非金融机构可

---

① Huang Y. M., Pagano U., Panizza U., 2020: "Local Crowding Out in China", *Journal of Finance*, Vol. 75, No. 6, pp. 2855~2898.
② 杨宗昌、田高良：《浅析中小企业融资难的原因与对策》，《会计研究》2001年第4期。
③ 白月：《中国中小企业融资状况与前景》，《财经问题研究》2016年第1期。
④ 郭娜：《政府？市场？谁更有效——中小企业融资难解决机制有效性研究》，《金融研究》2013年第3期。
⑤ 赵岳、谭之博：《电子商务、银行信贷与中小企业融资——一个基于信息经济学的理论模型》，《经济研究》2012年第7期。
⑥ 于海静、康灿华：《基于供应链金融视角的中小企业融资机制研究》，《南开经济研究》2017年第4期。
⑦ 姚耀军、董钢锋：《中小企业融资约束缓解：金融发展水平重要抑或金融结构重要？——来自中小企业板上市公司的经验证据》，《金融研究》2015年第4期。
⑧ 林毅夫、李永军：《中小金融机构发展与中小企业融资》，《经济研究》2001年第1期。
⑨ 林毅夫、孙希芳：《信息、非正规金融与中小企业融资》，《经济研究》2005年第7期。
⑩ 申广军、姚洋、钟宁桦：《民营企业融资难与我国劳动力市场的结构性问题》，《管理世界》2020年第2期。
⑪ Stein J. C., 2002: "Information Production and Capital Allocation: Decentralized Versus Hierarchical Firms", *Journal of Finance*, Vol. 57, No. 5, pp. 1891~1921.

利用人缘、地缘关系等途径获得企业信息，克服信息不对称的问题，可以有效缓解企业的融资约束。肖晶[1]认为，推动中小金融机构的发展可以缓解企业的融资约束，特别是在金融市场化程度较高的地区，并且与规模较大的企业相比，规模较小企业受到的激励作用会更明显。王筱筱等[2]通过研究政府补贴和国有资本参股对企业PPP（政府和社会资本合作）的影响发现，国有参股的担保效应能够提升金融中介发放贷款的意愿。宁博等[3]强调，当资金约束的民营企业加入政府成立的地域商会组织，可获得更多的信贷支持和商业信用，可以有效缓解融资约束。王孝钰等[4]认为，商帮文化可提高企业间的信息沟通，进而增加企业获得商业信用的概率，并且这种运营理念受到企业的规模和市场化水平等因素的影响。刘贯春等[5]强调，对于具有差异化债务规模和研发密集度的企业而言，加强地方政府债务治理可以显著缓解企业投融资期限的错配问题。Zhang和Vigne[6]根据江苏省2005~2013年制造业企业数据，评估融资—污染减排政策工具对企业绩效的影响，结果显示融资减排政策对高污染企业绩效具有惩罚效应，且可有效缓解企业的融资问题。Yan等[7]认为，当供应链中的供应商面临资金约束时，可以通过平台融资来获得资金支持，这种方式可以提高供应商市场份额和利润。Xie等[8]指出，供应链金融可以缓解参与者的资金约束，但需求风险可能导致债务人违约，企业可以通过使用双渠道融资来缓解资本约束并降低供应链信用风险的传染效应。

---

[1] 肖晶：《中小金融机构的发展缓解了中小企业融资约束吗？——基于地区制度环境差异化的研究》，《金融论坛》2016年第2期。

[2] 王筱筱、李时宇、袁诚：《政府补贴和国有参股对参与PPP企业外部融资的影响》，《金融研究》2022年第3期。

[3] 宁博、潘越、汤潮：《地域商会有助于缓解企业融资约束吗？——来自A股民营上市企业的证据》，《金融研究》2022年第2期。

[4] 王孝钰、高琪、邹汝等：《商帮文化对企业融资行为的影响研究》，《会计研究》2022年第4期。

[5] 刘贯春、程飞阳、姚守宇等：《地方政府债务治理与企业投融资期限错配改善》，《管理世界》2022年第11期。

[6] Zhang D., Vigne S. A., 2021: "The Causal Effect on Firm Performance of China's Financing-pollution Emission Reduction Policy: Firm-level Evidence", *Journal of Environmental Management*, Vol. 279, p. 111609.

[7] Yan N., Liu Y., Xu X., et al., 2020: "Strategic Dual-channel Pricing Games with E-retailer Finance", *European Journal of Operational Research*, Vol. 283, pp. 138~151.

[8] Xie X., Shi X., Gu J., et al., 2023: "Examining the Contagion Effect of Credit Risk in a Supply Chain under Trade Credit and Bank Loan Offering", *Omega-International Journal of Management Science*, Vol. 115, p. 102751.

Zheng 等①从市场不确定性的角度研究再制造供应链的融资决策,研究发现,与不承担回收成本的零售商分享收入,可以在资金受限的再制造供应链中实现协调。

针对企业融资贵的难题。陈道富②对企业融资现状的研究表明,在市场经济发展过程中,由于金融市场的自由化、经济结构的调整、市场机制的完善,企业融资贵的问题,既是时代的产物,也是多种不同原因所导致的结果。吕劲松③指出,由于金融体系发展不完善,当前用以替代无风险利率的国债利率处于较高的水平,大部分中小企业迫于融资压力转向民间金融,而民间金融缺乏足够的监管,融资风险大且借贷利率相对较高,企业的融资成本自然会增加。尹志超等④利用国内某地区 2007～2013 年企业的信贷数据时发现,企业的借贷利率会随着贷款次数的增加而增加,借贷成本也会相应增加。但是,银行业间的竞争则会降低企业的借贷成本,企业规模和信用等级的差异化也会对借贷成本产生不同的影响。另外,银行业间的竞争对企业的借贷成本存在一定影响⑤。Tran⑥ 研究外资持股对新兴股票市场债务融资成本的影响,发现外资所有权对企业债务成本有负向影响,这种影响在非国有企业和财务约束企业中更强。Yu 和 Yan⑦ 根据 2008～2018 年 A 股非金融类上市公司的企业层面数据,发现僵尸企业显著增加了正常企业的债务融资成本,并且在外部融资依赖度高的行业、

---

① Zheng Y. Y. , Zhao Y. X. , Wang N. M. , et al. , 2022: "Financing Decision for a Remanufacturing Supply Chain with a Capital Constrained Retailer: A Study from the Perspective of Market Uncertainty", *International Journal of Production Economics*, Vol. 245, p. 108397.
② 陈道富:《我国融资难融资贵的机制根源探究与应对》,《金融研究》2015 年第 2 期。
③ 吕劲松:《关于中小企业融资难、融资贵问题的思考》,《金融研究》2015 年第 11 期。
④ 尹志超、钱龙、吴雨:《银企关系、银行业竞争与中小企业借贷成本》,《金融研究》2015 年第 1 期。
⑤ Agostino M. , Trivieri F. , 2008: "Banking Competition and SMES Bank Financing Evidence from the Italian Provinces", *Journal of Industry Competition & Trade*, Vol. 8, No. 1, pp. 33～53; Ryan R. M. , O'Toole C. M. , Mccann F. , 2014: "Does Bank Market Power Affect SME Financing Constraints?", *Journal of Banking & Finance*, Vol. 49, pp. 495～505; Chong T. T. L. , Lu L. , Ongena S. , 2013: "Does Banking Competition Alleviate or Worsen Credit Constraints Faced by Small and Medium Enterprises Evidence from China", *Journal of Banking & Finance*, Vol. 37, No. 9, pp. 3412～3424.
⑥ Tran Q. T. , 2022: "Foreign Ownership and Cost of Debt Financing: Evidence from an Emerging Market", *International Journal of Emerging Markets*, Vol. 17, pp. 2278～2289.
⑦ Yu H. , Yan X. , 2022: "Advance Selling under Uncertain Supply and Demand: A Robust Newsvendor Perspective", *International Transactions in Operational Research*, Early Access Aug.

非国有企业和中小企业中较为显著。进一步地，边文龙等①强调，若监管机构可以准许更多民营银行进入市场、减少对贷款利率的干预以及出台政策鼓励企业提高贷款容忍度，市场的竞争程度将会有所提高，中小企业的借贷成本也会明显下降。此外，Beck 等②、Torre 等③的研究显示，推动新型贷款技术的发展有助于缓解企业融资贵的问题。Ameli 等④强调，发展中经济体的脱碳路径受到不同加权平均资本成本（WACC）假设的影响，获得低成本融资对于发展中经济体向绿色能源转型至关重要。

二 企业融资模式的相关研究

企业陷入融资困境的原因复杂多样，要想彻底解决企业的融资贵融资难问题，除了要改善外部环境，还需要持续不断地优化企业内部融资结构，系统提升企业运营水平。这是因为，企业所选择的融资模式是否合理关系到融资效率的高低，而融资效率又是决定企业融资成本多少的重要因素，只有融资成本得以降低，中小企业所面临的融资困境才能得到有效缓解。因此，企业在解决融资问题时需要重点关注融资结构问题，也就是说，除了日趋完善的政策措施、稳定的市场环境以及不断降低的税费等外部因素，企业的综合竞争力、信用水平以及财务的规范性等内部因素以外，融资模式的选择很大程度上也是企业能否顺利融资以及渡过融资难关的关键一步。

现实中，作为共享经济的典型代表，共享单车 OFO 自创立以来已经历 10 轮融资，既有 2017 年超过 10 亿美元的股权融资，也有 2018 年 8.66 亿美元的股权和抵押债权融资，还有利用商业信用向上游供应商获得的内部融资。目前由于经营和融资问题，面临着押金退还等众多危机，与 OFO 相关的零部件供应商随之陷入资金困境，但不可否认当初 OFO 利用

---

① 边文龙、沈艳、沈明高：《银行业竞争度、政策激励与中小企业贷款——来自 14 省 90 县金融机构的证据》，《金融研究》2017 年第 1 期。
② Beck T., Demirgüç-Kunt A., Pería M. S. M., 2011: "Bank Financing for SMEs: Evidence Across Countries and Bank Ownership Types", *Journal of Financial Services Research*, Vol. 39, No. 1, pp. 35~54.
③ Torre A. D. L., Pería M. S. M., Schmukler S. L., 2010: "Bank Involvement with SMEs: Beyond Relationship Lending", *Journal of Banking & Finance*, Vol. 34, No. 9, pp. 2280~2293.
④ Ameli N., Dessens O., Winning M., et al., 2021: "Higher Cost of Finance Exacerbates a Climate Investment Trap in Developing Economies", *Nature Communications*, Vol. 12, No. 1, p. 4046.

的多种融资模式一度使其占据了行业的龙头位置。相反，若企业的融资模式选择不当，潜在的风险将会给企业带来无法挽回的损失。网上商城1号店成立于2008年7月，为企业的生存一味追求股权融资，从成立到破产总共经历了6轮融资，在2010年1号店以8000万元的融资额出让了公司80%的股权给中国平安，此后沃尔玛多次从中国平安公司手中受让股权，最终实现了对1号店的全资控股，2015年失去1号店控制权的创始人于刚和刘峻岭离职。共享单车OFO和网上商城1号店的发展历程具有一定的相似性和差异性，相似的是两者都经历过多轮融资，不同的则是前者选择利用多种混合融资模式，而后者主要依靠单一的股权融资模式。前者因为融资一度占据了极大的市场份额，后又因为融资等原因危机重重，而后者也因为融资模式选择不当最终被全额控股。这说明企业顺利获得融资只是第一步，如何利用融资来优化自身利润水平才是企业长期稳定发展的根本。因此，分析企业如何针对不同融资模式的差异性选择最优的融资方案，从而达到优化自身利润的目的具有最重要的意义。

值得注意的是，以往研究中大部分关于内外部融资的划分是针对企业自身而言，是指企业将从事各类经营活动所获得的多种形式资本金转换为留存收益并用以投资的过程。而本书所提到的内部或外部融资行为是将上下游企业所处的供应链作为整体来进行划分，即此处的内部融资是指供应链中的资金约束企业与上下游企业之间的融资行为，而外部融资则是指资金约束企业向上下游企业以外的外部投资者、金融机构等寻求的融资支持。

（一）企业内部融资模式研究

这里讨论的内部融资是将内部融资以中小企业以及上下游企业所处的供应链为研究对象，分析供应链内部的融资行为，主要包括商业信用融资、单向和交叉持股融资两种模式。

商业信用是中小企业利用延迟支付或预收货款等形成的借贷关系，它是一种允许零售商未付款前就能从供应商处取得全部的货物，并可以在获得销售收入后再支付相应货款的内部融资模式[1]。对短期缺乏资金的企业来说，利用商业信用融资可以有效缓解资金压力[2]。这是因为，大部分中

---

[1] Mahata G. C., 2016: "Optimal Ordering Policy with Trade Credit and Variable Deterioration for Fixed Lifetime Products", *International Journal of Operational Research*, Vol. 25, No. 3, pp. 307~326; Seifert D., Seifert R. W., Protopappa-Sieke M., 2013: "A Review of Trade Credit Literature: Opportunities Forresearch in Operations", *European Journal of Operational Research*, Vol. 231, No. 2, pp. 245~256.

[2] 王文利、骆建文：《基于价格折扣的供应链预付款融资策略研究》，《管理科学学报》2014年第11期；石晓军、张顺明：《商业信用、融资约束及效率影响》，《经济研究》2010年第1期。

小企业的初始资金有限，若在短期内支付大量的货款，可能导致企业面临资金链断裂的风险。因此，商业信用对于资金短缺的企业来说是一种重要的内部融资模式。Guariglia 和 Mateut[1]根据英国 609 家企业在 1980～2000 年的面板数据，利用实证分析来验证货币政策引导的商业信用对信用渠道的影响，研究发现商业信用是影响库存投资的因素之一。Fisman 和 Love[2]在 Rajan 所提出的方法和数据基础上，通过研究商业信用对企业实际增长的影响时发现，在金融市场相对发达而金融机构较为落后的国家中，偏向使用商业信用行业的平均规模具有更快的增长速度。黄兴李等[3]以 2002～2013 年上市公司的数据为研究对象，重点分析不同货币政策背景下的商业信用融资对企业投资行为的影响，研究发现经济萧条时期下的商业信用融资可以有效刺激企业的投资行为，特别是那些投资不足的企业。陆正飞和杨德明[4]比较分析替代性融资理论和买方市场理论指出，由于债权人和债务人间存在信息不对称，较银行等金融机构提供的融资而言，商业信用融资拥有更多的信息优势。Jiang 等[5]引入信用评级因素，研究资金约束零售商在商业信用和银行借贷下的决策，发现信用评级较低的零售商更偏向于商业信用。An 等[6]在碳排放管制情形下，研究资金约束制造商利用绿色信贷融资和传统的商业信用融资下的最优决策，研究发现制造商可以通过设定绿色投资系数来使双方达到共赢。

从长期来看，若中小企业拖欠上游零售商的货款，导致企业的不良资产累积，则会产生信用风险。余明桂和潘红波[7]基于商业信用的竞争假说提出，经济状况较好区域的私有企业偏向利用商业信用作为竞争手段。但

---

[1] Guariglia A., Mateut S., 2006: "Credit Channel, Trade Credit Channel, and Inventory Investment: Evidence from a Panel of UK Firms", *Journal of Banking & Finance*, Vol. 30, No. 10, pp. 28～56.

[2] Fisman R., Love I., 2003: "Trade Credit, Financial Intermediary Development, and Industry Growth", *Journal of Finance*, Vol. 58, No. 1, pp. 353～374.

[3] 黄兴李、邓路、曲悠：《货币政策、商业信用与公司投资行为》，《会计研究》2016 年第 2 期。

[4] 陆正飞、杨德明：《商业信用：替代性融资，还是买方市场?》，《管理世界》2011 年第 4 期。

[5] Jiang W. H., Xu L., Chen Z. S., et al., 2022: "Financing Equilibrium in a Capital Constrained Supply Chain: The Impact of Credit Rating", *Transportation Research Part E-Logistics and Transportation Review*, Vol. 157, p. 102559.

[6] An S., Li B., Song D., et al., 2021: "Green Credit Financing Versus Trade Credit Financing in a Supply Chain with Carbon Emission Limits", *European Journal of Operational Research*, Vol. 292, pp. 125～142.

[7] 余明桂、潘红波：《金融发展、商业信用与产品市场竞争》，《管理世界》2010 年第 8 期。

从长期来看，若企业拖欠上下游企业的货款，导致企业的不良资产累积，会产生极大的信用风险。金伟和骆建文①指出，在上下游企业均面临资金约束情形下，结合延期支付和银行贷款的组合模式才是均衡融资模式，而在极度缺乏资金时，这种组合模式仅对上游企业有利。陈志明等②通过以供应商、分销商以及零售商组成的三级供应链为研究对象，将违约风险因素引入传统报童模型时发现，违约概率会降低供应链中订单的数量。张义刚和唐小我③在经典报童模型基础上，构建基于延期支付的批发价契约模型，并在给定市场需求分布情形下，研究零售商的最优订货批发量与批发价之间的关系。段丙蕾等④首次提出"商业信用歧视"的概念，强调国有企业在政府隐形担保等优势下容易获得上下游企业的商业信用，但金融二次配置的过程中的低效会导致金融错配的问题。Yang 和 Birge⑤认为，贸易信贷的融资选择会使供应商面临买家的需求风险，通过研究商业信用的风险分担作用，发现将部分需求风险转移给供应商可以提高供应链效率。Fu 等⑥强调，制造商提供的商业信用会影响资金约束零售商的信息分享决策，研究发现，在利用商业信用融资的情况下，零售商只有在需求波动较高时才会向制造商分享自身的私人信息。另外，Astvansh 和 Jindal⑦指出，当企业向客户提供商业信用的同时也获得上游企业的商业信用融资时，这两种方式会给企业带来积极或消极的不同影响。Li 等⑧强调，当制造商的损失厌恶程度较高和零售商初始资金较低的情况下，商业信用保险可以提

---

① 金伟、骆建文：《基于双边资金约束供应链的均衡组合融资策略》，《系统工程理论与实践》2017 年第 6 期。
② 陈志明、周少锐、周建红：《两级商业信用下考虑违约风险的供应链协调》，《管理学报》2018 年第 12 期。
③ 张义刚、唐小我：《延迟支付下短生命周期产品批发价契约研究》，《中国管理科学》2011 年第 3 期。
④ 段丙蕾、汤泰劼、王竹泉：《"商业信用歧视"降低了行业资本回报率吗》，《经济管理》2021 年第 8 期。
⑤ Yang S. A., Birge J. R., 2018: "Trade Credit, Risk Sharing, and Inventory Financing Portfolios", *Management Science*, Vol. 64, No. 8, pp. 3667~3689.
⑥ Fu K., Wang C., Xu J., 2022: "The Impact of Trade Credit on Information Sharing in a Supply Chain", *Omega-International Journal of Management Science*, Vol. 110, p. 102633.
⑦ Astvansh V., Jindal N., 2022: "Differential Effects of Received Trade Credit and Provided Trade Credit on Firm Value", *Production and Operations Management*, Vol. 31, pp. 781~798.
⑧ Li H., Bi G., Song W., et al., 2022: "Trade Credit Insurance: Insuring Strategy of the Retailer and the Manufacturer", *International Journal of Production Research*, Vol. 60, pp. 1478~1499.

高供应链的绩效，但是这种信用方式会增加零售商的破产风险和降低供应链的稳定性。

预付款融资作为商业信用的一种特殊形式，一般是指资金约束的下游企业难以一次性付清货款，为缓解自身资金的融资压力，采用先向上游企业支付部分货款，得到商品后再支付剩余货款，对于拥有一定自有资金的企业而言，只有当自有资金高于某临界值时，这种预付款的融资模式才可能使企业达到没有资金约束时的最优水平。王文利和骆建文[1]考虑到供应商面临资金约束的情况，分析比较制造商向供应商提供预付款融资或者是提高产品价格两种方式下的行为决策，结果显示，在供应商自有资金盈余的情况下，预付款融资能够激励供应商加大产量；相反地，为降低供应商的备货压力，制造商偏好以高价交换低市场需求。Cheng 和 Tu[2]探讨了基于电子商务平台预付款融资模式的实施机制，并且将传统的预付款融资模式与基于互联网平台的融资模式进行了比较，他们发现后者不仅可以提高融资效率还能降低相关各企业的风险。李超和骆建文[3]指出，零售商可以通过向供应商提供预付款的方式为其提供预付款融资模式，并且这种情况下的供应链期望效率会达到一个更高的水平。张冲等[4]针对易变质商品，构建零售商和金融机构合作的订购模型，比较分析零售商采用提前支付、现金支付和信用支付等行为，发现订货量会随着最优期望成本的改变而改变。Guariglia 和 Mateut[5]将提前付款可以视为反向贸易信贷，对企业预付款的使用进行了详细的实证研究，发现影响预付款的因素包括财务实力的强弱、国内外交易风险、贸易伙伴的相对议价能力。林强和徐晴[6]利用期权契约方法，构建零售商和供应商之间预付款融资模型，研究结果显示，当供应商自有资金不小于某一个临界值，自有资金的减少会导致供应商最优生产量也随之减少。并且与期权融资相比，预付款融资能够提高整个供

---

[1] 王文利、骆建文：《基于价格折扣的供应链预付款融资策略研究》，《管理科学学报》2014 年第 11 期。
[2] Cheng G. P., Tu J. P., 2013: "Study of the Advance Payment Financing Model Based on E-commerce Platform", *Advanced Materials Research*, Vol. 694~697, pp. 3584~3587.
[3] 李超、骆建文：《基于预付款的资金约束供应链收益共享协调机制》，《管理学报》2016 年第 5 期。
[4] 张冲、袁兰兰、王海燕：《基于 ACC 支付模式的供应链金融模型研究》，《中国管理科学》2018 年第 4 期。
[5] Guariglia A., Mateut S., 2006: "Credit Channel, Trade Credit Channel, and Inventory Investment: Evidence from a Panel of UK Firms", *Journal of Banking & Finance*, Vol. 30, No. 10, pp. 28~56.
[6] 林强、徐晴：《预付款融资下期权契约的协调研究》，《运筹与管理》2018 年第 6 期。

应链和供应链中企业利润的提升。Chen 等[1]指出，当面临资金约束的制造商生产成本较低时，与银行借贷相比，制造商在预付款融资情形下的利润更高。进一步，Tang 和 Yang[2]引入权力结构，比较分析了预付款融资和银行借贷方式下的最优决策，研究发现，在零售商主导的情况下预付款融资可以促使制造商降低碳排放，并提高社会福利。

当然，供应链中的部分企业也会在内部融资中采用股权融资，这种上下游企业的股权融资模式包括单向持股和交叉持股两种情况[3]。单向持股是指供应链中的企业对其上游或下游企业进行单向的股权投资，在企业获得投资进行生产销售后，投资的企业还会得到与持股比例相当的收益[4]。特别的，这种单向持股融资模式还可以细分为上游企业持股或下游企业持股融资。

目前，对上游企业持股下游企业的研究较少。宋兆宇等[5]针对供应商和制造商组成的二级供应链，基于线性需求市场研究供应商持股制造商时的最优决策，发现在收益共享和线性转移支付的协调契约约束下，供应商和制造商能够协调分配利润并达到效率最大化。张楠和周宗放[6]研究上游企业持股下游企业时供应链上各企业的均衡决策，研究发现供应链的最优产量并不受持股比例的影响，但供应链中的双重边际效用仍然存在。Nina 等[7]引入风险厌恶系数，研究上游企业提供商业信用融资和股权投资下的订购和定价决策，结论显示，随着下游零售商自有资金的降低，企业利用这两种融资模式的利润越高。刘伟等[8]从上游供应商角度出发，讨论

---

[1] Chen X., Lu Q., Cai G., 2020: "Buyer Financing in Pull Supply Chains: Zero-interest Early Payment or In-house Factoring?", *Production and Operations Management*, Vol. 29, pp. 2307~2325.

[2] Tang R., Yang L., 2020: "Impacts of Financing Mechanism and Power Structure on Supply Chains Under Cap-and-trade Regulation", *Transportation Research Part E-Logistics and Transportation Review*, Vol. 139, p. 101957.

[3] Chayet S., Kouvelis P., Yu D. Z., 2011: "Product Variety and Capacity Investments in Congested Production Systems", *Manufacturing & Service Operations Management*, Vol. 13, No. 3, pp. 390~403.

[4] 李青原、唐建新:《企业纵向一体化的决定因素与生产效率——来自我国制造业企业的经验证据》,《南开管理评论》2010 年第 3 期；刘志远、白默:《公允价值计量模式下的会计政策选择——基于上市公司交叉持股的实证研究》,《经济管理》2010 年第 1 期。

[5] 宋兆宇、孙秉珍、赵可彤:《线性需求供应链中供应商参股制造商的定价与协调》,《运筹与管理》2021 年第 6 期。

[6] 张楠、周宗放:《上游企业持股下游企业的供应链协调研究》,《管理评论》2017 年第 8 期。

[7] Nina Y., Xiuli H., Ye L., 2019: "Financing the Capital-constrained Supply Chain with Loss Aversion: Supplier Finance vs. Supplier Investment", *Omega*, Vol. 88, pp. 162~178.

[8] 刘伟、张子健、张婉君:《纵向合作中的共同 R&D 投资机制研究》,《管理工程学报》2009 年第 1 期。

供应商是否应该投资下游制造商的研发，发现供应商在每一单位投资中所获得的收益大于制造商每单位收益的一定比例才会进行 R&D 投资，并且在参与投资之后双方的利润都会增加。

关于下游持股上游企业，聂佳佳和石纯来[1]在零售商持股制造商的基础上，研究引入直销渠道构成双渠道后对供应链利润的影响，强调在零售商不同持股比例下，直销渠道对企业利润的影响具有一定的差异性。刘名武等[2]针对供应链中碳产品成本过高的问题，构建制造商不投资减排模型和零售商投资制造商减排模型，研究发现，当零售商对制造商的持股比例达到一定水平时，不仅可以促使制造商减排，还可以改善两者的利润情况。Greenlee 和 Raskovich[3] 认为，当下游公司持股上游公司的时候会产生部分的利润回扣，而上游企业则会乘机提高交易价格。付红等[4]为分析制造商对供应商的持股投资行为，构建多个供应商和一个制造商的组装供应链，研究批发价契约下制造商的持股比例对自身订货决策和协调整体供应链的影响，结论显示，制造商的持股比例与最优订货量存在正相关关系。樊文平等[5]指出，当零售商选择持股策略时，供应链中各企业利润都要优于不投资时利润，这为企业减排和政府碳排放管理提供了一种新的解决方案。

此外，交叉持股是指上下游企业出于利益或其他目的而相互持有对方股权的一种现象[6]。利用交叉持股在一定程度上可以降低产品的市场价格、提高持股双方的收益、提高企业价值等[7]，具有满足企业分散经营风

---

[1] 聂佳佳、石纯来：《零售商纵向持股对制造商直销渠道选择的影响》，《软科学》2016 年第 3 期。

[2] 刘名武、樊文平、付红：《零售商持股制造商减排投资的运作与优化策略》，《科技管理研究》2017 年第 16 期。

[3] Greenlee P., Raskovich A., 2006: "Partial Vertical Ownership", *European Economic Review*, Vol. 50, No. 4, pp. 1017 ~ 1041.

[4] 付红、马永开、唐小我：《制造商持股供应商情形下的组装供应链协调》，《系统工程理论与实践》2014 年第 9 期。

[5] 樊文平、王旭坪、刘名武等：《零售商持股制造商减排投资的供应链协调优化研究》，《系统工程理论与实践》2021 年第 9 期。

[6] Güth W., Nikiforakis N., Normann H. T., 2007: "Vertical Cross-shareholding: Theory and Experimental Evidence", *International Journal of Industrial Organization*, Vol. 25, No. 1, pp. 69 ~ 89.

[7] 张汉江、宫旭、廖家旭：《线性需求供应链中企业交叉持股的定价和绩效变化研究》，《中国管理科学》2010 年第 6 期；周泰云、邢斐、姚刚：《机构交叉持股对企业价值的影响》，《证券市场导报》2021 年第 2 期；邵帅、吕长江：《实际控制人直接持股可以提升公司价值吗？——来自中国民营上市公司的证据》，《管理世界》2015 年第 5 期。

险、开展多元化经营需求的特点。白默和侯冠廷①总结了已有文献对于交叉持股的研究，指出国内对交叉持股的研究应该更多地致力于不同持股方式对企业业绩的影响、交叉持股出售点的时机、如何避免交叉持股时争夺控制权等方面。段丙蕾和王伟志②针对 1999 年辽宁成大与广发证券首例相互持股案例进行思考研究，分析其动因以及存在的问题，并提出了相应的政策建议。

交叉持股通常被细分为水平交叉持股和垂直交叉持股。水平交叉持股是指处于同一个行业的企业之间相互持股，苏雪琴和刘乃梁③认为，平台企业可以利用水平交叉持股的手段迅速打开市场，但横向持股规模的迅速扩张会导致行业在较短时间内更加集中，对市场竞争产生不利影响。Gilo④通过对美国等地的水平交叉持股展开分析，提到了同行业内企业会被动向竞争对手投资，这种被动投资会在一定程度上提高价格；并且，在同一行业企业较少的情况下，若采取完全控股的方式，可能会导致企业间的竞争受到严重损害。冉明东⑤分析了交叉持股与企业管理、企业价值之间的关系，表明垂直交叉持股所产生的负面影响要大于水平交叉持股。Dietzenbacher 等⑥以荷兰的金融行业为例，分别在古诺模型和伯纳德模型下研究多个企业间的水平持股问题，发现古诺市场中的交叉持股会降低企业间竞争，价格成本利润率也会有所上升，而在伯纳德市场中，这种方式反而会促使企业提高产品价格，但减少企业所获得的利润水平。宋鹏等⑦研究企业交叉持股对于风险承担的影响，发现企业在交叉结构网络中越处于中心位置则其风险承担水平就越高；并且，与国有企业相比，民营企业网络中心度或与风险承担水平的正相关关系更加明显。

---

① 白默、侯冠廷：《交叉持股对公司业绩影响的评述与研究展望》，《经济问题》2017 年第 9 期。
② 段丙蕾、王伟志：《我国第一起交互持股案例引发的思考》，《管理世界》2001 年第 5 期。
③ 苏雪琴、刘乃梁：《平台经济视阈下的股权控制和市场竞争》，《商业研究》2020 年第 8 期。
④ Gilo D., 2001: "The Anticompetitive Effect of Passive Investment", *Michigan Law Review*, Vol. 99, No. 1, pp. 1~47.
⑤ 冉明东：《论企业交叉持股的"双刃剑效应"——基于公司治理框架的案例研究》，《会计研究》2011 年第 5 期。
⑥ Dietzenbacher E., Smid B., Volkerink B., 2000: "Horizontal Integration in the Dutch Financial Sector", *International Journal of Industrial Organization*, Vol. 18, No. 8, pp. 1223~1242.
⑦ 宋鹏、田丽丽、李常洪：《交叉持股网络与企业风险承担》，《经济问题》2019 年第 6 期。

垂直交叉持股是指供应链上下游企业间相互持股的方式，张汉江等[1]在斯塔克伯格模型基础上，研究单一上游制造商和下游零售商之间的交叉持股发现，这种持股方式在一定程度上可以降低产品的市场价格、提高持股双方的收益。Güth等[2]指出，垂直交叉持股可以提高买卖双方效率的同时还会改善总体福利水平，这是因为，即使是在价格为零的情况下，交叉持股也会提高持股双方合同的接受率。刘英和慕银平[3]将厌恶风险因素引入供应商与制造商组成的供应链中，发现供应商选择持股制造商可以减小风险。Shi等[4]基于反馈控制原则提出交叉持股企业之间的利润公式，研究了双头垄断情况下交叉持股对企业经营决策的影响，结论表明，无论产品是替代品或补充品，随着公司持有竞争对手股权的增加，其自身利润也会随之增加。针对供应链交叉持股，何丽红等[5]研究了交叉持股对于供应商开通直销渠道意愿和各自最优决策的影响。师苑等[6]研究了三级供应链中各企业不同交叉持股条件下的各种经济行为，研究表明，当下游企业对上游企业持股时对供应链均衡无影响，而当上游企业持股下游企业时能够降低物价、增加消费者剩余并改善经济福利。

（二）企业外部融资模式研究

一般来说，对于资金约束的企业而言，有限的内部盈余资金很难满足全部的经营需求，短期内利用供应链内部融资是一种有效的方式，但从长期来看，若想进一步开拓市场亟须庞大的资金需求量，此时外部融资是个较好的选择。外部融资是指企业通过资本市场、金融或非金融机构、外部投资者等多种渠道进行资金募集的一种行为，本书所指的外部融资则是指中小企业通过债权融资和股权融资这两种方式，从所处供应链外部的机构或投资者获得资金。债权融资是企业产生借贷行为后需承担一定利息并被

---

[1] 张汉江、宫旭、廖家旭：《线性需求供应链中企业交叉持股的定价和绩效变化研究》，《中国管理科学》2010年第6期。

[2] Güth W., Nikiforakis N., Normann H. T., 2007: "Vertical Cross-shareholding: Theory and Experimental Evidence", *International Journal of Industrial Organization*, Vol. 25, No. 1, pp. 69~89.

[3] 刘英、慕银平：《基于讨价还价模型的持股型供应链最优订货与定价策略研究》，《中国管理科学》2021年第6期。

[4] Shi Y., Wang X., Gao H., 2021: "Profit Formulation and Equilibrium Strategy of Firms with Cross-shareholding", *Finance Research Letters*, Vol. 38, p. 101435.

[5] 何丽红、黄甘泉、张哲薇：《供应链交叉持股对制造商直销渠道选择的影响》，《管理学报》2018年第9期。

[6] 师苑、王新华、高红伟：《三级供应链企业间交叉持股时均衡定价及市场绩效研究》，《运筹与管理》2021年第9期。

要求在到期后还本付息的融资方式，股权融资则是企业通过出让股份而获得资金支持的融资方式。

在债权融资中，部分企业通过资产抵押、转让应收账款以及第三方担保等向银行等金融中介机构贷款。易雪辉和周宗放①以供应商和零售商组成的两级供应链为研究对象，重点分析供应商的定价决策对两者签订的合同契约向银行抵押贷款融资的影响，结论显示，供应链定价决策、回购率等因素与抵押贷款价值比紧密相关。鲁其辉等②研究供应商和下游厂商之间的交易行为时指出，下游厂商将两者的应收账款转让给金融机构获得融资的行为能够保证供应商连续生产。Kouvelis 和 Zhao③ 研究供应商和资金约束零售商组成的两级供应链，发现零售商利用银行借贷进行订购而无法偿还贷款时，可能面临破产的风险，这种情况下若零售商的财富有所增加会提高供应商的批发价。李毅学等④构建存货质押的融资模型，研究发现零售商会在不同的订购量区间选择是否以制造商作为担保向银行贷款。部分企业直接通过金融机构进行融资。黄佳舟等⑤在零售商为资金约束的供应商提供融资担保情形下，差异化风险条件下买方和银行的收益情况。Xu 和 Fang⑥研究资金约束制造商利用供应商提供的部分信用担保和银行借贷下的碳减排和订购决策，结果显示，与资金充足情形相比，制造商利用融资服务情形下的碳减排量更低。Jin 等⑦针对小型零售商由于信用记录不足而无法获得贷款的问题，分析零售商利用上游供应商融资担保下的最优行为决策，发现这种方式可以显著提高供应链的整体利润。

---

① 易雪辉、周宗放：《基于供应链金融的银行贷款价值比研究》，《中国管理科学》2012 年第 1 期。
② 鲁其辉、曾利飞、周伟华：《供应链应收账款融资的决策分析与价值研究》，《管理科学学报》2012 年第 5 期。
③ Kouvelis P., Zhao W., 2012: "Financing the Newsvendor: Supplier vs. Bank, and the Structure of Optimal Trade Credit Contracts", *Operations Research*, Vol. 60, No. 3, pp. 566~580.
④ 李毅学、汪寿阳、冯耕中：《物流金融中季节性存货质押融资质押率决策》，《管理科学学报》2011 年第 11 期。
⑤ 黄佳舟、鲁其辉、陈祥锋：《供应商融资中买方担保机制的价值影响研究》，《管理科学学报》2020 年第 7 期。
⑥ Xu S., Fang L., 2020: "Partial Credit Guarantee and Trade Credit in an Emission-dependent Supply Chain with Capital Constraint", *Transportation Research Part E-Logistics and Transportation Review*, Vol. 135, p. 101859.
⑦ Jin X. D., Zhou H., Wang J. P., 2021: "Joint Finance and Order Decision for Supply Chain with Capital Constraint of Retailer Considering Product Defect", *Computers & Industrial Engineering*, Vol. 157, p. 107293.

关于债权融资所产生的融资成本，Shi 等①则指出，与没有利用融资服务相比，下游企业利用债权融资下的销售价格更低。但过高的负债水平可能产生巨大的风险，企业需要针对不同的风险来制定预警机制，避免无法挽回的损失②。对于债务融资成本，Anderson 等③、Bradley 和 Dong④、Xu⑤强调，企业的治理水平、董事会的独立性以及企业的政治关系与债务融资成本具有密切的关系。当然，部分学者的研究也表明企业的债务融资成本还会受到其他因素的影响。李广子和刘力⑥指出，债务融资成本提高是上市公司民营化目标实现后面临的新难题。陈汉文和周中胜⑦为精准测度企业的控制质量水平，以厦大的内部控制指数作为度量指标，研究发现改善企业内部控制质量能够降低债务融资成本，且该效应的显著性与地区经济水平呈负相关。魏志华等⑧认为，在上市公司中民营企业的债务融资成本明显低于国有企业，要想降低两者债务融资成本的差异，需要进一步改善金融市场的外部环境。Kouvelis 和 Zhao⑨考虑了破产风险和成本存在的情况下供应商—零售商供应链的合同设计与协调。进一步，Wu 等⑩在资金约束供应商利用银行借贷的情形下，研究零售商向供应商提供承诺

---

① Shi Y., Wang X., Gao H., 2021: "Profit Formulation and Equilibrium Strategy of Firms with Cross-shareholding", *Finance Research Letters*, Vol. 38, p. 101435.
② Wang C. X., Webster S., 2009: "The Loss-averse News Vendor Problem", *Omega*, Vol. 37, No. 1, pp. 93~105; Yan N., Liu C., Liu Y., et al., 2017: "Effects of Risk Aversion and Decision Preference on Equilibriums in Supply Chain Finance Incorporating Bank Credit with Credit Guarantee", *Applied Stochastic Models in Business & Industry*, No. 2, pp. 602~625.
③ Anderson R. C., Mansi S. A., Reeb D. M., et al., 2004: "Board Characteristics, Accounting Report Integrity, and the Cost of Debt", *Journal of Accounting & Economics*, Vol. 37, No. 3, pp. 315~342.
④ Bradley M., Ding C., 2011: "Corporate Governance and the Cost of Debt: Evidence from Director Limited Liability and Indemnification Provisions", *Journal of Corporate Finance*, Vol. 17, No. 1, pp. 83~107.
⑤ Xu L., 2005: "Institutions, Ownership, and Finance: The Determinants of Profit Reinvestment among Chinese Firms", *Journal of Financial Economics*, Vol. 77, No. 1, pp. 117~146.
⑥ 李广子、刘力：《债务融资成本与民营信贷歧视》，《金融研究》2009 年第 12 期。
⑦ 陈汉文、周中胜：《内部控制质量与企业债务融资成本》，《南开管理评论》2014 年第 3 期。
⑧ 魏志华、王贞洁、吴育辉等：《金融生态环境、审计意见与债务融资成本》，《审计研究》2012 年第 3 期。
⑨ Kouvelis P., Zhao W. H., 2016: "Supply Chain Contract Design under Financial Constraints and Bankruptcy Costs", *Management Science*, Vol. 62, No. 8, pp. 2341~2357.
⑩ Wu S. M., Chan F. T. S., Chung S. H., 2022: "A Study on Green Supply Chain under Capital Constraint Considering Time-varying Salvage Value", *International Journal of Production Research*, Vol. 60, pp. 8~24.

采购合同下的最优决策，研究发现，若银行根据合同价值设定信用额度，零售商总是会向供应商提供合同。Shi 等[1]研究发现，在银行借贷的条件下，当资金约束供应商的毛利率低于某个阈值时，零售商才会提供该合同。

股权融资作为一种重要的融资模式，也受到企业的广泛青睐。黄少安和张岗[2]指出，为减少融资成本，上市公司通常偏向于使用股权融资。赵爱梅和李敏[3]在不存在竞争情况下，研究资金约束供应商利用外部金融机构融资下的定价决策。研究发现，与没有利用融资服务相比，当供应商采取股权融资后，不仅是供应商和零售商的利润会增加，供应链整体的利润水平也会随之增加。陈祥锋等[4]指出，资金约束零售商利用融资能够提高整个供应链价值，并且该融资决策会受到资本市场竞争程度的影响。周建和任露璐[5]以供应商作为主要研究对象，在三级供应链中研究供应商的融资和定价决策，结果显示，资金约束供应商利用供应链融资也能够提高企业以及整个供应链的利润。Yan 和 Sun[6] 在制造商、零售商和银行组成的三级供应链中，研究资金约束零售商的最优融资方案。李汇东等[7]根据上市公司 2006～2010 年的数据，利用实证分析方法研究企业创新融资偏好，研究发现，与内部融资相比，外部融资更能激发企业用于科研创新的投资，并且外部融资中的股权融资比债权融资更能影响企业的创新投资。李涛和黄晓蓓[8]研究企业现金流量与融资方式的关系，结果显示，在选择外部融资时，现金流量充足的上市企业会偏向利用外部融资模式而非债权融

---

[1] Shi J. Z., Liu D. A., Du Q., et al., 2023: "The Role of the Procurement Commitment Contract in a Low-carbon Supply Chain with a Capital-constrained Supplier", *International Journal of Production Economics*, Vol. 255, p. 108681.
[2] 黄少安、张岗:《中国上市公司股权融资偏好分析》,《经济研究》2001 年第 11 期。
[3] 赵爱梅、李敏:《非竞争情形下资金约束供应链的融资与定价研究》,《中国管理科学》2012 年第 2 期。
[4] 陈祥锋、朱道立、应雯珺:《资金约束与供应链中的融资和运营综合决策研究》,《管理科学学报》2008 年第 3 期。
[5] 周建、任露璐:《资金约束下三层供应链的融资和定价决策研究》,《运筹与管理》2017 年第 1 期。
[6] Yan N., Sun B., 2013: "Coordinating Loan Strategies for Supply Chain Financing with Limited Credit", *OR Spectrum*, Vol. 35, No. 4, pp. 1039~1058.
[7] 李汇东、唐跃军、左晶晶:《用自己的钱还是用别人的钱创新?——基于中国上市公司融资结构与公司创新的研究》,《金融研究》2013 年第 2 期。
[8] 李涛、黄晓蓓:《企业现金流量与融资决策关联性的实证研究》,《管理世界》2008 年第 6 期。

资。王宇和于辉①认为，若企业的市场成长性较低，即企业生产的产品和提供的服务难以满足消费者，选择股权融资反而会阻碍其正常的发展。Fu 等②针对第三方物流企业（3PL）利用股权融资进行技术创新的情形，研究技术创新对供应链成员运营决策的影响，结果显示，3PL 公司的原始股东总是能从融资策略中获益。宋玉臣等③基于 2006～2019 年中国 A 股制造业上市公司的数据，研究股权再融资对企业创新的影响，研究结果表明，股权再融资可有效提升企业创新水平。

（三）企业混合融资模式研究

针对单一内部融资、外部融资的诸多弊端，有些文献以融资结构理论为基础，结合内外部融资对企业的行为决策展开研究④。此处探讨的混合融资主要包括供应链内部、外部的各种融资模式，而融资结构是指利用不同融资模式获得的资金构成比例⑤。因此，基于融资结构理论，本书深入探究中小企业的混合融资模式。从微观层面来看，所谓融资结构是指企业利用不同融资模式获得的资金构成比例。常见的分类方式有三种：按照是否包含金融中介，可分为直接融资和间接融资；按照融资双方之间的产权关系，可分为债权融资和股权融资；按照资金来源，可分为内部融资和外部融资。

一般而言，有限的内部盈余资金难以满足企业全部的经营需求，此时企业往往需要选择外部融资来维持经营活动。对于科技型中下企业而言，由于资金需求量庞大，主要偏向于股权融资。为避免融资结构单一所带来的风险，企业通常会在利用股权融资的同时结合其他多种融资模式，以此来最大限度地缓解企业的融资困境。

---

① 王宇、于辉：《成长风险下企业股权融资中委托代理问题的鲁棒分析》，《系统工程理论与实践》2019 年第 5 期。
② Fu H., Ke G. Y., Lian Z., et al., 2021: "3PL Firm's Equity Financing for Technology Innovation in a Platform Supply Chain", Transportation Research Part E-Logistics and Transportation Review, Vol. 147, p. 102239.
③ 宋玉臣、任浩锋、张炎炎：《股权再融资促进制造业企业创新了吗——基于竞争视角的解释》，《南开管理评论》2021 年第 5 期。
④ Zhang X., Xiu G., Shahzad F., et al., 2021: "The Impact of Equity Financing on the Performance of Capital-constrained Supply Chain under Consumers' Low-carbon Preference", International Journal of Environmental Research and Public Health, Vol. 18, No. 5, p. 2329.
⑤ Kruk S., 2021: "Impact of Capital Structure on Corporate Value—Review of Literature", Journal of Risk and Financial Management, Vol. 14, No. 4, p. 155; Luo Y., Jiang C., 2022: "The Impact of Corporate Capital Structure on Financial Performance Based on Convolutional Neural Network", Computational Intelligence and Neuroscience, p. 5895560.

关于融资结构的研究，从宏观层面来看，部分文献从企业内部和外部两个角度对影响融资结构的多种因素进行了详细的阐述①。Serghiescu 和 Idean② 通过建立最小二乘法和固定效应模型，分析不同因素对企业融资结构的影响时指出，企业的盈利能力、流动性比率与企业的负债率之间存在负相关关系。胡恒强等③ 根据 A 股上市公司的基本数据，利用实证分析方法研究了融资结构、融资约束和企业创新之间的关系，发现股权融资应成为驱动企业创新的主要外部资金来源。根据 Vo 和 Vinh④ 的研究，在新兴市场经济国家越南，盈利能力高的企业更倾向于长期借款，而非短期债务，规模较大的公司的情况正好相反。程六兵等⑤ 基于 2001～2016 年上市公司数据，研究资本市场的管制对企业资本结构的影响，发现企业的预期资本结构与国外提出的相关理论有所偏差，资金短缺的企业受到管制的影响较大，难以自由选择融资渠道，从而使得资本结构的调整速度相对较慢。闵亮和沈悦⑥ 分别从宏观经济和企业微观层面出发，研究经济周期变化对企业资本结构的调整的影响，结果表明资金约束企业受到经济周期变化的影响较大，负债率相对会较高。Utami 等⑦ 研究调查了印度尼西亚上市公司的资本结构政策，结果显示，与静态和线性模型相比，动态和非线性模型测试能够解释资本结构的决定因素。何靖⑧ 研究了宏观经济环境对我国上式公司资本结构调整速度的影响，研究发现在经济繁荣时公司资本

---

① Jong A. D., Kabir R., Nguyen T. T., 2008: "Capital Structure around the World: The Roles of Firm-and Country-specific Determinants", *Journal of Banking and Finance*, Vol. 32, No. 9, pp. 1～40; Deangelo H., Roll R., 2015: "How Stable are Corporate Capital Structures?", *Journal of Finance*, Vol. 70, No. 1, pp. 373～418; 梁亚松、钟田丽、胡彦斌:《产品多元化战略与融资结构决策：理论模型与实证检验》,《管理评论》2016 年第 4 期。
② Serghiescu L., Idean V. L., 2014: "Determinant Factors of the Capital Structure of a Firm: An Empirical Analysis", *Procedia Economics and Finance*, Vol. 15, pp. 1447～1457.
③ 胡恒强、范从来、杜晴:《融资结构、融资约束与企业创新投入》,《中国经济问题》2020 年第 1 期。
④ Vo, Vinh X., 2017: "Determinants of Capital Structure in Emerging Markets: Evidence from Vietnam", *Research in International Business and Finance*, Vol. 40, pp. 105～113.
⑤ 程六兵、叶凡、刘峰:《资本市场管制与企业资本结构》,《中国工业经济》2017 年第 11 期。
⑥ 闵亮、沈悦:《宏观冲击下的资本结构动态调整——基于融资约束的差异性分析》,《中国工业经济》2011 年第 5 期。
⑦ Utami E. S., Gumanti T. A., Subroto B., et al., 2021: "Static or Dynamic Capital Structure Policy Behavior: Empirical Evidence from Indonesia", *Journal of Asian Finance Economics and Business*, Vol. 8, pp. 71～79.
⑧ 何靖:《宏观经济环境影响资本结构调整速度吗？——来自中国上市公司的经验证据》,《南方经济》2010 年第 12 期。

结构的调整速度更快。Vi Dung 等①研究机构压力与银行关系对中小企业资本结构影响的关系。研究结果显示，正式和非正式机构的压力降低了银行关系对中小企业资本结构的积极影响。Ma 等②根据中国 2008~2019 年的省级数据，研究了先进人力资本结构、产业智能和服务业结构之间的关系。研究发现，先进的人力资本结构能够显著促进服务业的结构发展。

关于融资结构的选择问题，Kpodar 和 Singh③、Thomas 等④、Sanna⑤、Ergungor⑥的研究显示，在不同金融机构、国际化程度、行业以及经济发展水平下，企业会根据自身特点形成不同的融资结构偏好。郭晓龙和苏增慧⑦在制造商和两个竞争供应商组成的供应链中，研究资金约束供应商不同的内外部融资模型下的最优决策，研究表明，随着生产不确定性的增加，供应商更加倾向于外部融资。Deng 等⑧针对多个异质供应商的装配型供应链系统，研究买方融资和银行融资下的行为决策。曹宗宏等⑨考虑风险厌恶和不确定市场需求等因素，研究资金约束零售商利用预付款融资模型和银行债券融资模型下的融资决策。李涛和黄晓蓓⑩指出，现金流量充

---

① Ngo Vi Dung, Nguyen Thang V., Roy Achinto, 2022: "Bank Ties, Institutional Pressures, and Capital Structure of Vietnamese SMEs", *International Journal of Entrepreneurial Behavior & Research*, Vol. 28, No. 6.

② Ma H., Sun Y., Yang L., et al., 2022: "Advanced Human Capital Structure, Industrial Intelligence and Service Industry Structure Upgrade-experience from China's Developments", *Emerging Markets Finance and Trade*, Early Access Nov.

③ Kpodar, Kangni, Singh, Raju Jan, 2011: "Does Financial Structure Matter for Poverty? Evidence from Developing Countries", https://ssrn.com/abstract=1972131.

④ Thomas L., Florian K., Stefan S., 2018: "The Effect of Internationalization on Firm Capital Structure: A Meta-analysis and Exploration of Institutional Contingencies", *International Business Review*, Vol. 27, No. 6, pp. 1238–1249.

⑤ Sanna K., 2018: "Natural Resources and Capital Structure", *Economic Systems*, Vol. 42, No. 3, pp. 385~396.

⑥ Ergungor O. E., 2008: "Financial System Structure and Economic Growth: Structure Matters", *International Review of Economics & Finance*, Vol. 17, No. 2, pp. 292~305.

⑦ 郭晓龙、苏增慧：《竞争环境下随机产出供应商的融资策略研究》，《运筹与管理》2021 年第 7 期。

⑧ Deng S. M., Gu C. C., Li Y. H., 2018: "Financing Multiple Heterogeneous Suppliers in Assembly Systems: Buyer Finance vs. Bank Finance", *M&Som-Manufacturing & Service Operations Management*, Vol. 20, No. 1, pp. 53~69.

⑨ 曹宗宏、张成堂、赵菊等：《基于资金约束的风险厌恶制造商融资策略和渠道选择研究》，《中国管理科学》2019 年第 6 期。

⑩ 李涛、黄晓蓓：《企业现金流量与融资决策关联性的实证研究》，《管理世界》2008 年第 6 期。

足的上市企业会偏向利用股权融资来募集资金。郭金森等[①]对比分析企业商业信用和金融机构借贷两种融资模式，发现随着延期支付敏感性系数的降低，企业偏向利用金融机构的借贷融资模式。另外，窦亚芹等[②]指出，上游供应商向银行贷款，再提供商业信用给下游企业所带来的收益，高于下游企业利用债权融资的收益。马健等[③]强调，当投资者对企业融资收益的估值大于管理者的预期收益时，企业会更加偏好股权融资；反之会倾向于债权融资。Yang等[④]针对一个上游企业和两个资金约束下游企业组成的供应链，研究商业信用融资、股权融资和债权融资下的最优决策。关旭等[⑤]针对制造商的资金流困境，将制造商生产周期分成四个不同阶段，并讨论制造商在不同阶段的最优融资模型。Tang等[⑥]比较了采购订单融资（POF）和买方直接融资（BDF）两种融资模式，发现当银行和制造商信息对称时，两种融资模式下拥有相等的收益，如果供应商受到严重的财务限制，买方直接融资对制造商来说更有利。周立新[⑦]在对重庆和四川两地的家族企业进行调查研究后发现，企业对股权融资存在不同的偏好，大的家族企业更偏向股权融资，而小的家族企业则正好相反。Zhang等[⑧]研究银行贷款、股权融资和混合融资（银行贷款融资和股权融资的组合）方式下的融资决策，研究发现，消费者低碳偏好的提高和股权融资比例对供应链均衡有正向影响，而银行贷款融资利

[①] 郭金森、周永务、嵇凯：《带有资金约束的风险厌恶零售商的双渠道供应链运作策略》，《运筹与管理》2017年第4期。

[②] 窦亚芹、白少布、储俊：《基于供应商回购激励的供应链投融资协调策略》，《管理评论》2016年第6期。

[③] 马健、刘志新、张力健：《异质信念、融资决策与投资收益》，《管理科学学报》2013年第1期。

[④] Yang H., Zhuo W., Shao L., 2017: "Equilibrium Evolution in a Two-echelon Supply Chain with Financially Constrained Retailers: The Impact of Equity Financing", *International Journal of Production Economics*, Vol. 185, pp. 139~149.

[⑤] 关旭、马士华、桂华明：《产品单生产周期的多阶段融资和采购决策研究》，《管理科学》2011年第6期。

[⑥] Tang C. S., Yang S. A., Wu J., 2018: "Sourcing from Suppliers with Financial Constraints and Performance Risk", *M&Som-Manufacturing & Service Operations Management*, Vol. 20, No. 1, pp. 70~84.

[⑦] 周立新：《家族控制、企业目标与家族企业股权融资——基于浙江和重庆两地家族企业的实证》，《软科学》2008年第4期。

[⑧] Zhang X., Xiu G., Shahzad F., et al., 2021: "The Impact of Equity Financing on the Performance of Capital-constrained Supply Chain under Consumers' Low-carbon Preference", *International Journal of Environmental Research and Public Health*, Vol. 18, No. 5, p. 2329.

率的影响相反。Ma 和 Meng[①] 分别从银行信贷融资、零售商信贷融资以及混合融资（银行信贷和股权融资以及零售商信贷和股权融资）等角度出发，分析双渠道闭环供应链的融资问题，研究发现股权融资比例满足一定条件，银行信贷和股权融资是制造商的最佳融资策略。

部分文献从不同视角研究了融资结构对企业的影响。Martellini 等[②]建立相应动态资本结构模型，研究企业连续时间内的融资结构和债务结构决策，发现优化后的债务和融资结构可以极大增加企业的市场价值。李峥和孙永祥[③]结合中国市场经济的特点，分析融资结构与公司治理的关系，并指出拥有较少股权的经理人将会无限制增加债务规模，致使企业面临破产风险。Gurău 和 Dana[④] 基于资源的角度研究融资路径与企业管理结构之间的关系。Achleitner 等[⑤]指出，具有不同融资模式的社会企业与资本提供方在资金回报要求和融资工具的选择上存在冲突。He 等[⑥]指出，资产结构、税收差异和持股比例与企业融资策略的选择密切相关，同时较高的供应商资产结构可以增加供应链成员的利润。Hu[⑦] 研究风险借贷对供应链中的产能投资不足问题的影响，结果表明，若供应商处于主导地位，更偏向使用混合资本结构，并建立比股权融资更少的能力；反之，若买方是主导者，供应商将使用所有的债务融资并过度建设产能。Vo[⑧] 建立了一个具有信息反馈效应的融资理论模型，研究表明，资本结构会影响交易者产

---

① Ma P., Meng Y., 2022: "Optimal Financing Strategies of a Dual-channel Closed-loop Supply Chain", *Electronic Commerce Research and Applications*, Vol. 53, p. 101140.
② Martellini L., Milhau V., Tarelli A., 2017: "Capital Structure Decisions and the Optimal Design of Corporate Market Debt Programs", *Journal of Corporate Finance*, No. 49, pp. 141~167.
③ 李峥、孙永祥：《融资结构与公司治理》，《世界经济》2002 年第 4 期。
④ Gurău C., Dana L., 2020: "Financing Paths, Firms' Governance and Corporate Entrepreneurship: Accessing and Applying Operant and Operand Resources in Biotechnology Firms", *Technological Forecasting and Social Change*, Vol. 153, p. 119935.
⑤ Achleitner A. K., Spiess-Knafl W., Volk S., 2014: "The Financing Structure of Social Enterprises: Conflicts and Implications", *International Journal of Entrepreneurial Venturing*, Vol. 6, No. 1, pp. 85~99.
⑥ He M., Kang K., Mu X., 2022: "Impact of Tax Difference and Asset Structure on a Capital-constrained Vertical Equity Holding Transnational Supply Chain", *International Journal of Production Research*, Vol. 60, pp. 3606~3629.
⑦ Hu Q., 2022: "Capital Structure and Supply Chain Capacity Investment", *Production and Operations Management*, Vol. 31, pp. 2822~2837.
⑧ Vo M. T., 2021: "Capital Structure and Cost of Capital When Prices Affect Real Investments", *Journal of Economics and Business*, Vol. 113, p. 105944.

生关于公司前景的信息的动机。Li 等①指出，资本受限制造商可利用贸易信贷、银行贷款和混合融资（银行贷款和股权融资结合使用）等不同融资结构来缓解资金困境，但其融资成本主要取决于融资利率。Hu 等②在中国企业私有化改革的背景下，研究资本结构与公司绩效之间的非线性关系，发现股权集中度对公司绩效的促进作用与公司资产负债率呈相关关系。Sumani 和 Roziq③根据 2010~2019 年在印度尼西亚证券交易所上市的制造业企业的数据发现，资本结构对公司绩效有显著的负向影响。Feng 等④根据 2014~2018 年 119 家中国房地产上市公司的数据，研究公司治理、股权结构和资本结构之间的关系，结果表明国有所有权和企业盈利能力对资本结构的影响成反比。

报童模型多用于优化库存管理，是一种重要的理论工具，学者基于 Khouja 的单周期报童模型，进行了多方面扩展。邓天虎和黄四民⑤、汪小京等⑥认为，非理性决策者在预期理论报童模型下存在最优策略，为了获得最大利润，零售商可以根据消费者愿意支付的价格等级，决定是否接受消费者的需求，当零售商具有损失厌恶概率行为时，最优订购量与极端获利结果成正比，与极端未获利结果成反比。许明辉等⑦基于条件风险价值准则，研究报童模型下厌恶风险的零售商的最佳订购策略，以及缺货惩罚和风险厌恶程度对零售商决策行为的影响。刘家国和吴冲⑧在制造商和销

---

① Li G., Wu H., Xiao S., 2020: "Financing Strategies for a Capital-constrained Manufacturer in a Dual-channel Supply Chain", *International Transactions in Operational Research*, Vol. 27, pp. 2317~2339.
② Hu X., Yao G., Zhou T., 2022: "Does Ownership Structure Affect the Optimal Capital Structure? APSTR Model for China", *International Journal of Finance & Economics*, Vol. 27, pp. 2458~2480.
③ Sumani S., Roziq A., 2020: "Reciprocal Capital Structure and Liquidity Policy: Implementation of Corporate Governance Toward Corporate Performance", *Journal of Asian Finance Economics and Business*, Vol. 7, pp. 85~93.
④ Feng Y., Hassan A., Elamer A. A., 2020: "Corporate Governance, Ownership Structure and Capital Structure: Evidence from Chinese Real Estate Listed Companies", *International Journal of Accounting and Information Management*, Vol. 28, pp. 759~783.
⑤ 邓天虎、黄四民：《基于预期理论的报童模型及敏感性分析》，《管理评论》2009 年第 6 期。
⑥ 汪小京、刘志学、郑长征：《多类顾客环境下报童模型中库存分配策略研究》，《中国管理科学》2010 年第 4 期。
⑦ 许明辉、于刚、张汉勤：《带有缺货惩罚的报童模型中的 CVaR 研究》，《系统工程理论与实践》2006 年第 10 期。
⑧ 刘家国、吴冲：《基于报童模型的两级供应链回购契约协调研究》，《中国管理科学》2010 年第 4 期。

售商组成的二级供应链中,基于报童模型构建供应链的整合模型,研究发现,契约关系条件下能实现决策的一致化。周佳琪和张人千[1]提出,如果企业销售的产品之间存在某种关联关系,交叉销售产品对期望利润和订货量都会有所影响,而且这种关联关系会导致不同产品间的需求转移,陈杰等[2]研究了具有多元马氏需求特征的多产品报童模型,对于优化库存管理提供了重要的启示。曹志强等[3]将回购和缺货惩罚因素引入报童模型中,利用前景理论研究不确定情况下的订购决策,发现最优订购量与回购价格和缺货惩罚成正相关,而与厌恶系数呈负相关。Chen等[4]基于随机需求,利用报童模型研究回购担保融资和风险规避型零售商的订购策略,研究发现,最佳订购量与零售商的风险规避和残值呈正相关,与初始资本和批发价格负相关。Papachristos和Pandelis[5]构建多个供应商情形下的报童模型,研究发现,在某些条件下引入备用供应商是有利的。Wei等[6]研究副状态公平关注(仅指不利的不平等厌恶)如何影响销售报童模型下的均衡结果,结果显示,供应商的利润随着需求差异而减少,而零售商的预期利润则与需求差异非单调。Yu和Yan[7]通过构建不同预售策略下的报童模型,研究供应风险对预售策略的影响,结果表明,当需求不确定性时,实施提前销售策略对卖方总是有利的。

三 企业融资对生产运营决策影响的研究现状

作为中国经济发展的重要支柱,中小企业的健康可持续发展是市场经

---

[1] 周佳琪、张人千:《交叉销售产品的报童模型与博弈分析》,《管理科学学报》2015年第7期。
[2] 陈杰、唐薇、高腾:《带有多元马氏需求的多产品报童模型》,《中国管理科学》2017年第2期。
[3] 曹志强、杨筝、刘放:《基于折中决策值为参考点的报童订购行为研究》,《管理评论》2019年第1期。
[4] Chen J., Zhang T., Zhou Y. W., et al., 2022: "Complex Dynamic Analysis of Risk-averse Newsvendor Models with Buyback Guarantee Financing", *International Journal of Production Research*, Vol. 60, pp. 2865~2883.
[5] Papachristos I., Pandelis D. G., 2022: "Newsvendor Models with Random Supply Capacity and Backup Sourcing", *European Journal of Operational Research*, Vol. 303, pp. 1231~1243.
[6] Wei L., Chen M., Du S., et al., 2022: "By-state Fairness in Selling to the Newsvendor", *Transportation Research Part E-Logistics and Transportation Review*, Vol. 159, p. 102634.
[7] Yu H., Yan X., 2022: "Advance Selling under Uncertain Supply and Demand: A Robust Newsvendor Perspective", *International Transactions in Operational Research*, Early Access Aug.

济稳定发展的关键，也是实体经济进一步壮大的必要条件。然而，处于大企业瓜分市场的激烈竞争环境下，大量缺乏资金的中小企业的发展受到了诸多限制，大部分劳动密集型企业都处于低速发展阶段，只有少部分高科技企业在互联网浪潮的推动下发展良好。这意味着，中小企业需要依靠各种融资渠道获得的资金来维持正常运营。如果融资渠道出现堵塞，企业可能出现资金链断裂甚至破产。同时，这种负面影响还会持续下去，处于一个供应链的上下游企业也会受到极大影响，如共享单车的典型代表（OFO单车）、网上商城1号店等，在这些企业遇到经营困难时，与其合作的企业也由于难以回收账款而陷入困境。

结合以上现实背景，学者们各抒己见。在外部融资中，张李浩等[1]针对库存错放的资金约束零售商，研究供应链成员采用无线射频识别技术的决策及融资选择问题，结果表明，银行融资在一定程度上能够缓解零售商的库存错放问题。李汇东等[2]在研究上市公司创新融资偏好时发现，相对于债权融资，股权融资模式更能提高企业用于科研创新的投资。徐贤浩等[3]考虑到企业延迟支付后仍可能无法支付货款，通过引入金融机构的融资支持，分析了债权融资利率对企业订购量的影响，研究发现，融资利率与订购量正相关。Qin等[4]考虑电子商务平台融资等模式，结果表明制造商的融资策略和碳减排量主要取决于平台收取的使用费。Jiang等[5]在资金约束供应链中，研究了存在竞争合作关系的原始设备制造商和合同制造商独立、联合投资绿色创新技术的问题，发现联合投资下的绿色水平总收益率高于独立投资。在内部融资中，华胜亚和翟昕[6]考虑零售商利用供应商融资和期权合约下的采购和融资策略，结果表明，当产品生产成本较高时，供应商的贷款利率会影响零售商的利润

---

[1] 张李浩、常陆雨、范体军：《资金约束供应链RFID投资决策与融资优化》，《中国管理科学》2021年第5期。

[2] 李汇东、唐跃军、左晶晶：《用自己的钱还是用别人的钱创新？——基于中国上市公司融资结构与公司创新的研究》，《金融研究》2013年第2期。

[3] 徐贤浩、邓晨、彭红霞：《基于供应链金融的随机需求条件下的订货策略》，《中国管理科学》2011年第2期。

[4] Qin J., Fu H., Wang Z., et al., 2021: "Financing and Carbon Emission Reduction Strategies of Capital-constrained Manufacturers in E-commerce Supply Chains", *International Journal of Production Economics*, Vol. 241, p. 108271.

[5] Jiang S., Ye F., Lin Q., 2021: "Managing Green Innovation Investment in a Co-opetitive Supply Chain under Capital Constraint", *Journal of Cleaner Production*, Vol. 291, p. 125254.

[6] 华胜亚、翟昕：《考虑初创企业的供应链融资与期权交易策略》，《中国管理科学》2020年第2期。

水平。王文利等①针对资金约束的供应商，研究其利用股权和债权融资模式下的最优生产决策，结论表明，与无资金约束相比，当供应商的自有资金满足一定条件下，债权和股权融资都会使其获得更高的利润。

另外，针对不同的融资方式，张璟和刘晓辉②分析企业融资结构对产品研发投资的影响时发现，存在的最优融资结构会促使企业增加对产品研发的投资，而不同研发投资强度下企业融资结构的侧重点则有所不同。牛攀峰和侯文华③考虑供应商产品的交付水平因素，研究供应商利用预付款融资和风险投资方股权融资情况下的最优运营决策和融资策略，研究发现资金约束会制约供应商的交付水平和自身运营决策。Lai 等④对比银行借贷和供应商绿色投资等融资模式发现，制造商的融资决策还会受到融资偏好、初始资本等因素的影响。赵爱梅和李敏⑤针对供应商初始资金不足的问题，研究其在向外部金融机构抵押融资的定价决策。钟远光等⑥比较分析资金约束零售商利用核心制造商提供的商业信用融资和外部金融机构提供的融资方式，发现融资服务下的最优销售价格会随着融资利率的增加而减少。李建苗等⑦在电商平台主导的新零售模式背景下，研究资金约束的在线零售商利用银行融资或 3PL（第三方物流企业）融资下的最优运营决策，研究发现 3PL 方式可以提高零售商的订购量和利润。李建斌等⑧考虑保留储备金的情形，研究供应商在银行或零售商贷款或双渠道融资下的最优策略，结果显示，当供应商利用零售商的低息甚至无息贷款时，会存在过量生产问题。

---

① 王文利、甄烨、张钦红：《面向资金约束供应商的供应链内部融资——股权还是债权？》，《管理科学学报》2020 年第 5 期。
② 张璟、刘晓辉：《融资结构、企业异质性与研发投资——来自中国上市公司的经验证据》，《经济理论与经济管理》2018 年第 1 期。
③ 牛攀峰、侯文华：《考虑供应商产品交付水平的供应链融资策略研究》，《中国管理科学》2021 年第 10 期。
④ Lai Z., Lou G., Zhang T. et al., "Financing and Coordination Strategies for a Manufacturer with Limited Operating and Green Innovation Capital: Bank Credit Financing Versus Supplier Green Investment", *Annals of Operations Research*, 2021.
⑤ 赵爱梅、李敏：《非竞争情形下资金约束供应链的融资与定价研究》，《中国管理科学》2012 年第 2 期。
⑥ 钟远光、周永务、李柏勋等：《供应链融资模式下零售商的订货与定价研究》，《管理科学学报》2011 年第 6 期。
⑦ 李建苗、李向荣、张克勇等：《新零售模式下在线零售商融资均衡与协调策略研究》，《中国管理科学》2021 年第 4 期。
⑧ 李建斌、谢闻、成蔚等：《考虑供应商保留储备金的供应链融资策略》，《管理学报》2022 年第 4 期。

四 金融供给侧结构性改革的相关研究

供给侧结构性改革的重点在于促进国内实体经济的发展，特别是中小企业的发展，因此从供给侧结构性改革的角度出发，研究企业的融资和订购问题有助于从根本上解决中小企业的融资困难。而金融供给侧结构性改革作为供给侧改革的重要组成部分，必须符合实体经济特别是中小企业的发展需求。改革不合适的金融体制，增加中小企业金融的有效供给，从根本上解决中小企业融资难和融资贵的问题。并且，整体供给侧结构性改革顺利推进的关键在于加大金融供给量和完善金融供给体系。党的十九大报告强调，要"深化金融体制改革，增强金融服务实体经济能力"[1]。尽管现有的关于金融供给侧结构性改革的研究不管是从实际上还是从理论上都对解决中小企业融资困难的渠道进行了探索，但是仍然有60%的中小企业的融资困境尚未解决，说明必须继续坚持深化金融供给侧结构性改革，推动中小企业的有序发展。党的二十大报告指出，要"深化金融体制改革，建设现代中央银行制度，加强和完善现代金融监管，强化金融稳定保障体系，依法将各类金融活动全部纳入监管，守住不发生系统性风险底线"[2]。吕敏蓉[3]指出，中国应推动金融供给侧结构性改革，通过优化直接融资体系，发展资本市场等方式来精准解决中小微企业的融资问题。孙婧和张然[4]强调，金融供给侧结构性改革可有效推动金融体系发展，缓解实体经济面临的诸多问题。董骥等[5]也认为，金融供给侧结构性改革可有效改善不同企业间的信贷歧视现象，所以应深化金融供给侧结构性改革并提升银行信贷资源配置效率。

针对金融供给侧结构性改革，部分研究从地方金融供给侧结构性改革对当地企业发展影响的视角进行分析。陆岷峰[6]认为，目前地方金融机构

---

[1] 习近平：《决胜全面建成小康社会 夺取新时代中国特色社会主义伟大胜利——在中国共产党第十九次全国代表大会上的报告》，人民出版社，2017年。

[2] 习近平：《高举中国特色社会主义伟大旗帜 为全面建设社会主义现代化国家而团结奋斗——在中国共产党第二十次全国代表大会上的报告》，人民出版社，2022年。

[3] 吕敏蓉：《以金融供给侧结构性改革"精准滴灌"小微企业》，《人民论坛》2019年第24期。

[4] 孙婧、张然：《以供给侧改革增强金融服务实体经济能力》，《人民论坛·学术前沿》2019年第23期。

[5] 董骥、田金方、李航：《金融供给侧结构性改革是否改变了信贷歧视——基于中国A股上市公司的检验》，《金融经济学研究》2020年第5期。

[6] 陆岷峰：《地方金融供给侧结构性改革与纾困小微企业融资路径研究》，《青海社会科学》2020年第1期。

在服务小微企业过程中存在地方金融机构资源不足、技术含量低、产品结构相对单一、融资通道少等问题。并且，针对这些问题提出了相应的解决措施，如深化地方金融发展体制、大力发展地方直接融资市场等。郑威和陆远权[①]考虑地理距离对金融交易成本和风险的影响，讨论了金融机构的空间结构布局对企业融资的影响，提出要加强地方金融机构和产业主体之间的融资供给，并学习发达金融国家的管理模式来激发金融机构服务的活力。陶锋等[②]根据中国制造业微观数据和金融发展数据，发现实体经济生产率的增长依赖于一定的金融资源供给地理结构。部分学者研究了金融供给侧结构性改革对不同产业的影响。徐鹏程[③]研究金融供给侧结构性改革对文化产业的促进作用时指出，当前国内文化产业与金融资本的融合不足严重制约了文化产业发展。许嘉禾和孙晋海[④]提出，当前体育产业对金融供给的利用程度低，应该完善体育市场的金融体系和体育产业的金融技术创新。孙金钜[⑤]强调，金融供给侧改革的重点在于提高直接融资特别是股权融资在融资结构中的比例。侯晓辉和王博[⑥]认为，金融供给侧结构性改革能够促进绿色金融的发展。刘社欣和刘亚军[⑦]则指出，金融供给侧结构性改革可以优化和解决农村金融供给不足和结构失调的问题。杨贺等[⑧]从金融供给侧结构性改革的角度出发，研究稳增长和稳杠杆之间的关系，研究发现，金融结构市场化有助于缓解企业部门内部金融资源的规模错配、产权错配及行业错配。沙晓君[⑨]针对中国民营企业融资难和融资贵的问题，从金融供给侧结构性改革的角度出发，分析发展信用风险、大型商业银行发展普惠金融发展资本市场等方式对解决企业融资困境的作用。白

---

① 郑威、陆远权：《中国金融供给的空间结构与产业结构升级——基于地方金融发展与区域金融中心建设视角的研究》，《国际金融研究》2019年第2期。
② 陶锋、胡军、李诗田等：《金融地理结构如何影响企业生产率？——兼论金融供给侧结构性改革》，《经济研究》2017年第9期。
③ 徐鹏程：《文化产业与金融供给侧改革》，《管理世界》2016年第8期。
④ 许嘉禾、孙晋海：《体育产业与金融供给协同演化：理论与实证》，《天津体育学院学报》2020年第6期。
⑤ 孙金钜：《金融供给侧改革与资本市场融资制度完善研究》，《新金融》2019年第12期。
⑥ 侯晓辉、王博：《金融供给侧结构性改革背景下的绿色金融发展问题研究》，《求是学刊》2020年第5期。
⑦ 刘社欣、刘亚军：《农村金融供给侧改革如何发力》，《人民论坛》2020年第10期。
⑧ 杨贺、马微、徐璋勇：《新发展格局下如何协调推进稳增长和稳杠杆——基于金融供给侧结构性改革的视角》，《经济学家》2022年第7期。
⑨ 沙晓君：《深化金融供给侧改革、破解民营企业融资困境》，《现代管理科学》2019年第12期。

雪[1]强调，金融供给侧改革可有效优化独角兽企业的融资环境，使其可有效利用间接融资和直接融资方式来支持自身发展。王润国和严虎[2]指出，青海省海西州由于自身经济发展的特点，金融业供给侧的改革滞后，需统筹推进供给侧结构性改革以提升实体经济吸纳金融的能力。

部分学者通过研究整体金融供给侧结构性改革对国民经济发展的促进作用进行分析。张晓波[3]认为，消费不足等经济问题的根源在于供给侧而非需求侧，应推动金融供给侧结构性改革可以在短期内促进经济发展，长期中使金融机构能够服务于实体经济。孙巍等[4]结合当前新冠疫情和中美贸易摩擦问题，认为金融体系应该做到更有针对性地保障制造业的转型升级。郑志来[5]从四个维度提出金融供给侧结构性改革与高质量发展的途径。乔海曙和杨蕾[6]认为，当前中国的金融供给侧结构性改革存在金融供给总量和结构问题，金融供给不能满足当前实体经济发展的融资要求，并提出了经济新常态下的政策建议。黄涛和李浩民[7]指出，金融供给侧结构性改革需要着力于增加资本市场制度供给、创新金融市场体系、完善金融基础设施建设等。李露[8]认为，金融供给需通过不断创新来满足企业转型升级的融资需求。王国刚[9]指出，中国经济出现多种发展矛盾，需要拓展商业票据市场、债券市场和股票市场，优化金融侧结构性改革。唐松[10]梳理了中国金融改革的历史轨迹，归纳出中国金融的不同特性，强调中国金融改革需依靠科技创新融合和对外开放加强国内金融建设，实现高质量发

---

[1] 白雪：《以金融供给侧改革助力独角兽企业成长》，《人民论坛》2019年第25期。
[2] 王润国、严虎：《金融支持供给侧结构性改革调查——以海西蒙古族藏族自治州为例》，《青海金融》2020年第1期。
[3] 张晓波：《金融供给侧结构性改革、消费需求与经济增长的动态关系分析》，《统计与决策》2018年第15期。
[4] 孙巍、董文宇、宋南：《外生冲击、融资模式选择与制造业升级——兼论经贸摩擦和新冠肺炎疫情下的金融供给侧改革》，《上海财经大学学报》2020年第4期。
[5] 郑志来：《严监管背景下金融供给侧改革、经济高质量发展的逻辑与路径选择》，《现代经济探讨》2020年第2期。
[6] 乔海曙、杨蕾：《论金融供给侧改革的思路与对策》，《金融论坛》2016年第9期。
[7] 黄涛、李浩民：《金融供给侧结构性改革：重点任务与路径选择》，《改革》2019年第6期。
[8] 李露：《金融供给侧改革与企业转型升级的协同发展》，《学海》2017年第3期。
[9] 王国刚：《优化金融供给结构 防范流动性风险》，《经济理论与经济管理》2020年第3期。
[10] 唐松：《新中国金融改革70年的历史轨迹、实践逻辑与基本方略——推进新时代金融供给侧改革，构建强国现代金融体系》，《金融经济学研究》2019年第6期。

展。刘秉镰和孙鹏博[①]针对国家级金融改革试验区，研究非绿色国家级金融改革试验区对城市碳生产率的影响及其内在机制。研究发现，国家级金融改革试验区可提升城市的碳生产率，推动技术创新和产业结构转型等。郭威和盛继明[②]指出，国内存在金融供给的配置结构、供给方式失衡等问题，要推动产业升级改造，需加强金融供给侧改革，加强金融服务实体经济意愿和能力。黄益平[③]在金融供给侧改革的背景下，从政府和市场的角度分析中国金融改革的原因以及当前存在的一些普遍问题。赵瑞政等[④]研究金融供给侧结构性改革的主线及其理论基础，结果表明国内的金融体系主要以银行为主导，机构和服务多样化等方面存在一定的完善空间。

随着中国产业结构转型升级的进一步深入，中小企业在国民经济中的地位越加重要，供应链金融的发展为中小企业融资难和融资贵的问题提供了一个新的有效途径。同时，关于金融供给侧结构性改革的研究也不断深入，但是已有的研究仍然存在一些不足。

对中小企业融资困境的研究，特别是国内中小企业融资难和融资贵的问题，已有文献主要从企业综合实力、外部金融机构运营或者是政策法规等方面进行研究。少有学者从融资模式的角度研究如何解决中小企业融资困境，忽略了融资模式对企业运营和生产决策方面的影响。事实上，企业融资模式的选择关系到融资效率和融资成本，甚至影响到企业的生存。因此，针对目前中小企业的融资现状和国内外研究的不足，从中小企业融资模式角度来解决融资困境具有一定的意义，能够为解决融资难融资贵的问题提供一个新的解决方案，十分有必要从融资模式角度展开研究。

对于企业内部融资模式的研究，以往的大部分文献都基于商业信用融资的角度展开分析，对于企业股权融资、融资结构等文献较少。事实上，资金严重匮乏的中小企业在利用商业信用融资时可能会出现信用期满后无法还本付息的情况，此时潜在的信用风险会极大影响企业乃至上下游企业的正常运营。而供应链内部的股权融资模式，不仅可以帮助企业降低信用风险，还有助于减少融资成本。

---

① 刘秉镰、孙鹏博：《国家级金融改革试验区如何影响碳生产率》，《经济学动态》2022年第9期。
② 郭威、盛继明：《金融供给侧结构性改革与制造业高质量发展——失衡表现与路径选择》，《金融论坛》2021年第9期。
③ 黄益平：《金融改革的经济学分析》，《新金融》2020年第5期。
④ 赵瑞政、王文汇、王朝阳：《金融供给侧的结构性问题及改革建议——基于金融结构视角的比较分析》，《经济学动态》2020年第4期。

针对报童模型，现有文献大部分是从决策者的决策以及销售的产品出发，没有涉及订货商或者零售商的资金问题。而对于中小企业而言，由于自身综合实力等复杂因素的影响，往往会面临融资困境，此时企业为达到利润最大化的目标，可能会选择不同的融资模式，特别是股权融资作为一种重要的模式，常常受到企业的青睐。对于供应链中资金约束的中小企业，供应链融资结构、内外部债权股权融资比例、债权融资利率、零售商损失厌恶程度等因素都会显著影响企业决策，特别是企业订购策略和供应链定价策略等。对中小企业而言，本书提出的三种不同股权融资模式，在一定程度上为其提供更多可供选择的融资渠道，可以有效改善其生产经营决策，并有助于为企业融资难的问题提供缓解的方法。一方面，以融资结构理论为基础，报童优化模型为辅所构建的内部、外部以及同时考虑内外部的融资模型，能够帮助企业分析影响生产运营决策的重要因素以避免付出高额的融资成本；另一方面，可以为企业或政府制定决策提供有意义的指导。对于企业管理者而言，明确自身的劣势并针对性地采取不同融资模式有助于精确制定决策、优化企业经营、完善生产运营决策等；对于上下游企业而言，由于相互合作的企业均处于供应链中，若关联的企业陷入困境都可能影响彼此的稳定发展，甚至可能带来连锁反应以及相应的金融风险；对于政策当局而言，这些研究结论可以为金融管理部门、金融机构以及投资者强化市场监管与防范风险提供政策建议，达到促使中小企业进一步健康可持续发展的目的。

第三节　研究内容

本书主要研究内容是围绕不同市场需求（线性市场需求、随机市场需求以及特殊分布市场需求）研究企业的融资与订购策略问题。从理论研究的必要性来看，一是现有研究在分析企业融资与订购策略问题时，一般都是假设为线性市场需求或随机市场需求，较少将线性需求与随机需求放在一起，系统全面分析企业融资与订购问题，本书既分析传统线性需求分布情形，又研究了随机市场需求情形，还针对特殊分布市场需求（两点分布）研究了企业的融资与订购策略问题；二是在研究随机市场需求下的企业订购策略问题时，本书将企业资金受限和融资因素融入企业订购策略分析框架，这样更容易理解融资与企业订购之间的关系。

从现实必要性来看，市场需求已成为影响企业运营的最重要因素之一，研究不同市场需求下的企业融资与订购策略具有较好的实践价值，也有助于企业在面对复杂市场环境下做出更为有利的融资与订购决策；此外，在特殊分布（两点分布）下，研究融资与订购策略也具有很好的现实意义。两点分布是概率论中最重要的分布之一，在理论与实践中都有广泛应用，可以用来处理日常生活中的一些非常棘手的问题，能将一些复杂问题有效简化进行处理，而且两点分布也可以较好地用来刻画特定情形下的消费市场，比如在很多消费市场上市场需求的变化在短时期内都可以简化为，在变得更好和更差、更好和不变、更差和不变等状态之间的转换。本书主要研究内容如下。

1. 分析金融供给侧结构性改革对中小企业融资与订购行为的影响机理

金融供给侧结构性改革的最终目的是满足实体经济的金融需求。与需求侧不同，金融供给侧结构性改革是着力于改善金融供给侧，创新金融产品，推动金融业健康发展，使金融更好地服务经济高质量发展。深化金融供给侧结构性改革必须贯彻落实新发展理念，强化金融服务功能，找准金融服务重点，以服务实体经济、服务人民生活为本。在金融供给侧结构性改革背景下，金融机构体系、市场体系、产品体系和中小企业融资结构的优化，多层次资本市场体系的建设，中小微企业直接融资的快速发展，知识产权质押融资、供应链融资、互联网融资等多元化融资模式的实施，证券、保险、信托等融资路径的完善，这些举措都将增加有效金融供给，提升多元化金融供给模式，丰富和完善金融产品体系，提高金融服务和产品的质量、效率和深度，进一步扩大和提高金融体系服务实体经济的范围和深度，还有效降低企业的间接和直接融资成本，提高融资效率，在一定程度上解决或缓解中小企业融资困境，特别是那些具有一定核心技术的中小型科技企业。此外，随着金融供给的增加以及金融机构之间竞争的加剧，也将促使商业银行、资本市场等更加关注中小企业运营等，在一定程度上间接助推中小企业完善公司治理结构，提升公司治理水平。

2. 线性市场需求下的中小企业融资策略

本部分主要考虑由供应商和零售商组成的两阶段供应链。在经典线性市场需求情形下，将需求价格敏感系数、持股比例等因素融入内部股权融资模型，研究供应商单向持股零售商、供应商和零售商交叉持股融资下的行为决策，并利用最优化理论与方法得到最优解，最优解存在且唯一这一定论也通过了理论证实。从理论与数值试验两个方面分别研究了单向持股和交叉持股融资下的利润、批发价、销售价格与持股比例的关系。

3. 线性市场需求下考虑市场开拓的中小企业融资策略

本部分主要是研究由供应商和零售商组成的两阶段供应链，在经典线性市场需求情形下，考虑资金约束零售商在面临外部市场环境较好时要进行市场开拓情形，将融资结构、市场成长性等因素融入零售商融资优化模型，利用最优化理论和数值分析方法，研究零售商的最优融资策略，以及市场成长性、融资策略等因素对零售商利润的影响。

4. 随机市场需求下中小企业订购策略研究

本部分考虑一个供应商和零售商组成的二级供应链。在随机市场需求情形下，研究中小企业的订购策略问题。此时，资金受限零售商可以采用供应链内部的商业信用融资，或者外部股权融资和债权融资模式。当然，不同融资模式对零售商最优利润的影响存在较大差异。因此，零售商在选择最优融资策略和最优订购量时，需要考虑融资结构、商业信用以及随机市场需求等因素影响。基于此，本部分主要是深入研究商业信用融资利率、债权融资比例以及随机市场需求等因素下，建立了零售商最优订购模型，并利用最优化理论与方法得到了零售商最优订购量和最优利润。

5. 随机市场需求下考虑期权合同的中小企业订购策略研究

在随机市场需求下，引入融资结构、期权合同以及缺货等因素，研究中小企业的最优订购策略问题，分别构建最优期权合约模型和最优决策订购模型，并利用最优化理论证明了零售商最优订购量和最优期权订购量的存在性和唯一性。随后，从理论上分析了股权融资比例、销售价格、批发价格和缺货损失成本对商品订购量和期权的影响。最后，采用数值示例验证模型有效性。

6. 极端市场需求下中小企业订购策略研究

在某些特殊情形下，消费市场需求可能会出现某些极端情况，这种极端情况可能会对企业造成重大影响。现有研究表明，在极端市场需求背景下，零售商决策目标会发生一定的变化，零售商不仅追求自身利润或效用最大化，在决策过程中也会有风险规避行为。因此，研究极端市场需求情形下的订购策略具有较好的理论意义。本部分主要是在极端市场需求下，综合考虑随机需求、融资结构、损失厌恶偏好、极端需求风险等因素，研究零售商为达到期望利润、期望效用、期望效用 CVaR 三者分别最大化的决策目标，如何制定最优的订购策略，并分析股权融资比例、债权融资利率、需求可累积比例、损失厌恶程度等参数对零售商最优订购量的影响。

7. 特殊分布市场需求下中小企业融资与订购策略研究

本部分考虑一个受资金约束零售商和一个供应商的二级供应链。零售商在进行融资决策时,可在 TCF、BGF 以及 CGF 三种融资方案中选择:TCF 融资模式,代表只有供应商对零售商提供贸易信贷和股权融资,且贸易信贷不计利息;BGF 融资模式,代表只有银行对零售商提供债权与股权融资,期末供应商以回购价格回购零售商未卖出的产品;CGF 融资模式,代表银行提供债权融资,金融中介提供股权融资以及债权融资担保,在期末零售商将按照一定比例将部分销售收入作为担保费支付给金融中介,金融中介与零售商一起承担风险。在随机市场需求情形下分析利润最大化目标下零售商的最优融资决策。

8. 金融供给侧结构性改革下优化中小企业高质量发展的对策建议

本部分主要是在前文研究基础上,根据相关研究结论,分别对线性市场需求下企业融资策略、随机市场需求下企业订购策略、特殊分布市场需求下企业融资与订购策略以及优化中小企业发展政策建设等方面,提出促进中小企业高质量发展的对策建议。

一 研究思路

市场需求是影响企业融资与订购策略的一个核心要素。为了深入分析不同市场需求下企业融资与订购策略问题,本书在金融供给侧结构性改革视角下,以市场需求的演变为主线,分别讨论线性市场需求下企业融资决策、随机市场需求下企业订购策略以及特殊分布市场需求下的企业融资与订购策略问题。关于线性市场需求情形下企业订购策略问题,目前相关研究已经较为成熟,而随机市场需求下企业融资策略问题在本书研究框架下还存在很大难度,当然,研究随机市场需求下的企业融资问题也具有非常好的现实意义和理论价值,未来也将继续在这一点持续努力推进。

本书具体研究思路如图 1-1 所示。第一部分,提出问题。主要说明研究背景,梳理中小企业研究现状,说明金融供给侧结构性改革的相关内容,以及影响机理。第二部分,研究不同市场需求下的企业订购与融资策略。首先,在经典线性需求下研究企业融资策略问题(第三章);其次,在经典线性需求下,针对一类特殊市场需求特征,也就是具有扩张属性的市场,引入市场扩张性系数,分析企业融资策略问题(第四章);再次,研究随机市场需求情形下的企业订购策略问题(第五章);随后,在随机市场需求下,分析考虑期权合同下的企业订购策略问题,主要分析企业如何利用期权合约这一金融衍生工具来减少市场需求剧烈波动对企业的影响,降低运营风险(第六章);进一步,在随机市场需求下,针对某些突发事件导致的市场需求剧烈波动情形,研究极端需求风险下企业订购策略问题(第七章);最后,考虑一类特殊的市场需求,也就是市场需求服从两点分布情形,研究此情形下企业融资与订购策略问题(第八章)。第三部分,针对本书主要研究结论,分别从线性市场需求、随机市场需求、特殊分布市场需求等角度提出具有促进企业高质量发展的针对性对策建议。

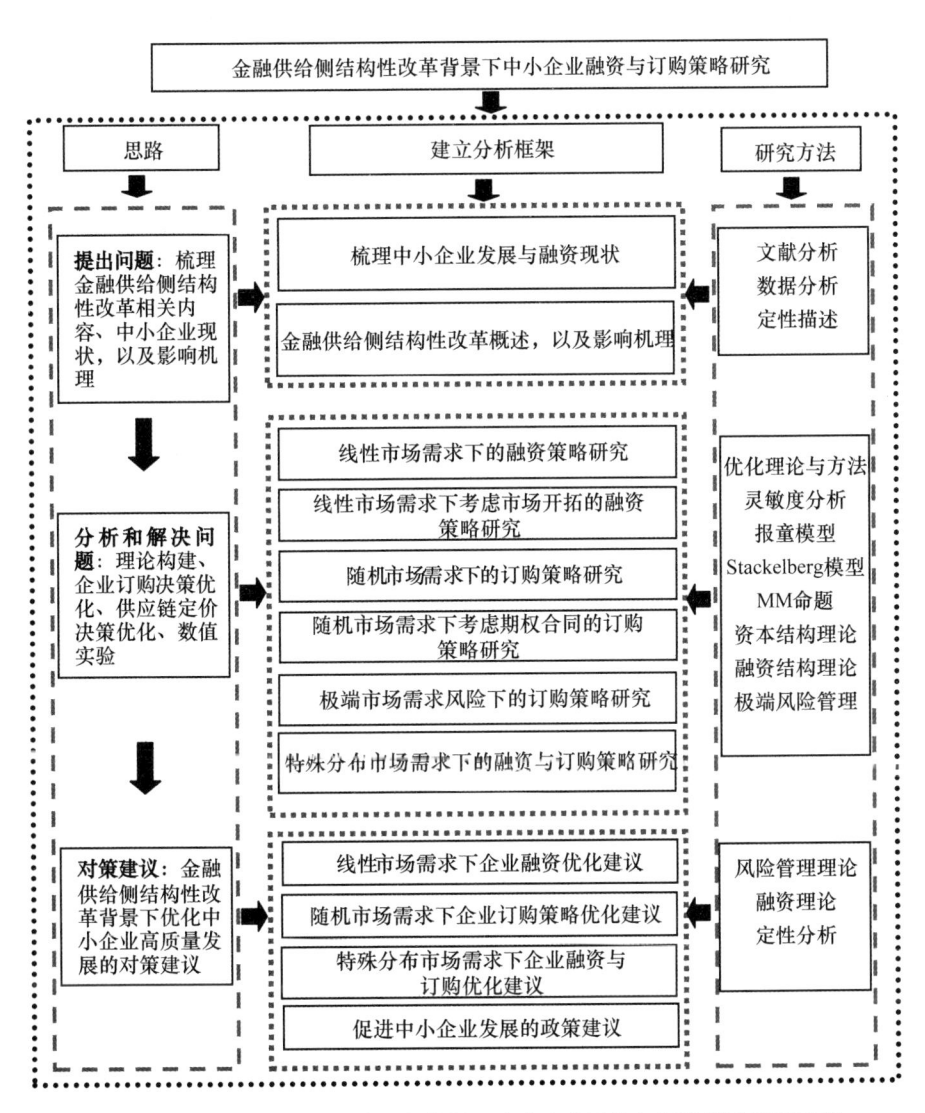

图1-1 金融供给侧结构性改革背景下中小企业融资与订购策略研究思路

二 研究方法

（一）文献分析与定性描述

对于金融供给侧结构性改革下的中小企业融资困境现状进行分析，结合国内外相关研究文献，利用所获取数据和资料，系统梳理中小企业融资困境现状，探讨中小企业融资对企业供应链决策的影响；进一步，阐述金融供给侧结构性改革的相关内容，以及对供应链融资与订购策略的影响。

（二）数学规划方法

在不同市场需求情形下，研究零售商供应链内部债权或股权最优融资策略模型、零售商外部债权或股权最优融资策略模型、供应链内外部混合最优融资策略模型等，将利用完全信息动态博弈、非线性规划、动态规划以及比较静态分析等方法，结合资本结构理论与极端风险等理论，分别研究最大化利润、最大化效用、最大化 CVaR 等目标下的企业最优订购策略与供应链最优定价策略。

（三）数值实验分析

在相关理论研究的基础上，利用计算机数值分析软件从数值分析角度，在不同市场需求情形下，研究融资比例、融资结构以及融资利率等众多因素对企业融资决策与订购策略的影响程度。

（四）合作演化博弈

关于金融供给侧结构性改革下中小企业融资模式政策支持的分析，将主要利用定性分析为主，辅以合作演化博弈分析等方法，从信贷补偿机制政策、知识产权质押融资风险分担补偿机制政策以及普惠金融定向降准政策等角度分析中小企业融资的对策建议。

三 研究创新

本书围绕不同市场需求（线性市场需求、随机市场需求、特殊分布市场需求）研究企业的融资与订购策略问题。创新性主要体现在以下几个方面。

第一，研究较为全面系统，以市场需求变化为主线，系统分析线性市场需求、随机市场需求等情形下的企业融资与订购问题。市场需求是影响企业融资与订购策略的一个核心要素。为了深入分析不同市场需求下企业融资与订购策略问题，本书在金融供给侧结构性改革视角下，以市场需求的演变为主线，系统分析线性市场需求下企业融资决策、随机市场需求下企业订购策略以及特殊分布下的企业融资与订购策略问题。

第二，研究具有较好的现实必要性，针对特殊分布市场需求情形下，研究中小企业融资与订购策略问题。在特殊分布（两点分布）下，研究融资与订购策略也具有很好的现实意义。市场需求已成为影响企业运营的最重要因素之一，研究特殊需求下的企业融资与订购策略问题有助于企业在面对复杂市场环境下做出更为有利的融资与订购决策；两点分布是概率论中最重要的分布之一，能将一些复杂问题有效简化进行处理，而且也可以较好地用来刻画特定情形下的消费市场，比如在某些时期市场需求的变化在短时期内都可以简化为：更好和更差、更好和不变、更差和不变等状态之间的转换。

第三，厘清金融供给侧结构性改革对企业融资与订购的逻辑关系，分析了其影响机理。在现实生活中，中小企业受到规模小、组织结构简单、抵御风险能力差、资金薄弱、抵押品少等因素制约，极易陷入融资困境，而金融供给侧结构性改革背景下，普惠金融等各项创新型金融政策的实施，为中小企业的融资提供了更多可能的选择，这在很大程度上缓解了中小微企业的融资难题。在此背景下，本书重点分析企业在面临多种融资方式时融资策略问题，也就是解决融资贵问题。此外，融资问题又是一个显著影响企业运营策略，特别是订购策略的重要因素，所以本书还将融资因素作为一个重要因素融入随机市场需求和特殊市场需求下的企业订购策略研究。

第二章 金融供给侧结构性改革对企业融资与订购行为的影响机理

第一节 国内中小企业发展现状

目前，虽然各国对于中小企业的定义有些许差异，但不可否认的是，中小企业作为促进国民经济和社会经济高质量发展的中坚力量，在提高就业率和促进科技创新等方面作出了无可比拟的贡献。截至2021年年底，全国中小微企业数量达4800万户，10年增长2.7倍。2021年，我国规模以上工业中小企业平均营业收入利润率达6.2%，比2012年年底高0.9个百分点，发展质量效益不断提升。我国中小微企业法人单位数量占全部规模企业法人单位的99.8%，吸纳就业占全部企业就业人数的79.4%[①]。这足以表现，中小企业在促进中国经济高质量发展、有效缓解就业压力、保障民生等方面拥有不可替代的作用，因此亟须保障中小企业的稳定发展。

一 中小企业界定

（一）中国对中小企业的划分

工业和信息化部和国家统计局等相关部门在2018年1月3日联合印发了《统计上大中小微型企业划分办法（2017）》，其中，明确制定了各行业的中小企业分类标准。

（1）农、林、牧、渔业行业中小微企业的划分。中小微型企业指年营业收入小于2亿元的企业。其中，分别以年营业收入2亿元、0.05亿元和0.005亿元为不同门槛值划分为中型企业、小型企业和微型企业。

（2）工业行业中小微企业的划分。中小微型企业指满足从业人员数

---

① 中华人民共和国中央人民政府网，https://www.gov.cn/xinwen/2022-09/02/content_5707953.htm。

量小于1000人或营业收入小于4亿元的企业。其中，分别以从业人员数量1000人、300人、20人和年营业收入4亿元、0.2亿元、0.03亿元为分界点划分中型企业、小型企业和微型企业。

（3）建筑业中小微企业的划分。中小微型企业指营业收入小于8亿元或资产总额小于8亿元的企业。其中，分别以营业收入8亿元、0.6亿元、0.03亿元和资产总额8亿元、0.5亿元、0.03亿元为分界点划分中型企业、小型企业和微型企业。

（4）批发业中小微企业的划分。中小微型企业指从业人员数量小于200人或营业收入小于4亿元。其中，分别以从业人员数量200人、20人、5人和年营业收入4亿元、0.5亿元、0.1亿元为分界点划分中型企业、小型企业和微型企业。

（5）交通运输业中小微企业的划分。中小微型企业指从业人员数量小于1000人或营业收入小于3亿元的企业；其中，分别以从业人员数量1000人、300人、20人和年营业收入3亿元、0.3亿元、0.02亿元为分界点划分中型企业、小型企业和微型企业。

（6）零售业中小微企业的划分。中小微型企业指从业人员数量小于300人或营业收入小于2亿元的企业。其中，分别以从业人员数量300人、50人、10人和年营业收入2亿元、0.05亿元、0.01亿元为分界点划分中型企业、小型企业和微型企业。

（7）住宿业和餐饮业中小微企业的划分。中小微型企业指从业人员数量小于300人或营业收入小于1亿元的企业。其中，分别以从业人员数量300人、100人、10人和年营业收入1亿元、0.2亿元、0.01亿元为分界点划分中型企业、小型企业和微型企业。

（8）信息传输业中小微企业的划分。中小微型企业指从业人员数量小于2000人或营业收入小于10亿元的企业。其中，分别以从业人员数量2000人、100人、10人和年营业收入10亿元、0.1亿元、0.01亿元为分界点划分中型企业、小型企业和微型企业。

（9）软件和信息技术服务业中小微企业的划分。中小微型企业指从业人员数量小于300人或营业收入小于1亿元的企业。其中，分别以从业人员数量300人、100人、10人和年营业收入1亿元、0.1亿元、0.005亿元为分界点划分中型企业、小型企业和微型企业。

（10）仓储业中小微企业的划分。中小微型企业指从业人员数量小于200人或营业收入小于3亿元的企业。其中，分别以从业人员数量200人、100人、20人和年营业收入3亿元、0.1亿元、0.001亿元为分界点划分中型企业、小型企业和微型企业。

（11）邮政业中小微企业的划分。中小微型企业指从业人员数量小于1000人或营业收入小于3亿元的企业。其中，分别以从业人员数量1000人、300人、20人和年营业收入3亿元、0.2亿元、0.001亿元为分界点划分中型企业、小型企业和微型企业。

（12）房地产开发经营中小微企业的划分。中小微型企业指营业收入小于20亿元或资产总额小于1亿元的企业。其中，分别以营业收入20亿元、0.1亿元、0.001亿元和资产总额1亿元、0.5亿元、0.2亿元为分界点划分中型企业、小型企业和微型企业。

（13）物业管理中小微企业的划分。中小微型企业指从业人员数量小于1000人或营业收入小于0.5亿元的企业。其中，分别以从业人员数量1000人、300人、100人和年营业收入0.5亿元、0.1亿元、0.05亿元为分界点划分中型企业、小型企业和微型企业。

（14）租赁和商务服务业中小微企业的划分。中小微型企业指从业人员数量小于300人或营业收入小于12亿元的企业。其中，分别以从业人员数量300人、100人、10人和年营业收入12亿元、0.8亿元、0.01亿元为分界点划分中型企业、小型企业和微型企业。

（15）其他未列明行业中小微企业的划分。中小微型企业指从业人员数量小于300人的企业。其中，分别以从业人员数量300人、100人、10人为分界点划分中型企业、小型企业和微型企业。

（二）国外对中小企业的界定

由于中小企业自身的复杂性，以及外部环境的差异性，全球主要经济体对于中小企业的界定存在一定差异，这一界定也会在同一国家的各地区甚至各时期表现出不一致性。事实上，大部分国家和地区对于中小企业的界定都是从员工数量、年均营业额以及资产总额等指标进行区分。

（1）根据联合国国际会计和报告标准政府间专家工作组（ISAR）发布的《中小企业指南》，中型企业是指雇员人数为51～250人；小型企业是指雇员人数为6～50人；微型企业是指雇员人数为1～5人。

（2）根据《美国小企业法》，美国对中小企业认定，是指企业所雇用员工数量不超过500人，并且企业年均营业额500万美元以下，在本行业或本产业内的市场份额较小。

（3）根据日本的《新中小企业基本法》，日本对中小企业是分不同行业进行界定，具体如下：对于制造业而言，企业所雇用员工数量300人以下，且年营业额3亿日元以下；对于批发业而言，企业所雇用员工数量

100人以下，年均营业额1亿日元以下；对于零售业而言，企业所雇用员工数量50人以下，年均营业额5000万日元以下。

（4）欧盟对中小企业的具体界定如下：同时满足企业所雇用员工数量不超过250人和年营业额低于5000万欧元两个要求。事实上，欧盟的中小企业概念较为宽泛，既包含微型企业、小型企业，也包括中型企业。其具体标准为：微型企业，指同时满足企业所雇用员工数量不超过10人和年营业额不超过200万欧元这两个要求的企业；小型企业，指同时满足企业所雇用员工数量为10~50人和年营业额不超过1000万欧元这两个要求的企业；中型企业，指同时满足企业所雇用员工数量为50~250人和年营业额低于5000万欧元这两个要求的企业。

二 中小微企业分布和发展情况[①]

中小微企业在最近几年发展势头良好。从企业数量来看，中小微企业占绝大多数且近几年的发展速度加快。根据国家统计局第四次全国经济普查系列报告结果显示，国内中小微企业法人单位总计1820万家，占总数的99.82%，其中，中型企业24.1万家，小型企业239.9万家，微型企业1556.2万家，占比分别是1.33%、13.16%和85.34%，小微企业数量比2013年年末增长128.81%。

从地区分布来看，中小微企业数量在华东、中南、华北、西南、东北、西北部呈阶梯状分布，其中，华东地区优势最为明显。华东地区中小微企业法人单位数为673万家，占全国中小微企业总数的36.97%；相较之下，西南和西北地区占比远不及华东地区，但增速较快，其小微企业数量分别比2013年年底增长176.05%和153.79%（见图2-1）。

从省域分布来看，广东、江苏、山东的中小微企业法人单位数量排前三，浙江、河南、河北、北京、安徽、湖北、福建进入前十；青海、西藏、云南的中小微企业法人单位数量相对较少，但发展态势较好，小微企业数量分别比2013年年底增长206.62%、299.52%和211.52%。此外，河北、山西、河南、广东也位列前茅，其增速分别为234.53%、213.98%、237.89%、219.47%（见图2-2）。

---

① 本部分统计数据是利用2018年国家统计局第四次经济普查相关数据。2022年11月17日，国务院发布《国务院关于开展第五次全国经济普查的通知》，决定于2023年开展第五次全国经济普查。因此，国家统计局第四次经济普查数据为目前的最新数据。

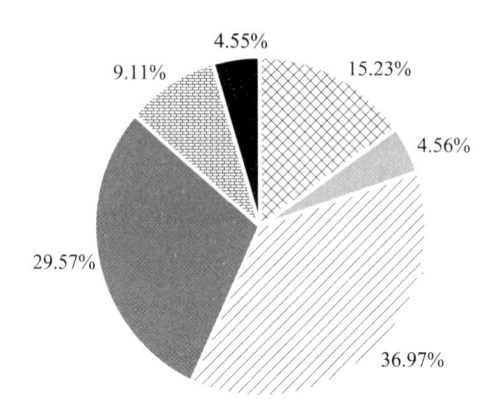

图 2-1　中小微企业在六大地区的分布情况

资料来源：国家统计局 2018 年第四次经济普查。

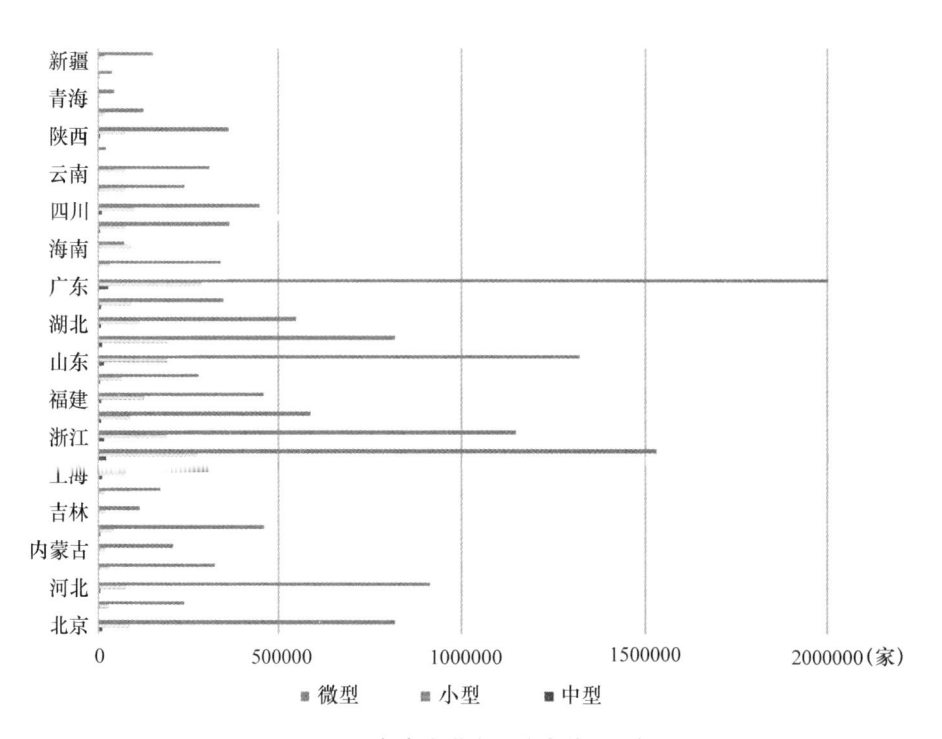

华北 15.23%　东北 4.56%　华东 36.97%　中南 29.57%　西南 9.11%　西北 4.55%

图 2-2　各省小微企业法人单位总数

资料来源：国家统计局 2018 年第四次经济普查。

第二章 金融供给侧结构性改革对企业融资与订购行为的影响机理

从行业分布来看,中小微企业集中于批发和零售、制造等行业,其中,批发和零售业领域企业最多,有631万家,集中了近12.44%的中小微企业;同时,卫生和社会工作、信息传输、软件和信息技术服务业、建筑业成长速度较快,与2013年年底的小微企业数量相比,2018年年底分别增长968.92%、325.23%和267.14%,不过,采矿业出现罕见负增长,2018年年末的小微企业数量下降了20.50%(见图2-3)。

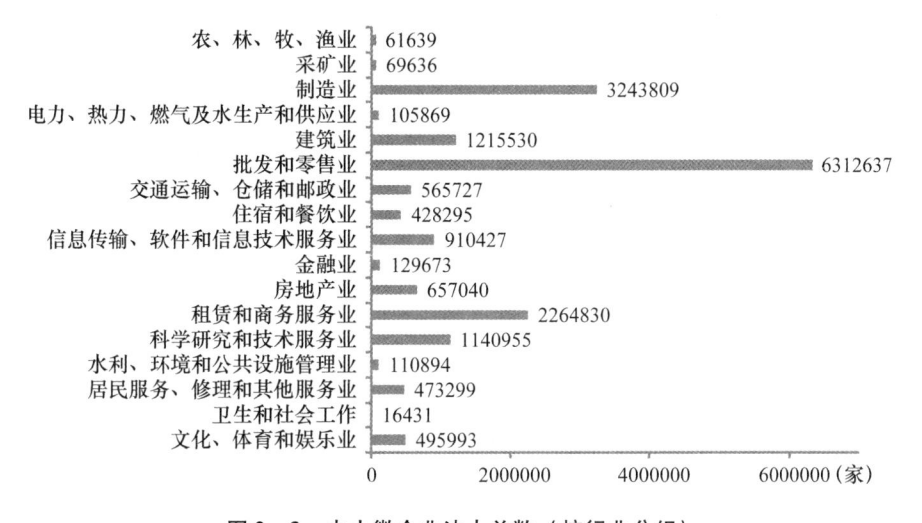

行业	数量(家)
农、林、牧、渔业	61639
采矿业	69636
制造业	3243809
电力、热力、燃气及水生产和供应业	105869
建筑业	1215530
批发和零售业	6312637
交通运输、仓储和邮政业	565727
住宿和餐饮业	428295
信息传输、软件和信息技术服务业	910427
金融业	129673
房地产业	657040
租赁和商务服务业	2264830
科学研究和技术服务业	1140955
水利、环境和公共设施管理业	110894
居民服务、修理和其他服务业	473299
卫生和社会工作	16431
文化、体育和娱乐业	495993

图2-3 中小微企业法人总数(按行业分组)

资料来源:国家统计局第四次经济普查。

在吸纳就业方面,中小微企业的作用也较突出,中小微企业吸纳从业人员23387.5万人,占全国就业人员总量的78.41%,其中,相比于2013年年末,小微企业吸纳从业人员数量增长12.76%。

从地区分布来看,华东地区依旧表现良好,如图2-4所示,华东地区中小微企业从业人员9877万人,占全国中小微企业从业人员总数的42.23%;相较之下,西南地区占比远不及华东地区,从业人数处于六大地区的最低水平,但增速较快,其小微企业从业人员数量比2013年年末增长36.97%。而东北是唯一出现负增长的地区,其小微企业从业人员数量比2013年年底减少34.09%。

从省域分布来看,如图2-5所示,主要集中在广东、江苏、浙江、山东、河南,共拥有10883万从业人员,占全国中小微企业从业人员总数的46.53%,其中,广东以2930万人位于第一,表现亮眼;虽贵州和西藏从

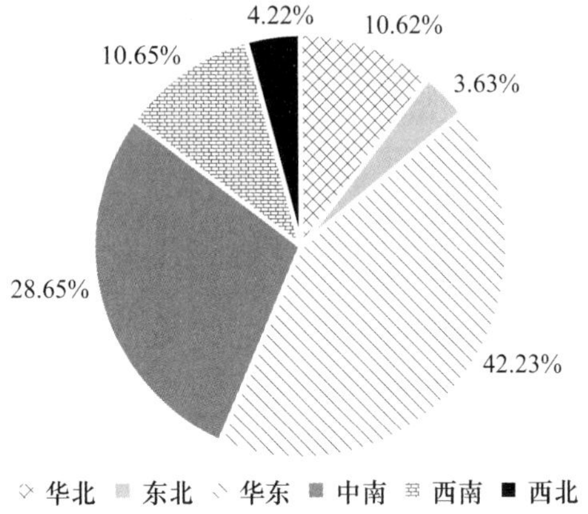
4.22%
10.62%
10.65%
3.63%
28.65%
42.23%
华北
东北
华东
中南
西南
西北

图 2－4　中小微企业法人单位人员区域情况

资料来源：国家统计局 2018 年第四次经济普查。

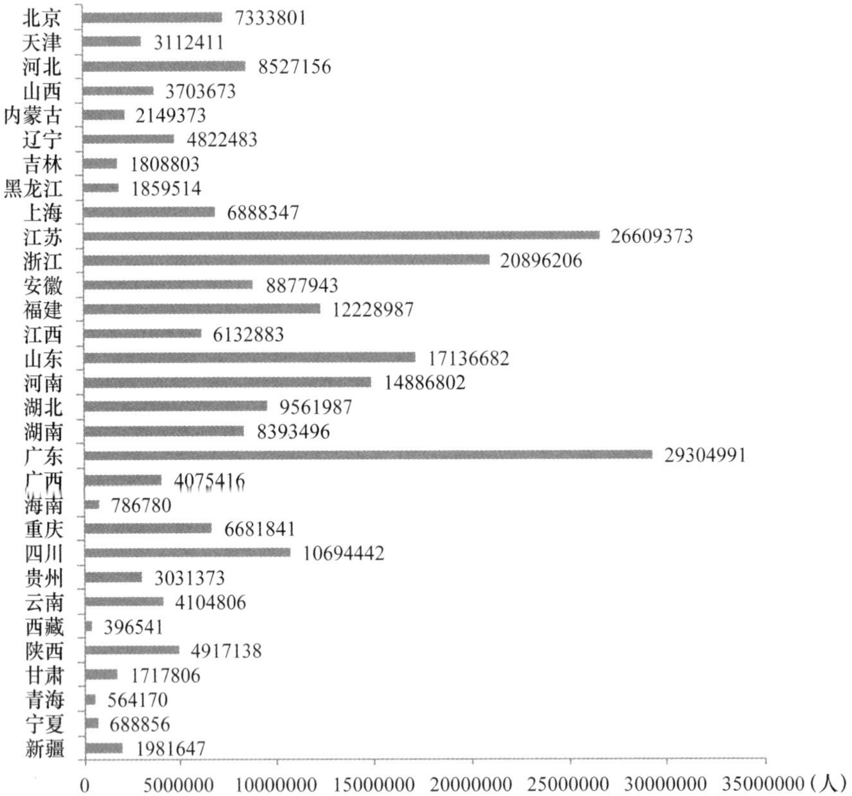
北京 7333801
天津 3112411
河北 8527156
山西 3703673
内蒙古 2149373
辽宁 4822483
吉林 1808803
黑龙江 1859514
上海 6888347
江苏 26609373
浙江 20896206
安徽 8877943
福建 12228987
江西 6132883
山东 17136682
河南 14886802
湖北 9561987
湖南 8393496
广东 29304991
广西 4075416
海南 786780
重庆 6681841
四川 10694442
贵州 3031373
云南 4104806
西藏 396541
陕西 4917138
甘肃 1717806
青海 564170
宁夏 688856
新疆 1981647
0
5000000
10000000
15000000
20000000
25000000
30000000
35000000
（人）

图 2－5　各省中小微企业法人单位的从业人员数量对比情况

资料来源：国家统计局 2018 年第四次经济普查。

业人员总数不大,但增速较快,其小微企业从业人员数量比 2013 年年底增长 50.97% 和 93.12%,而天津、内蒙古、辽宁、吉林、黑龙江、上海、山东、湖南、甘肃都出现不同程度的负增长,分别为 16.79%、20.87%、34.84%、29.16%、36.53%、18.38%、4.24%、2.11%、4.25%。

从行业分布来看,如图 2-6 所示,制造业的中小微企业从业人员最多,达 8155 万人,占全国中小微企业从业人员总数的 34.87%,建筑业位于第二,占 18.48%,随后是批发和零售业,占 14.55%;同时,卫生和社会工作的增速最为迅猛,其小微企业从业人员数量分别比 2013 年末增长 1217.98%,不过,农、林、牧、渔业,采矿业,制造业出现负增长,分别比 2013 年年末下降 60.82%、55.79%、12.30%。

行业	人数
农、林、牧、渔业	493919
采矿业	2666461
制造业	81550975
电力、热力、燃气及水生产和供应业	2741119
建筑业	43213129
批发和零售业	34020084
交通运输、仓储和邮政业	8989612
住宿和餐饮业	5794983
信息传输、软件和信息技术服务业	7418447
金融业	560229
房地产业	10048563
租赁和商务服务业	20391567
科学研究和技术服务业	8039866
水利、环境和公共设施管理业	1377600
居民服务、修理和其他服务业	3237746
卫生和社会工作	413118
文化、体育和娱乐业	2918309

图 2-6 不同行业中小微企业法人单位的从业人员数量情况

资料来源:国家统计局 2018 年第四次经济普查。

目前,中小企业营业收入及利润总额皆表现出显著的大幅提升。目前,中小企业应收收入及利润总额皆表现出显著的大幅上升。根据国家统计局数据显示,2022 年 1~11 月,规模以上工业中小企业数量、营业收入、利润总额同比分别增长 10.5%、6%、0.3%[①]。

中国中小企业发展指数(Small and Medium Enterprises Development Index, SMEDI),是通过对国民经济八大行业中三千多家中小企业的运行和

---

① https://www.gov.cn/xinwen/2023-01/30/content_5739125.htm.

企业生产经营状况进行动态跟踪调研，而后依据一定模型和方法综合编制而成，是反映中小企业（不含个体工商户）经济运行状况的一个较为合理和科学的评价指数。

近年来，受到疫情防控、洪涝灾害，以及其他因素影响，中小企业的发展受到了较大的影响，所以中小企业发展指数也是有所下降。但是，2023年第一季度中小企业发展指数（SMEDI）为89.3，比上季度上升1.3点，扭转了2021年第二季度以来持续下行态势，虽仍在景气临界值100以下，但升幅已达2020年4个季度以来最高。按月度看，前3个月指数分别为88.9、89.6和89.3，反弹势头较为明显，如图2-7所示。从分行业发展指数来看，住宿餐饮业、交通运输、信息传输软件业等指数上升较为明显（见表2-1）；从中小企业分项发展指数来看，效益指数上升较为明显，宏观经济感受指数指标下降幅度最大（见表2-2）。

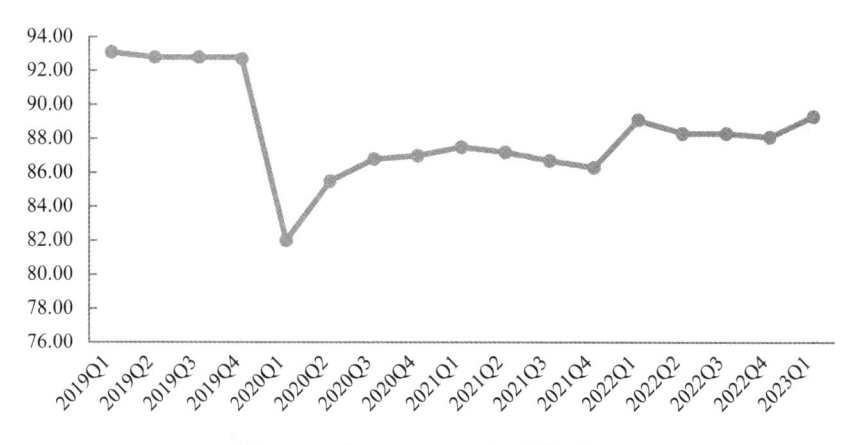

图2-7 中小企业各季度发展指数

资料来源：国家统计局2018年第四次经济普查。

在分项指数方面，资金指数已经开始从过去的升高阶段转为降低阶段，而劳动力指数则是从平稳阶段转为降低阶段，宏观经济感受指数和成本指数则是持续降低。事实上，资金指数、宏观经济感受指数还是在景气水平之上；综合经营指数、市场指数、投入指数和效益指数不仅处于景气临界水平以下，且皆有不同程度的下降，效益指数始终位于总排名末尾。

表 2-1　　　　　　　2022 年中小企业分行业发展指数情况

分行业	2022M12	2021M12	涨幅（2022M12-2021M12）
工业	88.1	86.9	1.2
建筑业	88.8	90.2	-1.4
交通运输	82.3	76.9	5.4
房地产	91.8	93.7	-1.9
批发零售业	87.7	87.4	0.3
社会服务业	87.9	88.2	-0.3
信息传输软件业	87.1	83.4	3.7
住宿餐饮业	80.8	66.9	13.9

资料来源：国家统计局 2018 年第四次经济普查。

表 2-2　　　　　　　2022 年中小企业分项发展指数情况

分项指数	2022M12	2021M12	涨幅（2022M12-2021M12）
宏观经济感受指数	96.6	99.8	-3.2
综合经营指数	95.3	95.5	-0.2
市场指数	79.8	79.2	0.6
成本指数	112.8	113.2	-0.4
资金指数	100.5	101.6	-1.1
劳动力指数	105.1	105.0	0.1
投入指数	81.6	81.2	0.4
效益指数	72.8	61.6	11.2

资料来源：央视网。

"小巨人"企业是指那些企业经营绩效较好，发展潜力和培育价值处于成长初期的专精特新小企业，并且，通过政府和市场的培育助力其高质量快速发展，最终成长为该行业中或该区域中"巨人型"企业。中办、国办于 2019 年发布的《关于促进中小企业健康发展的指导意见》指出，"培育一批主营业务突出、竞争力强、成长性好的专精特新'小巨人'企业"，为进一步贯彻落实该决策部署，挑选出了符合《工业和信息化部办公厅关于开展专精特新"小巨人"企业培育工作的通知》（工信厅企业函〔2018〕381 号）要求的第一批专精特新"小巨人"企业。截至目前，该计划已经进行到了第三批专精特新"小巨人"企业培育工作,所培育企业数量已经达到5000家左右。

根据企查查数据研究院《专精特新小巨人企业数据分析报告》,目前,上市"小巨人"企业达三百余家,主要分布在机械设备、医药生物、化工等十几个细分行业,机械设备行业的上市公司数量最多;其次是医药生物、化工行业。从以上数据中可以看出,专精特新"小巨人"上市企业主要集中在补短板、强民生的关键性行业领域。具体如图2-8所示。

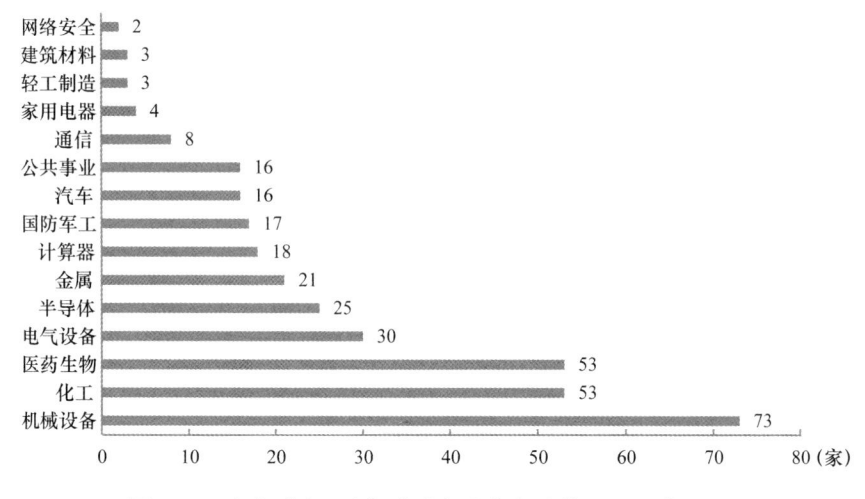

行业	数量(家)
网络安全	2
建筑材料	3
轻工制造	3
家用电器	4
通信	8
公共事业	16
汽车	16
国防军工	17
计算器	18
金属	21
半导体	25
电气设备	30
医药生物	53
化工	53
机械设备	73

图2-8 上市"小巨人"企业行业分布(截至2021年11月)

资料来源:企查查数据研究院:《专精特新小巨人企业数据分析报告》。

如果仅看上市周期,汽车行业的专精特新"小巨人"企业上市周期最长,平均为16.6年;其次是家用电器、网络安全以及轻工制造等行业,而上市周期最短的是建筑材料、计算机、国防军工等行业。具体如图2-9所示。

如果是从注册资本金来看,数量最多的是中型"小巨人"企业,其中注册资本在1亿元以上、5亿元以下的企业占总数量的六成以上;注册资本在1亿元的企业占比约为两成;注册资本在10亿元以上的企业仅占比2%左右。具体如图2-10所示。

"十四五"时期,计划将培育百万家创新型中小企业,十万家省级专精特新企业,1万家专精特新"小巨人"企业和1000家"单项冠军"企业。专业化、精细化、特色化、新颖化为"专精特新"企业所特有的四大优势,而"小巨人"企业则将该优势发挥到极致,是掌握专业核心技

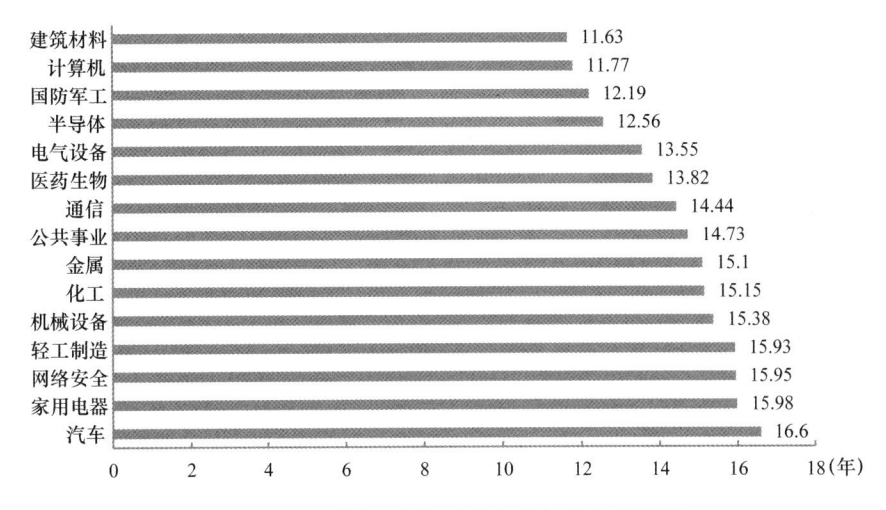

第二章 金融供给侧结构性改革对企业融资与订购行为的影响机理

行业	年数
建筑材料	11.63
计算机	11.77
国防军工	12.19
半导体	12.56
电气设备	13.55
医药生物	13.82
通信	14.44
公共事业	14.73
金属	15.1
化工	15.15
机械设备	15.38
轻工制造	15.93
网络安全	15.95
家用电器	15.98
汽车	16.6

图 2-9　"小巨人"企业细分行业上市周期

资料来源：企查查数据研究院：《专精特新小巨人企业数据分析报告》。

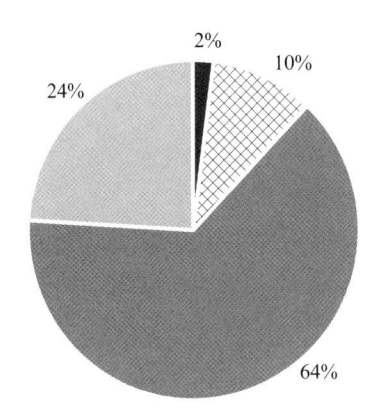

注册资本分布：
- 10亿元以上：64%
- 5亿—10亿元：24%
- 1亿—5亿元：10%
- 0—1亿元：2%

图 2-10　上市"小巨人"企业注册资本分布

资料来源：企查查数据研究院：《专精特新小巨人企业数据分析报告》。

术、专注于细分市场、市场占有率高、创新水平突出，且在"专精特新"企业中处于领头地位的企业。这类企业具有明显的高成长、高盈利、高估值、创新能力强的特点，主要分布在制造业等领域，如图2-11所示。在已经上市的"小巨人"企业中，绝大多数都是民营企业，且大多都是位于经济较为发达的省份和地区。从企业存续年限来看，大部分企业都是位于10~20年，具体如图2-12所示。

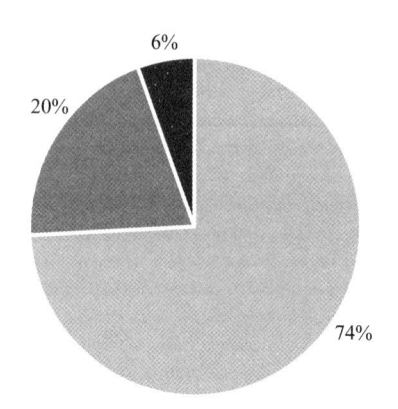

■ 制造业　■ 科学研究和技术服务业　■ 信息传输、软件和信息服务业

图 2-11　"小巨人"企业在主要行业的分布情况

资料来源：国家工业信息安全发展研究中心数据资源所中小企业室：《专精特新"小巨人"上市企业发展研究》。

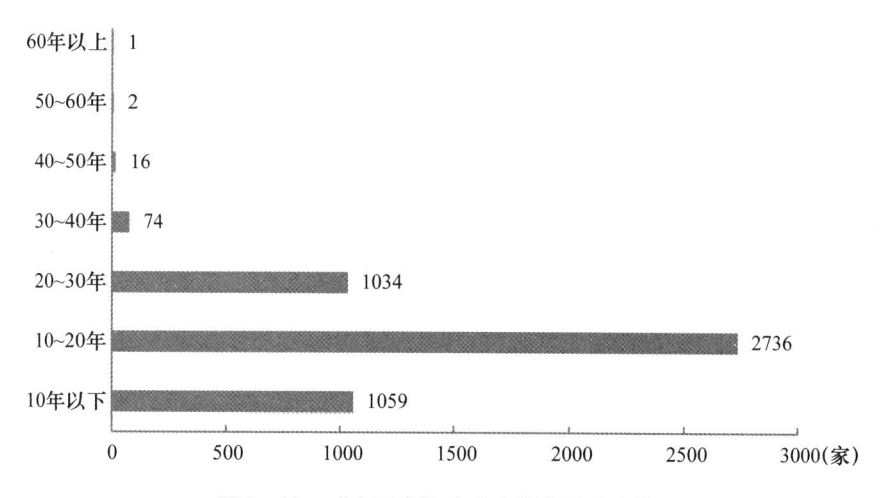

图 2-12　"小巨人"企业存续年限分布情况

资料来源：国家工业信息安全发展研究中心数据资源所中小企业室：《专精特新"小巨人"上市企业发展研究》。

目前，据国家工业信息安全发展研究中心数据资源所中小企业室《专精特新"小巨人"上市企业发展研究》，已经有 119 个城市拥有了上市"小巨人"企业。其中，数量最多的三个城市分别为上海、深圳、北京，具体如图 2-13 所示。

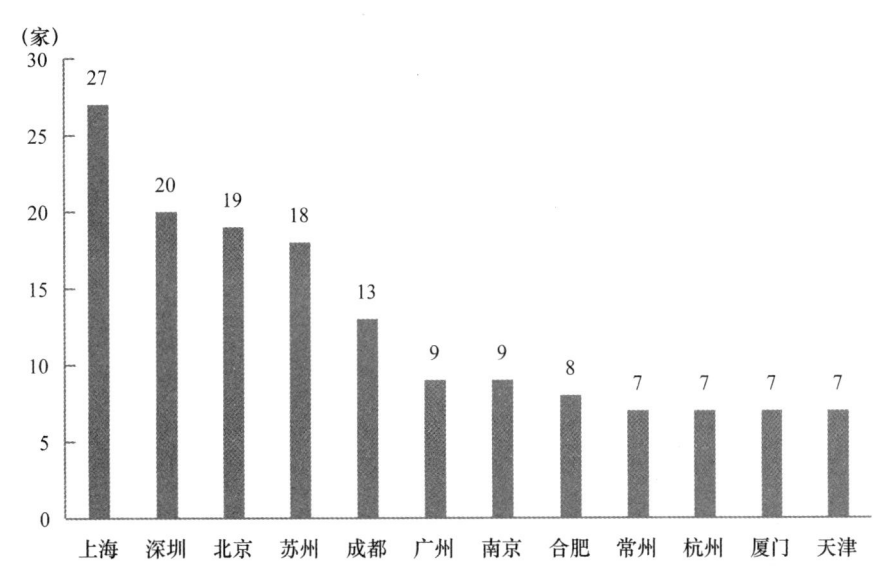

```
(家)
30
    27
25
20      20
        19  19
              18
15
                  13
10
                      9   9
                              8
5                                 7   7   7   7
0
   上海 深圳 北京 苏州 成都 广州 南京 合肥 常州 杭州 厦门 天津
```

图 2-13 上市"小巨人"企业数量排名前十的城市

资料来源：国家工业信息安全发展研究中心数据资源所中小企业室：《专精特新"小巨人"上市企业发展研究》。

在公示的"小巨人"企业数量方面，北京、上海并列第一，为262家；前三到前五位依次是宁波（182家）、深圳（170家）、天津（134家）。具体如图2-14所示。

三 中小企业融资现状

实体经济作为社会生产力的集中体现，既是宏观经济政策用以稳增长、促就业、控物价的重要基石，也是市场经济可持续健康发展的有力保障，还是国内经济的立身之本。在互联网浪潮和经济下行压力的推动下，实体经济显现"脱实向虚"的趋势，这在一定程度上会影响社会发展的稳定性，抑制经济增长的可持续性，并极有可能加剧金融市场风险。党的二十大报告指出，要"构建高水平社会主义市场经济体制。坚持和完善社会主义基本经济制度，毫不动摇巩固和发展公有制经济，毫不动摇鼓励、支持、引导非公有制经济发展，充分发挥市场在资源配置中的决定性作用，更好地发挥政府作用；支持中小微企业发展。深化简政放权、放管结合、优化服务改革"。企业是实体经济的血液，若企业陷入停滞则得不到充分发展，失去血液的实体经济就难以存活。

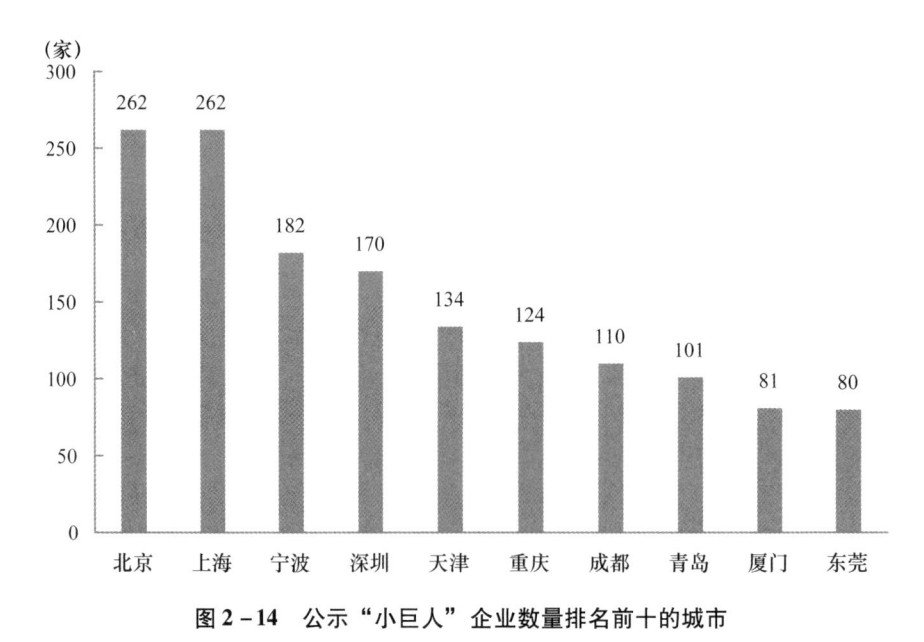

图 2-14　公示"小巨人"企业数量排名前十的城市

资料来源：国家工业信息安全发展研究中心数据资源所中小企业室：《专精特新"小巨人"上市企业发展研究》。

实体经济的发展离不开企业的赋能，要想实现实体经济的高质量发展需要企业特别是中小企业的支持。中小企业具有数量多、规模小、分布广泛且多集中于劳动密集型行业的特点，是民营企业的重要组成部分，也是民营经济的主体力量。习近平总书记在 2018 年 11 月 1 日主持召开的民营企业座谈会上所指出，"民营经济具有'五六七八九'的特征，即贡献了 50% 以上的税收，60% 以上的国内生产总值，70% 以上的技术创新成果，80% 以上的城镇劳动就业，90% 以上的企业数量"。与其他国家中小企业相比，国内企业的生命周期一般只有 3 年，其他诸如美国和日本的中小企业却可以达到 8 年或 12 年之久。生命周期短、核心竞争力低、组织管理体系不成熟以及严重依赖劳动成本优势等诸多问题，导致中小企业的发展速度和效率总是停滞不前，这其中既有企业自身综合实力的原因，也有外部合作金融机构和市场环境的影响。与中小企业密切相关的银行等传统金融机构具有严格的风险控制体系和信用评级制度，为避免信用风险和坏账的存在往往偏向与大型企业或资质良好的企业进行业务往来。而中小企业所处的市场环境也由于 2020 年年初出现的新冠疫情进一步恶化，公共突发事件的疫情使中小企业以及关联的上下游企业难以正常工作，企业所处供应链中的资金流、物流以及信息流也会陷入堵塞状态，一旦供应链中断，市场将无法正常运转，国内整体的经济形势就会进一步下滑，企业面临的经济下行压力也会随之倍增。

经济新常态背景下转型升级的企业面临诸多难题，而中小企业融资难融资贵的问题尤为突出。相关统计数据显示，国内约有超过2/3的企业在不同程度上存在着融资难融资贵的问题；中国财政科学研究院的报告显示，目前越有超过半数的企业都存在融资难融资贵问题，并且绝大部分企业认为利息费用高是导致融资贵的主要原因，并且从企业规模来看，较大型企业而言，中小企业的银贷加权平均利率更高。中小企业面临转型、融资、市场三座大山，要削切融资这座高山需要多方的帮助和支持，这是因为难以融资、融资成本过高等问题会导致中小企业经营困难，而企业的经营问题又与转型、市场的发展密切相关。

对于中小企业来说，选择传统融资策略，融资成功的概率是很低的。产生这一问题的关键原因如下：第一，由于中小企业自身特征问题，很多中小企业规模较小，缺少核心竞争优势，信用风险很大，许多商业银行无法够承受如此大的风险，从而拒绝企业的贷款要求。第二，信息透明度差、财务制度尚不健全等信息不对称问题导致道德风险、逆向选择、交易成本过高，中小企业不能给予金融机构足够的风险规避自信，从而金融机构未将中小企业纳入考虑范围。第三，从中小企业外部出发，由于银行业为国内金融市场的主导力量，加上金融体系存在改进之处，因此设置的融资准入门槛较高，在债权市场和股权市场上难以发行债券和上市融资。第四，从融资方式出发，内部融资难以持续为中小企业扩大市场提供支持，且内部融资无法彻底解决企业的资金短缺问题。中小企业选择外部融资时，人多偏好天使投资、企业发行债权和发行股票等方式，但这类融资方式对企业自身要求高，且限制条件众多，中小企业常常被拒之门外，因此外部融资渠道上的融资难融资贵问题显著。

现实融资环境提出了更高的新要求，仅仅凭借中小企业自身难以达到，为缓解这一融资困境，供应链融资模式顺势而生。供应链金融的本质，在于利用核心企业来降低融资风险水平，具体来说，就是把控制和监管范围由单个企业扩大到整个供应链上，增加信息透明度和风险控制能力。

目前，很多学者对于中小企业供应链融资的研究都是从商业银行视角，对比分析不同融资模式的异同，也有部分学者选择从供应链整体的视角来研究企业融资决策行为和运用决策行为。通过梳理归纳现有相关文献,可以总结出在中小企业融资研究领域,研究重点一般放在融资方式运营绩效的作用机制、财务风险管理、不同融资方式的效益比较,以及各供应链成员的博弈行为对企业运营的影响等方面,用以缓解企业的资金约束困境。

针对普遍存在的融资难题,国家已出台多项扶持性政策来降低中小企业融资门槛、加强融资能力、提高融资效率,确保顺利融资。针对企业融资贵的问题,国家在减税降费、拓宽企业融资途径、优化融资渠道等方面出台一系列政策,如2018年中国人民银行先后4次定向降准;3月1日银保监会等五部门联合发布《关于对中小微企业贷款实施临时性延期还本付息的通知》;2022年,国务院促进中小企业发展工作领导小组办公室印发《加力帮扶中小微企业纾困解难若干措施》;等等。

在不同时期和区域的中小企业具有参差不齐的发展状况,面临的融资形势也有所差异,对于此情况各地区政府也审时度势采取了多项措施。2019年12月,四川省《四川省市场监督管理局关于促进民营经济健康发展的实施意见》指出,要支持中小企业通过应收账款融资、供应链金融等多种模式实现融资;在2020年新冠疫情时,苏州也出台包括鼓励金融机构下调贷款利率、确保贷款余额不下降等在内的十条政策建议以减轻企业负担。事实上,政府政策从颁布到落实具有一定的滞后性,这是中国体制制度的特殊性所导致,自上而下的政策实施过程烦琐而花费时间较多,并且多管齐下的政策红利也随着时间的流逝而不断衰退。因此在外部融资环境相对得到改善的同时,中小企业也需要提高自身信用水平,拓宽融资渠道以达到缓解融资困境的目的。

事实上,缓解中小企业的融资问题不仅依赖于外部政策环境的支持,企业所选择的融资模式也是一个关键的影响因素。这是因为企业所选择的融资模式是否合理关系到融资效率的高低,而融资效率又是决定企业融资成本多少的重要因素,只有融资成本得以降低,中小企业所面临的融资困境才能得到有效缓解。也就是说,除了日趋完善的政策措施、稳定的市场环境以及不断降低的税费等外部因素,企业的综合竞争力、信用水平以及财务的规范性等内部因素,特别是融资模式的选择很大程度上也是企业能否顺利融资以及渡过融资难关的关键一步。

目前,中小企业的类型主要有个体企业、国有企业等。就目前中小企业的融资情况而言,主要存在以下几种融资方式。

1. 内源融资模式

内源资本融入是指企业从自身内部获取资金,而不依靠企业外部融资渠道。融资优序理论（POH），由 Myers 和 Majluf[①] 于 1984 年提出，指出由于内源融资具有无交易成本和信息约束条件的优势，成为企业融资偏好中的首选。从始至终，内源融资在科技型中小企业融资决策中占据不可替代的重要地位，主要从股本、折旧以及留存收益获取。吴庆念[②]根据融资渠道，将内源融资细分为留存盈余融资模式、固定资产折旧融资模式以及纳税筹划融资模式。内源融资模式的优势在于显著降低融资成本，并能够取得可观的经营效益。早期，中小企业的所有者和经营者往往都是一体的，所以在创业初期绝大多数小微企业都是依靠自身资源完成初始资金需求。

2. 政策性基金支持

政策性基金支持，是指政府为中小企业（包括科技型中小企业）出资设立专项基金，对企业未来发展提供资金支持。国外已有专门的政策性基金和中小企业发展基金来缓解科技型中小企业的资金约束困境，如英国和德国。1999 年，成立科技型中小企业创新基金。2004 年，成立中小企业发展专项基金。2015 年科技部和财政部明确规定，科技型中小企业创新基金和中小企业发展专项基金皆为无偿资助，不过分别针对新技术、新产品研究开发及中试放大等方面和以自有资金投资为主的固定资产建设项目。

3. 风险资本融入

风险资本，也称冒险资本，指专门投资于高破产风险和高盈利企业，以高风险获取高收益的典型资本。风险资本没有任何的抵押担保门槛和还本付息压力。相较于传统融资模式，风险资本对改善企业自身治理机制和经营能力存在正向作用。Moore[③] 于 1994 年提出，风险资本是解决科技型中小企业融资缺口的重要渠道，能够忽视科技型中小企业的较高经营风险。张嘉兴[④]、陈见丽[⑤]指出，中小企业引入风险资本的过程，通常也有利于企业治理、整合资源和资金配置。总之，科技型中小企业引入风险资本，不仅能够缓解自身资金缺口，同时产生有利于企业发展的非资本效

---

① Myers S. C., Majluf N. S., 1984: "Corporate Financing and Investment Decisions When Firms have Information that Investors do not have", *Journal of Financial Economics*, Vol. 13, pp. 187~221.
② 吴庆念：《中小企业内源融资的渠道和模式研究》，《企业经济》2012 年第 1 期。
③ Moore B., 1994: "Evidence Against Dissipation-Less Dark Matter from Observations of Galaxy Haloes", *Nature*, Vol. 370, pp. 629~631.
④ 张嘉兴：《风险投资的机制、效应及前景分析》，《财经问题研究》2000 年第 4 期。
⑤ 陈见丽：《风投介入、风投声誉与创业板公司的成长性》，《财贸经济》2012 年第 6 期。

应，最终达到缓解融资约束，提高融资水平的目标。

4. 商业银行贷款

商业银行贷款是指商业银行将资金借给需求者，双方约定在未来到期日，按照事先约定利率归还本息的一种经济行为。无论是国内还是国外其他发达国家，商业银行贷款一般都是会占到企业融资总额中很大一部分。银行贷款具有风险小、成本低的独特优势，因此适合中小企业借此模式进行融资。这也就意味着，对于中小企业而言，建立良好的银企关系，合理利用银行贷款，是中小企业解决资金困难、取得经营成功的重要手段。

商业银行作为金融市场的重要组成部分，是中小企业融资的主要渠道。中小企业为获得商业银行贷款，需要进行以下操作。

（1）贷款申请。中小企业可直接向主办银行或者其他银行的经办机构申请，如实填写《借款申请书》，提供借款人及保证人的基本信息、财政部门或会计事务所核准的上年度财务报告，以及申请借款前一年度财务报告；抵押物或质押质物清单，以及产权人的同意抵押、质押的证明及保证人拟同意保证的有关证明文件；所需要贷款项目的建议书和可行性报告；其他需要的有关资料。

（2）信用等级评估。商业银行对借款中小企业以及该项目信用等级进行评估，主要考虑借款人的管理层素质、经济实力、资金结构、履约情况、经营管理水平效益、发展前景、运营规范性、发展潜力、研发投入等因素。评级过程既可以由贷款人独立进行并掌握，也可以将评估工作交由可靠的第三方。

（3）贷前调查。商业银行在收到并受理中小企业客户的借款申请后，应当对客户信用等级以及借款合法性、安全性、营利性、流动性等进行全面调查分析，并且还要对贷款人所提供的抵押物、质押物、保证人情况进行有效核对，最后根据以上所收集到的各种指标综合判断中小企业贷款的风险情况。

（4）严格贷款管理制度。应当建立审贷分离、分级审批的规范化管理制度，并且审查人员需要仔细核查调查资料，结合复测的贷款风险度提出相关建议，按规定权限报批。

（5）签订借款合同。所有贷款项目都应当签订具体的、规范化的借款合同。合同双方应该事前明确约定借款种类、用途、权利和义务等事项。

（6）贷款发放。完成借贷合同签订，贷款人有义务按照借款合同约定日期按时发放贷款。若贷款人未按时发放贷款，需赔付借款人违约金；

若借款人未按照借款合同约定用款,需要偿付贷款人违约金。

(7) 贷后检查。贷款发放后,并不意味着贷款管理的结束,贷款人还应当对借款人执行借款合同情况,以及借款人后续项目开展与实际经营情况跟踪分析和调查。

(8) 贷款归还。在到期日当天,借款人应按照借款合同规定的时间和地点,将本金和通过事前确定利率计算出的利息足额归还贷款人。在到期日之前,如果借款人计划提前归还贷款,就需要与贷款人协商。

事实上,与大型企业相比,中小企业所获得贷款数量和额度还有很大提高空间。虽然全国企业的 99.8% 为中小企业,但是中小企业的贷款额却只占全国的 1/5。信息非对称是阻碍中小企业从商业银行以较低成本获得足够资金的根本原因。因此,市场上涌现出许多专门针对这一问题的新型融资方案,而团体贷款就是一个典型代表。近年来,新出现的团体贷款方式在一定程度上缓解了中小企业向商业银行贷款难问题。中小企业通过主动"抱团"的方式进行团体贷款,借此将各中小企业的私人信息收集归纳起来"打包"给商业银行,达到以"企业间对称信息"来博弈"银企间非对称信息"的效果。在团体贷款研究方面,李鹏亮[1]利用博弈论模型研究了团体贷款问题,发现与中小企业单独贷款相比,团体贷款方式的效率更高。团体贷款可细分为大企业或者供应链核心企业担保模式、产业园区融资模式、区域主办银行模式、网络联保融资模式以及供应链融资模式。

(1) 大企业或供应链核心企业担保模式。该模式主要在一定程度上消除商业银行与中小企业之间的信息非对称问题,比较容易发挥中小企业集群融资的信息优势,也能够提高中小企业自身经营效率。但是该模式需要商业银行认真仔细核实大企业的担保情况,避免出现过度担保的风险。因此,这种大企业或者供应链核心企业担保模式主要适用于大企业和中小企业密切协作且相互了解的基础上,特别是供应链上下游企业,其适用范围相当有限。

(2) 产业园区融资模式。该模式通过将园区内所有企业作为一个个体进行商业银行融资。由于园区内企业的布局并不一定具有产业性和集聚性,其业务关联度比较低,所以这种空间上的集聚有时并不能很好地解决商业银行与中小企业间的信息非对称问题。

---

[1] 李鹏亮:《团体贷款发展态势及博弈分析》,《沈阳建筑大学学报》(社会科学版) 2005 年第 4 期。

(3) 区域主办银行模式。该模式通过让银行成为集群内企业的股东，从而实现充分、便利获取集群信息的目的，以此建立稳固的长期信用关系，但在实际经济活动中，区域主办银行模式缺乏可行性。

(4) 网络联保融资模式。该模式集合了团体贷款和互联网的优势，以此建立自我选择机制、横向监督机制、连带责任机制、网络信息披露机制、横向监督机制和第三方电子商务交易平台的信用监督机制，在一定程度上增加了信息透明度。网络联保融资模式帮助企业实现网络融资，缓解科技型中小企业由于抵押品不足而无法贷款的困境。此外，关于关联博弈模型下的中小企业融资的相关研究结果，也显示中小企业组成联保体向商业银行融资为最优选择，同时，对于商业银行而言，准许联保体进行融资为最优策略。

(5) 供应链融资模式。在该模式下，信用范围由单个供应链成员扩展到以核心企业为主的整个供应链体系，从而显著降低商业银行提供信贷的风险。供应链融资模式既能够有效缓解供应链上下游中小企业的融资困境，同时促进了供应链的物流、信息流的运行效率，有助于提高整条供应链的规模效益。如果银行能够知悉真实贸易行为的现金流状况，加上核心企业的资信优势和第三方物流企业的监管，那么较为容易实现银行对信贷风险的有效防控。

5. 债券融资

相比于发展中国家，债券融资在发达国家得到充分发展，有效发挥了其"税收挡板"作用、财务杠杆效应、集中企业控制权以及克服信息不对称等优点。企业债券市场处于萌芽时期，债券发行要求过高、市场监管不充分以及信用评级体系不健全等突出问题得不到解决，发展历程并不是一帆风顺，加剧了中小企业的债券融资困境。随后，中小企业集合债券融资模式应运而生，并迅速推广，这得益于该融资模式在信息导向、组织、运行以及信用担保方面的独特优势。

6. 股权融资

中国资本市场虽然已经获得长足发展，但是与西方发达国家相比，还是处于一个初期发展阶段。在公募股权融资方面，企业通过股票市场融资的限制条件比较严格。很多中小企业，特别是处于创业初期的中小企业难以满足上市要求。同时，中小企业进入主板市场的门槛较高。基于此，中小企业板于2004年5月27日在深圳证券交易所正式上线，拓宽了中小企业股权融资渠道，有利于缓解中小企业融资难问题。但是，中小板的定位是高成长型企业，与主板市场遵循同样的法律法规。另外，对中小板还有更为严格的公司监管制度：一是实行更为严格的信息披露制度；二是实行更为严格的退市制度。显然，由于中小板存在严苛监管和上市条件，多数中小企业的融资要求依然得不到满足，也就不能够成为中小企业融资的主要渠道。

中国的创业板于 2009 年 10 月 30 日正式运作，这对建立多层次资本市场体系，进一步缓解中小企业融资难的矛盾具有重要意义。但创业板的监管和上市条件也非常苛刻，也不可能成为中小企业融资的主要渠道。

再看私募股权（PE）融资。私募股权融资是指通过私募形式对非上市企业进行的权益投资，并且在交易过程中投资者可以出售股权获利。该融资模式的独特之处在于，多采用非公开资金募集和权益投资，为非上市企业提供资金，同时偏好建立"有限合伙制"。近年来，PE 融资模式凭借其资金优势和专业管理，为全球金融市场提供了全新的融资渠道，同时促进了融资企业的价值发现和价值增值，在解决中小企业融资难方面起到了积极的推动作用。

国内私募股权融资的发展前景较好。目前在北京，上海、深圳、天津等地，PE 已成为重要的融资方式，涌现出了鼎辉、深圳创新投资、红衫资本等知名管理公司。天津市政府在国内率先为 PE 打造了一系列优惠政策，从企业的设立、人才吸引、业务开展等多方面给予优惠政策，并提供各种增值服务。广东、江苏、浙江、福建、重庆、新疆等地 PE 的发展也十分迅速，对解决中小企业融资难发挥了重要作用。

如今，在中小板、创业板和新三板进行上市或挂牌成为科技型中小企业的股权上市融资的主要手段。自中小板于 2014 年上线，中小企业因融资效率不高且上市门槛过高而被"拒之门外"，从而使中小企业无法充分利用中小板上市这 融资于段。对于科技型中小企业来说，虽然需要达到较高的财务指标、一定发展且有风险资本参与等要求才能成为创业板的服务对象，但是考虑到创业板的融资效率，科技型中小企业依旧偏爱创业板上市融资。创业板于 2009 年上线，已走过 13 年发展历程。截至 2022 年 8 月，创业板上市公司数量达 1175 家，总市值突破 12 万亿元，累计 IPO 融资超 7600 亿元，再融资超 9500 亿元。

7. 项目融资

项目融资模式可细分为 PPP 融资模式、BOT 融资模式以及 ABS 融资模式。相较于 PPP 融资模式和 BOT 融资模式，ABS 融资模式更适用于科技型中小企业。因为前二者的服务对象为公共服务和基础设施，而后者则是基于项目资产，以预期收益为保障，通过债券融资手段筹集资金的一种方法。

　　企业进行融资决策时，需结合自身需要和渠道特点考虑两者的契合度。在生命周期的不同阶段，科技型中小企业会面临不同的融资需求和信息约束，所以需要在不同的生命周期阶段合理、灵活选择合适的融资渠道，这样才能提高企业的融资效率，进一步解决"融资难"的问题。

　　企业的主要融资方式分为内部融资和外部融资。其中，内部融资指从企业内部获得资金，而外部融资则是依靠企业外部融资渠道来满足资金需求，包括银行信贷、股票、债券等方式。

　　具体来说，企业若选择内部融资，则是依靠自身生产经营活动所积累的盈余来融资，而外部融资则是获取企业外部资金。若在内部、外部融资的分类基础上再次细分，可将外部融资分为间接融资和直接融资。间接融资，指借助银行等金融结构间接获取资金。直接融资则是企业不经过中介而直接在资本市场上获取资金，包括发行股票、债券或贸易信贷等方式。目前，中国中小企业仍以内部融资为主。尽管大部分企业在发展后期会加大外部融资的比重，但相较于美国中小企业内部融资比重的60%、法国等欧洲国家的50%和60%，国内高达80%左右。

　　在内部融资中，常见获取资金的方式为企业主利用自身人脉、将企业留存利润转化为资本积累、将折旧部分作重置投资等。

　　在外部直接融资中，中小企业可选择股权融资、债券融资和贸易融资。股权融资可细分为私募股权投资、风险投资、企业重组等；债权融资可细分为银行间市场发行企业债（如短期融资券），发行资产证券化产品和通过基金公司发行私募债。在外部间接融资中，可选择的融资渠道有信用贷款和担保贷款等。

　　委托贷款、信托贷款和民间借贷可作为除了主要融资方式以外的较好融资选择。由于银行贷款门槛较高，且存在严苛的发债要求，中小企业偏好资产证券化产品，特别是和消费类相关的产品。相较于银行贷款，选择资产证券化产品，不仅能够将产品期限扩大到1年以上，还能够提前盘活中小企业的应收展开或收益权，用于填补流动资金缺口，获得充裕的资金安排时间。

　　此外，外部阻碍中小企业融资的主要因素有：第一，信息不对称。信息不对称问题在现有经济活动中广泛存在，特别是债权债务关系，目前理论方法只可缓解但不能消除该问题。投融资双方的信息不对称主要体现在两个方面：一是投资风险认识不对称，二是盈亏权责认识不对称。银行等金融机构不能完全掌握企业的经营状况、财务漏洞和外部风险等情况，且不能真实接触到财务报表和相关文件等资料，再加上中小企业在信息规范透明方面明显弱于大企业，所以信息不对称问题在中小企业中更为严重。

第二，支持不充分。一直以来，大企业在国家融资政策方面占据大量优势地位，虽然近年来国家逐步重视中小企业的融资难题，但是想要彻底解决该困境，前路仍然障碍重重。中小企业融资难的根源性问题在于信用体系不完善和融资途径单一，且金融服务需求会根据不同经济发展阶段和不同经济体或地区而产生系统性变化。此外，影响金融服务水平的不仅是金融发展水平，还包括金融结构。由于不同金融结构（由于处于不同阶段）又有独特的优劣势，因此在处理交易活动中的信息不对称、交易成本过高及风险分散化程度低等问题时表现出不同的效率。因此，金融体系效率是由金融结构与产业结构金融需求的匹配程度所决定的，金融体系、金融结构和产业结构都需达到最优。由于当前的经济结构和发展不利于中小企业融资，政府应从扶持力度和持续性两个方面着手，加大对中小企业的支持。

收益与风险经常呈正相关关系。然而，银行给予中小企业的风险和收益，存在明显的不匹配问题。尽管目前不少中小企业的银行贷款利率上浮20%或30%，但其贷款利息仍高于边际利息收益，风险明显大于收益。因此，为解决该问题，银行需要以审慎的态度，结合中小企业特点，建立合理的金融服务模式，特别是定价模式，才能改善中小企业的融资困境。不过，鉴于银行业的特征之一在于规避高风险，需要较长时间完成相应的行业转型和体制完善，才能创造出与高风险相匹配的高收益率。目前，建立多层次资本市场则是中小企业和银行困境的最优解，同时，这要求建立与之相适应的中小企业信用风险评级。因此，中国银行业需加快发展力度、加大创新力度，从而为中小企业融资道路扫清障碍。

有关如何促进中小企业融资效率，可参考资本市场较发达的国家如英国、美国、日本等政府的成功做法。（1）英国为中小企业设立的基金主要包括：地区风险资本基金，服务于高潜力且匮乏的中小民营企业，额度不大于50万英镑；王子青年企业信托基金，服务于年轻人创业；担保企业基金，服务于需要银行和风险资本担保的成长性中小企业。（2）1953年，美国成立美国联邦中小企业署，服务于需要贷款和信用担保的中小企业。（3）在日本，国民生活金融公库服务于小型企业，中小民营企业金融公库和工商组合中央金库服务于中小企业，支持企业的贷款活动。

对于中小企业来说，由于其融资困境不断加大，且在经济体系中的重要性不断突出，国内政策制度便逐渐向支持中小企业方面倾斜，具体表现为：建立多层次资本市场，如推出中小企业股份转让系统；构建符合中小企业特点的融资模式，如物流金融、供应链金融、存单质押等；加快地方金融政策创新步伐。

在中国，中小企业存在以下群体规模特点：一是数量庞大。中小企业有望在未来发展为全球规模最大的组织，这也为中小企业金融支持体系发展为全球规模第一提供了可能。如今，中小企业还隐藏着许多的金融服务需求，粗略估计，仅是中小企业股权资本的一级证券化过程就会演变出一个规模庞大的市场。二是类型复杂。中小企业金融支持体系需要在内部建立合理的专业化分工机制。三是分布不均。国内中小企业存在地区分布不平衡的情况，为中小企业金融支持体系发展区域性特色提供了充足空间。

中小企业在中国经济社会发展中具有促进社会稳定、增加就业、改善民生、吸引民间投资、技术创新与经济增长等方面的作用。但是中小企业得到的金融机构的融资支持却严重不足，经营环境很不理想，与其对国民经济的贡献相比极不相称。

四 企业成长与融资理论

在市场经济发展过程中，企业不仅是经济增长的坚实基础、是解决劳动就业问题的有效保障，还是稳定市场经济的关键所在，特别是占国内企业数量绝大部分的中小企业更是社会关注的焦点。而中小企业能否健康可持续发展取决于资金流、信息流以及物流的协调运行，其中资金流是决定中小企业生存的重要因素，只有解决好融资问题，中小企业才能有效避免资金流断裂的风险。值得注意的是，中小企业的融资问题与融资结构理论密切相关，而融资结构是指企业在筹集资金时所采用的不同融资方式的构成比例，优化企业的融资结构有利于提高融资效率，降低融资难度。此外，本书的模型构建主要是基于报童问题的相关理论，因此，此处主要针对融资结构理论中的 MM 理论、啄食顺序理论、权衡融资理论以及报童模型等展开分析。

1. MM 理论

MM 理论是一个综合各项修订理论的统称，也是早期关于企业资本结构和市场价值的经典模型，还是研究公司理财理论的关键转折点。这项开创性理论改变了企业投融资决策的模式，发展历程的时间跨度较大且经历了多次修正。1958 年，莫迪格利安尼和米勒假设市场完全无摩擦，没有公司所得税且不存在交易成本，无论公司还是个人都可以无风险利率借入和借出资金。在这一系列严苛的假设条件下提出了无税收的 MM 模型，即不考虑税收时企业的价值与资本结构的关系，该模型认为公司的市场价值等于预期息税前收益与风险等级相适应的期望收益率之商。总而言之，该理论想要阐述的观点是企业的价值主要受经营现金流影响，与自身资本结构无关。

由于无税的理论与现实世界不太符合，1963年，莫迪格利安尼和米勒发表了《公司所得税和资本：一个修正》，通过引入公司税收的因素，并提出了引入税收的MM模型。该模型由两部分组成：一是企业价值模型，某无负债企业的市场价值加上税盾效应的现值等于具有杠杆的企业市场价值；二是企业权益资本成本模型，期望收益率随着杠杆的增加而增加，即公司的权益资本成本等于无杠杆公司权益资本成本与风险报酬的和。由于企业负债部分的利息不需要缴纳税收，在一定程度上可以减少企业资本成本从而提高市场价值，这样一来企业负债水平与市场价值呈现正相关关系，这意味着要想达到最优资本结构，企业的负债比例必须达到100%。可是企业负债水平过高，可能会隐藏巨大的潜在风险，一旦风险暴露就会带来不可估量的损失。自MM理论提出以来，对于该理论的质疑始终不断，为回应破产成本学派提出的问题，1977年米勒进一步提出了包括个人所得税在内的复杂模型，强调一定程度上债务利息的税盾效应可由个人所得税抵消，但在正常税率条件下该税盾效应不能被完全抵消。

在国外MM理论具有一定的普适性，那么在国内的应用如何呢？从市场环境来看，无税收MM命题成立的前提是运行在完美市场，在该市场中信息是完全的且每个人都知道市场的所有信息，但中国的股票和债券市场发展尚不充分，暂时还达不到完美竞争的条件。从企业盈利角度来看，引入考虑税收因素的MM理论，强调企业的负债水平与盈利能力呈正相关，当企业的发展情况良好，为了更好地利用税盾效应，企业可能偏向承担更多的债务，反之若盈利较低，对于债务的偏好相应也会较低。结合现实情况可知，国内的企业大部分是由中小企业组成，而中小企业多集中于劳动密集型行业，分布广且规模小，突出的融资问题导致盈利能力普遍偏低，为避免大量债务带来的风险，中小企业更多地选择股权融资模式，承担的债务融资较少，这与MM命题的描述基本一致[1]。

2. 啄食顺序理论

啄食顺序理论是Myers和Majluf[2]在1984年所发表的《信息不对称下

---

[1] 区少萍：《浅析MM命题及相关理论在中国的实际应用》，《现代经济信息》2009年第11期。
[2] Myers S. C., Majluf N. S., 1984: "Corporate Financing and Investment Decisions When Firms have Information that Investors do not have", *Journal of Financial Economics*, Vol. 13, pp. 187~221.

公司的投资和融资决策》的论文中所提出的关于企业筹资方式的不同偏好，其中"优序"是指优先级顺序的意思。这个理论进一步放宽了 MM 命题的假设条件，通过引入信息不对称因素并基于完全市场的假设条件，分析了投资者和经理人的决策行为，进一步为企业管理者进行投融资决策提供了一定的思路。Myers 和 Majluf 通过研究发现，企业偏好的最优融资选择顺序为内部盈余、债务融资、股权融资。由于内源融资成本低且使用较为灵活，企业在投融资时自然会偏向优先选择内部融资，并且股息具有黏性，一般不会发生变化，但是公司的净现金流发生了变化，也就意味着企业所选择的融资方式发生了相应的变化。

那么，啄食顺序理论是基于何种背景提出的呢，若企业不是按照该理论来选择融资方式，又可能会导致什么结果？具体而言，外部投资者和企业经理人之间存在一定的信息不对称，当企业的股价被高估时，为避免承担过高的风险会选择增发股票让投资者分散企业的部分风险；反之，企业会因为担心股价上涨后股东分红过多而避免发行股票。在外部投资者看来，企业增发股票就是股价被高估的信号，若企业的资金流充足，必然会选择利用内部的盈余现金流来维持日常的经营，或者是对自身还债能力较有信心，从而选择向银行借贷等还本付息的融资方式，但一旦选择发行股票，这种行为极有可能会降低市场预期，进而导致投资者调低对于企业的现有估价，这时股票的价格会下降，企业的市场价值也会进一步降低，可能产生投资者逆向选择的结果。

另外，常有学者将啄食顺序理论和权衡融资理论进行比较，其实两者既存在联系又有一定的区别。从联系来看，啄食顺序理论和权衡融资理论都是资本结构理论的分支，前者是关于企业融资方式偏好的研究，后者则主要用以权衡企业的破产成本和税收利益，分析企业在构建资本组合时可能会存在的最优资本结构；二者均是通过放宽 MM 命题的假设条件，以市场价值最大化为目标且为贴合现实生活而成立的理论，具有较强的现实和理论意义；在关于企业的融资顺序上，二者在一定程度上肯定了债务融资先于股权融资的优先级。从区别来看，啄食顺序理论的前提条件是信息不对称理论，而权衡理论则是基于信息完全的假设，且考虑了破产成本、财务困境成本等多项因素的影响。

那么啄食顺序理论与国内企业的基本情况是否一致？有观点认为，从沪深两市来看，国内上市企业的融资偏好与啄食顺序理论相悖，上市企业大多偏向优先选择股权融资，接着是短期债务融资，随后是长期债务融资，最后才是内源融资。企业呈现这些表现的重要原因是，国内的上市企业大部分是国有企业改制而成，配套的政策体制尚不完善，自身的资金盈余不足以支撑债务融资需求，所以更偏向股权融资①。也有观点指出，对于国内中小企业而言，自我积累是最好的融资方式，但也有部分企业呈现明显的股权融资偏好，债务融资反而是最后选择的融资方式。这是因为国内中小企业的规模小缺少抵押资产且征信水平低，往往无法取得银行贷款等债务融资，面临的融资问题更为严峻，所以偏向自我积累和股权融资方式②。但也有观点认为，部分家族式企业为了避免出现股权稀释的问题，往往选择利用盈余资金和债务融资而非股权融资。

3. 报童模型

报童模型多用于优化库存管理，其关键在于确定市场的需求量，在考虑库存、缺货以及生产成本等因素情况下，报童模型是通过构建随机市场需求数学模型预测订购量使企业期望利润达到最大化的重要理论工具。报童模型讲述的是儿童卖报纸的故事，报童以一定价格从供应商处购买报纸，再将报纸以高于成本的价格售出，由于报童每天遇到的人数是不确定的，那么对于报纸的需求也是一个随机变量，这样就存在两种情况：一是报童购进的报纸太多无法全部销售出去，需要把剩余的报纸退回给供应商；二是报童每天购进的报纸太少导致缺货较多，报童模型就是基于这两种情况，以利润最大化为目标研究报童在面临随机市场需求时的最优订购决策。

在理论研究中，主要以报童模型理论为基础，从顾客、市场需求、契约合同等不同角度出发分析企业的库存分配策略。但传统报童模型是建立在风险中性的假设之上，偏向最大化期望利润却忽略了风险因素，特别是供应链参与者的风险态度，而参与者不同的风险偏好就意味着差异化的行为决策。若引入零售商的风险态度构建风险规避型报童模型，与风险中性的情况相比，当厂商的缺货成本较高时，零售商会选择订购更多的货，反之会降低订货的数量③；若引入供应商风险偏好，可基于风险价值度量准则，构建风险中性供应商和厌恶风险的零售商组成的两级供应链，研究结果表明，零售商越厌恶风险，其订购量越大④；进一步，如果在具有损失厌恶报童的基础上，考虑厂商对于损失发生的一个重视程度，利用供过于

---

① 刘星、魏锋、詹宇等：《我国上市公司融资顺序的实证研究》，《会计研究》2004 年第 6 期。
② 胡竹枝、李明月：《中小企业融资顺序论》，《广东金融学院学报》2005 年第 2 期。
③ Wang C. X., Webster S., 2009: "The Loss-averse News Vendor Problem", *Omega*, Vol. 37, No. 1, pp. 93~105.
④ 朱传波、季建华、包兴：《供应风险规避下基于 VaR 的零售商订货策略》，《系统管理学报》2014 年第 6 期。

求和供不应求的最大损失订购量定义最大损失等量的订购量,当最优订购量大于该订购量时,其对于极端获利的重视程度与订购量呈正相关[1]。在实际生活中,对于季节性强、生命周期较短且不易保存的生鲜商品,如海鲜、水果、服装等,常常需要在销售季节前准确预测市场对其需求量。这是因为,对于企业而言,若购买大量的商品可以享受便宜的价格并赚取较高的收益,但商品积压过多会带来更多的库存成本,另外,若企业购买的量较少可能出现无货可卖的情况,此时不仅会承受缺货成本,还会因失去销售机会减少利润。因此,报童模型多在此类行业中使用较为广泛,当然,报童模型的使用范围不止这些,在提升管理效率方面,报童模型在不断改进或者是利用不同的优化方式方面都是可取。

4. 信息不对称理论

信息不对称理论,具体指由于客观条件限制,交易双方无法完全掌握对方的所有相关信息,即存在信息不对称,从而存在信息优势方为获取自身利益而损害对方利益的风险。信息不对称主要体现在时间和内容这两个方面,另外,交易双方签约前后皆有可能发生信息不对称。

信息不对称理论指出现实市场中卖方通常比买方掌握更全面的商品信息,卖方可利用信息优势干扰对方决策,从而增加自身收益。在此背景下,信息劣势方会试图通过各种渠道获取更多信息,以弥补双方的信息量不平衡问题。收集信息的方式众多,包括直接或间接的方式观察、询问和分析等,这样能够达到提高决策效率的目的。

当企业内部融资无法解决资金短缺问题,信息不对称问题就产生了。对于国内科技型中小企业来说,融资困境产生的根本原因正是与商业银行等金融机构之间的信息不对称问题。若无法解决这个问题,那么也就无法彻底提高科技型中小企业的融资效率。制定解决措施的第一步,在于了解科技型中小企业与银行等金融机构之间信息不对称的主要表现,这集中在企业创业经营能力、所投资项目和实际成本收益,以及企业融资后的选择行为等方面。事实上,想要解决信息不对称这一典型市场病症,关键在于政府需发挥强有力的作用,加强市场信息披露体制的完善和监督等。

5. 企业生命周期理论

20 世纪 70 年代,Weston 和 Brigham[2] 发现,企业的融资结构会受到

---

[1] 马德青、胡劲松、姜伟等:《具损失厌恶和损失概率厌恶的报童问题研究》,《中国管理科学》2017 年第 9 期。

[2] Weston J. F., Brigham E. F., 1975: *Managerial Finance*, London: The Dryden Press.

不同发展阶段的影响,创造性地提出了企业金融生命周期假说。并且将企业的成长划分为六个阶段,每一阶段都有独特的融资来源及特点,具体如表2-3所示。

表2-3   生命周期理论各阶段发展特征

发展阶段	资金来源	存在的问题
创立期	创业者自有资金	资本转化率低
成长初期	创立期资金+留存收益、短期贷款、透支及租赁、商业信贷	资金周转慢,存货积压
成长中期	成长初期资金+长期融资(如风险投资、长期贷款)	融资缺口
成长后期	成长中期+股权融资、债券融资	控制权难集中
成熟期	以上全部来源	投资回报增速放缓
衰退期	通过企业并购、股票回购等方式释放资金来源	投资回报率下降

在金融生命周期模型发展的前期,主要通过企业资本总额、营业额和利润额等宏观数据来判断企业的发展阶段,而不经常考虑财务信息和运作规模等隐性因素。随后,结合各阶段的公司发展特点,识别可能存在的融资障碍。

在金融生命周期模型发展的后期,经过学者的不断努力和完善,在模型中加入新的解释变量——信息。1998年,美国经济学家Berger和Udell[1]提出完善后的企业金融成长周期理论。该理论认为,随着企业发展阶段的递进和变化,企业的融资结构也会改变,这是由不同阶段的信用约束条件、资金需求和企业规模等因素的差异共同导致的。在企业成立初期,资产规模小及信息不透明的特点使得企业难以获得银行贷款,多依赖于内源融资。随着企业的发展,间接融资渠道拓展,企业可通过风险投资及金融机构筹得资金。最后,如果企业持续增长,通过资本市场进行融资则成为企业的优先考虑方式。

在实证研究方面,罗丹阳和宋建江[2]通过研究私营企业融资结构,得出了颇为典型的结论,他们认为若中小企业所处的生命周期发生变化,那

---

[1] Berger A., Udell G., 1998: "The Economics of Small Business Finance: The Roles of Private Equity and Debt Markets in The Financial Growth Cycle", *Journal of Banking & Finance*, Vol. 22, pp. 613~673.

[2] 罗丹阳、宋建江:《私营企业成长与融资结构选择》,《金融研究》2004年第10期。

么其融资行为也呈现阶段性变化。钱海章[①]将高新技术企业的生命周期划分为种子期、开发期、成长期、成熟期和衰退期，指出企业在不同阶段所选择的融资方式存在差异。初中期适于风险投资，中后期债务融资和上市融资则成为主要备选方式。陆立军等[②]将科技型中小企业的生命周期划分为种子期、初创期、成长期、扩张期和成熟期，其成长曲线呈"S"形分布。而且很多研究发现，很多科技型中小企业在企业幼年期，内源融资是主要手段，随着企业的成长壮大，银行贷款和其他形式借款大幅度增长，直至成熟期，留存利益和再投资增加，银行贷款降低。

总体而言，学者对生命周期各阶段的特征有不同的理解，对企业生命周期的划分有所不同。随着企业生命周期进入不同阶段，技术创新驱动也会随之发生变化。但学者对生命周期理论已形成一个统一的认识，随着企业发展而发生的信息约束条件、企业规模和资产规模等的变化，企业融资渠道和融资结构也随之变化，因此企业要顺利发展，就需要一个多样化的融资体系来适应差异化的融资需求。

第二节　金融供给侧结构性改革概述

一　供给侧

凯恩斯学派强调，政府可以通过有效管理和控制市场需求，达到调节经济发展的目的，例如，在经济不景气或遭遇经济危机时，政府可通过扩大公共支出和扩张性政策来稳固经济有序发展。供给学派则重视供给的作用，从供给的角度思考问题，强调通过财政货币政策激励生产企业调整产品结构、提升产品质量，突出依靠生产技术的进步和生产效率的提高，从而达到提升国民经济的供给能力，最终达到调节经济的作用。

供给经济学是对古典经济学的进一步倡导和发展。在20世纪70年代美国的经济危机中，凯恩斯主张应该通过增加政府公共支出等扩张性财政政策，拉动经济需求，实现经济增长，缓解或者消除经济危机带来的负面效应。然而，供给经济学派则认为，在此次经济危机中需求市场并不是真正的爆发点，而供给侧才是问题出现的根源。很多企业忽视对市场需求调

[①] 钱海章：《高新技术企业的生命周期及融资战略》，《金融研究》1999年第8期。
[②] 陆立军、周国红、徐亚萍：《科技型中小企业创新的制度原因及其启示——以浙江省绍兴市为例》，《科学学与科学技术管理》2002年第6期。

研的必要性，盲目生产，与真正的需求相背离，造成产能过剩却真正需求没有被满足的状况。这种供给不足的情况，可能是因为政府监管，也可能是企业自身税负问题，还有可能是企业自身经营问题。因此，仅仅依靠拉动需求，从而达到恢复经济的目的是无法实现的。

供给经济学学派的经典代表人物阿瑟拉菲（Arthur Betz Laffer）指出，供给经济学是提供一种基于个人和企业刺激的分析框架。在此框架基础上，政府应该简政放权，激发新动能，创造新供给，培育新需求，促进新发展。供给经济学的核心问题就是供给与需求的有效配置，鼓励政策作为其中较为有效的方法，主要通过以下两个方面来实施：一方面，放松政府管制力度，推动企业创新；另一方面，减少个体税收。这种方法既可以提高人们的工作积极性，也有利于企业增加资本积累、改善经营绩效和提高核心竞争力。

凯恩斯学派的需求管理政策在稳定市场的同时，也使社会经济问题频发，为有效解缓政策的负面影响，供给学派另辟蹊径，从供给角度提出了针对供给侧的宏观调控政策，具体包括：减税、减管制、减垄断、减货币发行，解除"供给约束"和"供给抑制"，增强总供给能力；促进私有化、促进市场竞争、促进企业家的能动性和创造性。事实上，供给管理政策也不是万能的，供给的范围和质量也会受到很多因素的制约，比如社会生产力的发展水平等。在实际经济活动中，市场供给量等于生产量的情况罕见，这是由于生产量中包含生产者自用的部分，而供给量中包含进口量和自身储备。因此，供给并不单纯是一种提供特定数量商品的行为，也是实现一定价值增量的行为。

综上所述，在经济发展过程中，应该同时关注需求侧与供给侧。供给与需求本身就是市场经济中的一种对立矛盾统一体，两者相互矛盾、相互限制，同生共存。然而，在现实生活中，由于企业之间生产要素禀赋、外部环境条件、内部管理水平、宏观经济管理目标等的差异性，导致了在某些特定时期和特殊极端事件中，社会往往都会偏重于在供给侧发力或需求侧发力。事实上，供给侧和需求侧存在较为明显的区别，需求侧管理的前提是完全竞争，它的前提假设就是供给侧已经得到较好的解决，不存在问题，此时只需要调整有效市场需求就可以了。而供给侧管理的前提却是不完全竞争，也就是供给侧存在严重问题。另外，需求侧是短期经济增长的直接动力，投资、消费以及出口所构成的"三驾马车"均与需求密切相关，这是利用需求刺激经济增长的最主要原因；供给侧管理认为，拉动经济增长的关键要素就是提高生产力，激发潜在产能和完善生产结构。但是，供给侧并不是需求侧的简单替代或者更换，而是在不同时期、不同情况下，基于不同阶段下的一种恰当的选择。

二 供给侧结构性改革

结构性改革，就是以实现经济结构的转型升级为目标而采用的利用体制机制的改革，其通过全面优化和调整经济结构，合理利用生产要素，达到资源配置和生产效率的最优化。而供给侧结构性改革就是在经济新常态下面对出现的新的发展问题，在适度扩大总需求的同时注重调节经济结构，从供给端发力，不断提升经济增长的质量和数量。推动国内相关产业和企业在经济新常态的背景下实现自身的转型和升级，进一步优化经济结构，培育新需求，提升自身核心竞争力，增强企业的可持续发展能力，促进经济社会健康发展。

供给侧结构性改革，以增加投资促进投资结构和产业结构的优化，从而达到调整供给侧的目的，在经济增长的背景下实现可持续发展与人民生活水平的不断提高；随着融资、流通、消费等结构的优化和完善，有助于改善产品质量、提升企业产能、降低交易成本等，实现创新、协调、绿色、开放、共享的新的发展模式。

经济发展水平的高低可以从经济总量和经济结构反映出来。总量是从整体上说明经济发展的数量和规模，而结构则是侧重反映经济发展的质量和效率。如果一个国家或地区经济总量非常大，但是经济结构不合理，那么也就说明这个国家或地区的经济结构、产业结构存在较大的问题，这样便会导致即使经济总量很大，但国家或地区的经济发展缓慢甚至停滞不前的状况。

改革开放后，在由计划经济向社会主义市场经济转化的过程中，特别是改革开放后的一二十年来，中国的经济总量得到了迅猛发展，已经跃居全球第二位置，但是我们也要清晰地看到国内经济和产业结构还存在一定的不足，需要进一步优化和完善。基于此，改革开放已然走到了新的关键节点，以习近平同志为核心的党中央，提出从供给侧角度优化经济结构。过去的历次经济结构调整之所以具有很强的局限性，尤其是着重于高投入和高增长，是因为每次调整都具有显著的阶段性特征，都是在某一特殊时期、特殊阶段、特殊条件下的选择。这无疑给社会带来了一些负面效应，先增长后治理、追求增长忽视公平、追求数量忽视质量等传统发展方式失去了经济增长的可持续性，后劲不足，自然增长乏力。

如今，中国所面对的国内外形势不容小觑。国内，深层次的矛盾在国内经济长期高速增长的过程中不断累积和显现，中国社会主义市场经济进入一个经济新常态过程中，经济结构失衡、动能转换不充分、产业发展受阻等问题日益严峻，再加上人民群众对生活品质的要求提高，由此可见，实行供给侧结构性改革刻不容缓。国际，全球冲突频发，逆全球化加剧、贸易保护主义盛行、极端主义威胁蔓延，美国霸权主义思想严重，对国内新科技、高新技术产业打压严重，同时，新科技革命和产业变革浪潮触发国际竞争形势更加严峻。在此过程中，改革的重点要集中于供给侧结构性改革将是今后改革的一个重点，也是考验中国经济能否转型升级的关键，未来将积极发现培育新的经济增长点，需要从供给侧角度在供给结构、投融资结构、城乡结构、区域结构、产业结构、分配结构等方面进行优化和调整。

2015年11月，中央财经领导小组第十一次会议明确指出供给侧结构性改革这一概念，这是对宏微观政策、产业政策、改革政策、社会政策等提出了明确的、更高的要求，在适度扩大总需求的同时，继续加强供给侧结构性改革，着力提高供给体系的质量和效率，提升经济持续增长动力，推动国内社会生产力水平实现整体跨越式提升。在宏观政策方面，要为经济结构性改革营造稳定的宏观经济环境；在产业政策方面，要准确把握经济结构性改革方向，着力补齐短板，加快绿色发展，积极稳妥扩大对外投资。在微观政策方面，要进一步激发企业自身活力和消费市场潜力。在改革政策方面，要加大推动重点领域改革落地的力度，加快推进对经济增长有重大牵引作用的国有企业、财税体制、金融体制等改革。在社会政策方面，要守住民生底线，做好就业和社会保障工作。

当然，在推进经济结构性改革，特别是供给侧结构性改革的过程中，我们也要深刻理解时代背景，善于发现较为突出问题，紧抓市场关键痛点，积极化解产能过剩问题，优化产业重组，降低企业成本，提升企业竞争优势；由于国内当前房地产过度开发，面临着房地产高库存、流动性差的严峻形势，因此为保障房地产业的可持续发展，需要逐步释放房地产库存；同时，也要注意防范化解金融风险，特别是系统性金融风险，着力推进融资渠道丰富、基础制度健全、市场监督高效、全面保障投资者权益的证券市场建设。在推进经济结构性改革过程中，我们还要坚持解放和发展社会生产力，坚持以经济建设为中心不动摇，坚持五位一体总体布局，坚持社会主义市场经济改革方向，坚持市场决定资源配置，调动全社会的积极性，使企业家在推进经济发展过程中起关键性作用，刺激和发挥创新人才和各级干部的能动性、创造性。在今后的一段时间内，我们推进结构性改革的主要路径应该是从以下两个方向出发：第一，针对产能过剩、交易成本较高等突出问题，从供给端提高生产质量与效率，满足人民日益增长的需求；解决产能过剩问题，完善产业结构，节省企业成本、提高企业的核心竞争力，防范化解金融风险，尤其注意系统性金融风险的防范；在经济高速增长过程中注重新动力的培育，改造传统新兴产业，打造新引擎。第二，进一步优化资源配置，坚持以经济建设为中心不动摇，坚持五位一体总体布局，使市场在资源配置中起决定性作用，调动各方面积极性。

供给侧结构性改革是诞生于改革开放进程中的关键节点，是中国在理论创新和实践创新中的重要一步。在国内经济发展进行新阶段后，主要矛盾也随之改变，以习近平同志为核心的党中央，在此基础上提出了供给侧结构性改革这一重大决策。"十二五"时期以来，国内经济实现了高速发展，但同样也在供给侧和需求侧两个方面产生了诸多周期性和结构性问题。其中，供给侧结构性方面的问题较为突出且关键，究其根本原因在于体制问题，由国内外因素共同导致的。2008年国际金融危机击溃了世界经济，全球金融市场陷入"大萧条"，出口也损失严重，此次金融危机进一步加剧了国内产能过剩和经济下行。在全球经济困于低谷的今天，中国选择发展刺激政策以缓解国际金融危机的影响，虽然显著提高了行业产能，但加重了库存压力，最终积累了大量不可忽视的供给侧结构性矛盾。在此背景下，推进的供给侧结构性改革明确以增量改革换存量调整，促进供给结构高效匹配需求变动。

供给侧结构性改革是在关注市场需求的基础上，强调供给。通过将理论运用于现实中，强调以改革促进结构调整，既可以实现市场高效决定资源配置，又可以发挥政府力量；既可以不脱离现状，又可以作用于未来；既可以提高产品、服务质量，又可以完善体制机制和制度供给。供给侧结构性改革坚持以人民为中心的发展思想，使供给侧与人民日益增长的美好生活需要相适应，进而实现社会主义生产目的。目前，钢铁等高耗能行业的"十三五"目标基本实现，"僵尸企业"清扫工作和释放企业库存取得卓越成效，发展短板得以改善，且增加在创新驱动、基础设施、脱贫攻坚等方面的资源投入量。在供给侧结构性改革的推进过程中，有效调整了行业供求关系和经济结构，经济效益得以提高，降低系统性风险的发生频次。近年来，国内外环境日益复杂，加剧了国内经济下行压力。然而，经济增长率依旧稳定在一个相对合理的区间，实属不易。国内的实践活动充分证实了实施供给侧结构性改革这一重要举措的正确性，是优化供给和需求关系、提高经济发展质量、稳定经济增长态势的治本之策。

第二章 金融供给侧结构性改革对企业融资与订购行为的影响机理

当下,中国经济步入重要发展阶段,而且社会主要矛盾也在变化,这就为供给侧结构性改革提出了发展速度和适应性要求。党的十九大报告指出,国内社会主要矛盾已经转化为人民日益增长的美好生活需要和不平衡不充分的发展之间的矛盾①。党的二十大报告指出,我们要坚持以推动高质量发展为主题,把实施扩大内需战略同深化供给侧结构性改革有机结合起来,增强国内大循环内生动力和可靠性,提升国际循环质量和水平,加快建设现代化经济体系,着力提高全要素生产率,着力提升产业链供应链韧性和安全水平,着力推进城乡融合和区域协调发展,推动经济实现质的有效提升和量的合理增长②。深化供给侧结构性改革,不仅为了满足人民日益增长的美好生活需要,还要消除发展不平衡不充分的矛盾,更要着力于经济高质量发展。满足人民日益增长的美好生活需要,是国内经济社会发展的根本出发点和落脚点,是以人民为中心的发展思想的集中体现。改革开放以来,国内居民消费需求完成了从数量型到质量型的转变,消费品供给结构升级满足不了更高的产品和服务质量要求,成为阻碍消费市场发展的一大难题。同一时间,服务业发展与需求增长不匹配:医疗、教育等服务业发展缓慢,服务供给质量和数量无法适应人民日益增长的美好生活需要的问题日益严重;生产性服务业发展速度达不到要求,导致制造业转型升级无法实现,国民经济整体情况无法得到改善;人民同样对生态、卫生、文化建设等提出了更高要求,这都依赖推进供给侧结构性改革来实现。

推进供给侧结构性改革,有利于实现经济高质量发展,跨越经济发展重要关口,助力于经济发展方式转变、经济结构调整和增长动力转换。以国内高科技行业和制造业为例,由于国内高科技行业严重依赖进口设备、技术和产品,无法节省供给侧要素成本,同时要素生产率减缓,造成高端制造业撤回、中低端制造业向其他低成本国家移动的局面。为了扭转制造业劣势、突破技术困境,需要注重提高供给体系质量,完善经济结构,激发潜在创新力,提升全要素生产率。另一个需要推进供给侧结构性改革的原因在于,现有金融资源配置、结构和传导机制不合理,需要开展金融"脱实向虚"工作。以房地产行业为例,其供给与市场需求不匹配,在一定程度上加剧了供给侧结构性矛盾,要求推进建立多主体供给、多渠道保

---

① 习近平:《决胜全面建成小康社会 夺取新时代中国特色社会主义伟大胜利——在中国共产党第十九次全国代表大会上的报告》,人民出版社,2017年。

② 习近平:《高举中国特色社会主义伟大旗帜 为全面建设社会主义现代化国家而团结奋斗——在中国共产党第二十次全国代表大会上的报告》,人民出版社,2022年。

障、租购并举的住房制度，优化行业供给机制。另外，实现金融和实体经济、金融和房地产、金融体系内部的良性循环，关键在于推进金融体制改革，优化金融结构，坚持结构性去杠杆的基本思路。

为实现国内经济稳增长，中长期持续健康发展的要求，推进供给侧结构性改革需要给予高度重视。市场经济是需求导向型经济，而供给和需求之间存在相互依存关系，因此供给更需要服务于需求，匹配于需求。通过推进供给侧结构性改革进程，减缓总需求波动，从而总需求增长能够适应预期经济增长目标。具体措施如加强出口结构调整，提高出口质量，丰富出口市场，在增加进口的同时，减少国际收支失衡状况的发生；深化投融资体制改革，优化投资结构，大力扶持重点领域和项目，适度推动有效投资特别是民间投资增加；降低就业率波动、完善基本公共服务、精准脱贫等举措，稳定消费需求增长，利用消费全面激发经济发展潜力。

供给侧结构性改革再出发，源自对"三去一降一补"成果的巩固。负债过高、产能过剩、成本过高、库存积压、短板突出，这都是供给侧结构性矛盾的关键问题。为顺利推进供给侧结构性改革，需要节省企业经营成本，加大减税降费力度；加快产能过剩行业市场出清，使沉淀资源"活起来"；积极推进养老等领域补短板的举措。不仅要巩固阶段性成果，更要加大"破、立、降"力度，使供给侧结构性改革取得卓越成效。

实现供给侧结构性改革目标的重点，在于为微观主体注入更多活力。要求坚定市场决定资源配置，健全产权制度，优化要素市场化配置，实现产权有效激励和提高企业核心竞争力：实施竞争中立政策，建立公平公正的竞争环境，加大生产要素流动性；提高市场透明度、公平性、开放性，推进市场法治化进程；深化"放管服"改革，优化营商环境；健全市场准入机制，实施负面清单制度，深化国资国企改革，加大产权保护力度和民营企业扶持力度，提高企业和企业家的积极性，挖掘企业潜在价值；为实现中国制造向中国创造转变、中国速度向中国质量转变、制造大国向制造强国转变的目标，需要加大对大众创业、万众创新的支持力度，促进产业结构调整优化，激发创新潜力，注入创新活力，加快传统产业转型升级。强化制造业对经济的支撑作用，关键在于掌握核心技术，提高核心竞争力，善用技术创新和规模效应补足短板和拉长长板，加强中国在全球供应链、产业链、价值链中的竞争优势。

优化供给体系和经济高质量发展作为供给侧结构性改革的关键环节，必须从生产出发，通过流通、分配等一系列环节，最终到达消费市场。只有让这个过程通畅进行，市场经济和行业才会高质量快速发展。但是，也要注意在这一过程中,要加快建立全国统一的、开放的、有序的、严格的、监管有效的现代市场体系,还要实现科技创新和实体经济结合的目标,推进实体经济和科技创新,消除金融空转和金融"脱实向虚"的风险,建立国内市场和生产主体、经济增长和就业扩大的一个良性循环。

21世纪以来,国内许多企业,特别是部分钢铁、煤炭、水泥、玻璃、石油、石化、铁矿石、有色金属等行业,曾经出现亏损达到80%的情形,随着亏损面的增加,产业利润也在大幅下降,产能严重过剩。可以看出,国内的供需关系正在一定程度上面临着不可忽视的结构性失衡问题。中国经济无法实现可持续增长的一个关键因素正是供需不匹配,而经济无法成功转型的重要原因在于没有达成去产能目标。基于供给侧角度,可以发现供给总体上处于中低端产品和产能严重过剩,高端产品供给严重不足的窘境。此外,中国供给侧效率低的缺点使其无法满足人民越来越高的需求。基于供给侧存在以上不足,需要优化供给结构,加快产能过剩行业市场出清,为经济发展提供动力来源。

供给侧结构性改革就是通过优化供给结构,达到调整需求结构的目的。中国经济新常态,主要表现在增长动力结构、增长方式结构和经济结构三个方面。推进供给侧结构性改革,就是以推进上述三大结构调整为主。

第一,优化经济增长动力结构。国内经济保持高质量高效发展,离不开出口、投资、消费的贡献,其中,出口和投资的功劳较大。国内经济受次贷危机影响而发展到自然回落阶段后,内需逐渐在国内经济增长动力结构中占据主要地位。动力结构的调整和优化不能缺少供给侧结构性改革的推动作用。

第二,完善经济增长方式结构。现在是国内经济的驱动来源由要素领域、投资领域转向创新领域的阶段。党的十八届五中全会将创新发展确定为五大发展战略之首。

第三,优化经济结构。经济结构按层次分为产业结构和产品结构的调整,推进现代第三产业的发展是调整产业结构的重点,着力提高第三产业占国民经济的比重是产业结构调整的重要举措。经济结构调整按照层次可细分为两部分:产业结构调整和产品结构调整。产业结构调整主要是为了促进现代第三产业发展,而产品结构调整主要是通过优化生产性消费品结构和生活性消费品结构,提高第三产业在国民经济中的比重,使中国在制造领域从大国变为强国。

供给侧与需求侧作为经济中两个相依依存的基本面,在结构性改革中应该保持步调一致，供需平衡。在适度扩大总需求的同时，着力加强供给侧结构性改革。在解决供给侧方面的结构性供给过剩问题和结构性供给不足问题的同时，不能将供给侧的改革简单理解为提高产量和增加供给，更不能忽视了需求侧的调整。总之，将供给侧与需求侧保持同步推进放在供给侧结构性改革的重要位置，就是为了同时满足供给侧和需求侧在结构性调整方面的迫切需求，避免顾此失彼。

推进供给侧结构性改革，是为了满足人民对日益增长的美好生活需要，是为了解决发展不平衡不充分，是为了推动经济高质量发展。认识新常态，适应新常态，引领新常态，是当前和今后一个时期国内经济发展的大逻辑。随着国内经济进入新常态，出现了经济增长日益迟缓和 CPI 持续低迷，主要经济指标之间矛盾，居民收入上升而企业利润率减少等。参考经典经济学理论，发现这既不是传统意义上的滞胀，也非标准形态的通缩，而是明显的结构性分化。因此，去产能、去库存、去杠杆、降成本、补短板作为供给侧结构性改革的重要环节，应当在总需求合理增长的同时一起推进，促进供给结构和需求结构相匹配，激发微观经济主体活力，为中国经济长期稳定发展注入更多活力。

中国经济有序增长，离不开需求侧管理。1998 年，中国率先打破了亚洲金融危机的困境。2008 年，中国带动其他国家实现经济快速恢复。2014 年，GDP 总量跃居世界第二，高达 67 万亿元。虽然需求侧管理在转危为安，推动经济发展，优化城市和基础设施建设等方面做出了不可磨灭的贡献，但是其隐藏问题也随着时间逐渐显露。2008 年，国外经济市场进入低迷时期，导致国内外需大幅下降，不足以支撑国内经济发展，再加上结构性问题频发，不久后，GDP、CPI 等各类经济发展指标变为持续低位运行状态，中国经济步入并长期处于下行阶段，具体表现为经济增速放缓、工业品价格下降、实体企业盈利下降、财政收入增幅下降、经济极端风险上升。为改变该不良态势，政府出台了多项积极财政政策和货币政策，但效果甚微，且代价庞大。今时已不同往日，传统凯恩斯主义已不能满足国内经济进入"三期叠加"的转型升级要求，供给侧结构性改革才是治本之策。

2008 年以后，结构性改革作为解决"体制结构病"（或称为重要制度缺陷）的良策，是众多发达国家、发展中国家或新兴经济体国家面临的一大全球性难题。结构性改革的首要任务就是优化和完善结构和体制方面的不足。在结构方面，利用基于标准的发展经济学概念的制度创新，从根本上优化经济结构；在完善体制缺陷方面，通过建立严格规章制度、健全监管体制来优化经济体制特别是财政、金融体制的突出短板。

一般来说，原有制度拥有值得肯定的地方，不能够简单地以偏概全、全盘否定。改革需要补短，对现有的一些存在缺陷的关键性制度进行重大修补的过程，希望通过对现有制度的优化升级，提高制度运作效率。所以，结构性改革并不是整体性改革，而是针对关键部分进行改革，是需要集中力量解决突出问题的改革，是那些如果不改，会从根本上加剧国内经济发展劣势和不平衡问题的改革。目前，中国经济的主要矛盾集中在结构性和体制性两大方面，深化改革刻不容缓。

结构性改革需要解决的最大难题，在供给面。与以往的需求侧管理不同，对于供给侧而言，会受到更多方面的影响，例如，干预供给的计划经济体制的弊端尚未根除，在某些关键领域的影响尤为深刻；行业行政垄断、金融利率管制等问题的存在，严重阻碍了市场有效供给的增加，也就会影响社会需求的增长，并且还容易出现巨大的权力寻租空间。因此，供给侧才是国内经济发展过程中滋生结构性矛盾和体制性矛盾的重要方面，但是具体的表现却是有效需求不足。换句话说，供给侧问题是因，需求侧表现是果，在研究和解决这些问题的时候，二者不能分割开来。

通过把结构性改革的重点放在供给侧，尤其是在一些关键体制上进行供给侧结构性改革。国企改革、户籍制度改革、金融体系、金融机构、金融监管制度等的改革都属于供给侧结构性改革，它们作为改革的重点，是新常态下国内的供给体制的深化改革，目的是从根本上建立健全社会主义市场经济体制，提高改革效率，为国内经济更快更好发展和转型升级提供充足动力。

当然，也要看到在推进供给侧结构性改革的过程中，提高供给质量是改革的关键，用改革的办法推进结构调整和优化，纠正生产要素配置不合理，提高市场供给质量、供给量和供给结构的灵活性，使供给结构能够快速满足需求多样和需求结构多变的要求，从而达成供需长期平衡、社会稳定可持续发展的目的。这也就要求我们必须牢牢把握供给侧结构性改革的重点方向，在当前和今后一个较长时期内，中国既面临供给侧方面的问题，又存在需求侧方面的问题，但从因果关系来看，矛盾的主要方面还是在供给侧。相关调查统计显示，需求不足并不是国内经济的结构性矛盾，而需求的改变才是真正矛盾所在，需求由原来的单一需求，变得更加多元化和多样化，要求的服务水平和服务质量也越来越高，然而供给却后劲不足，产品数量和质量不能及时跟上，从而表现为需求端的需求不足。我们需要透过现象看本质，不能满足于低水平的供需平衡。不仅要在扩大市场需求和优化需求结构上下功夫，更要着力于供给结构的调整，通过将结构性改革的重点落在供给侧，最终实现供需平衡向高水平的跃升。

推进供给侧结构性改革，重点在于实现去产能、去库存、去杠杆、降成本、补短板，只要这样才能解决产能过剩、库存积压、负债过重、成本过高、短板明显这五大严重问题。具体来说，就是要加快市场出清，处置"僵尸企业"，优化产业结构，促进行业转型升级，发展战略性新兴产业和现代服务业，提高公共产品和服务的供给质量，实现有效供给，调整供给结构以满足日益变化的需求，同时不忘防范和化解系统性金融风险。以上问题的根本原因，皆是体制缺陷，而根本解决办法，就是改革创新。解决这五大问题的过程，其实就是一次创新实践的过程。通过顶层设计创新、体制机制创新和技术创新三管齐下，提高供给侧结构性改革的推进速度和效率。根据党中央的部署要求，去产能和去杠杆的重点在于深化国有企业和金融部门的基础性改革，在做好去库存和补短板的同时，对城镇化进程和农民工市民化进行有序规范引导，同时还将增加劳动力市场灵活性和敏感性，降低总体税负。

三　金融供给侧结构性改革

金融作为组成现代经济体系的关键部分，在许多时候起到了决定性作用。自改革开放以来，中国金融市场有了长足的进步和发展，金融市场由小到大、由弱到强、由单一功能发展到多元化功能。20世纪80年代，国内金融改革注重以引进市场经济金融体系的基本结构为主要目标和方式；到90年代中期，建立符合社会主义市场经济需要的金融机构和金融体系成为中国金融市场改革的主要内容；21世纪以来，中国金融改革的特征则主要是规范化、专业化为特征。目前，国内金融市场和金融体系正处于市场化、国际化和多元化的发展阶段，与以往相比，现阶段的金融市场和金融体系具有更加复杂、更加专业、更加规范的特征。因此，全新的外部挑战和机遇也接踵而至。

当前，国内金融系统内仍存在较大范围的融资难融资贵问题，并且由于缺乏更多、更加多元化的融资渠道，中小微企业的融资约束问题尤为突出。2015年4月15日，国务院新闻办公室在北京召开了2015年第一季度国民经济运行情况新闻发布会，国家统计局新闻发言人强调，如今实体经济中的突出难题为融资难融资贵，党中央、国务院高度重视，也出台了诸如部分减免印花税，发展普惠金融，加强引导资金倾向于实体经济、中小微企业等多项政策措施，这些举措对于融资难融资贵问题起到良好的缓解作用。然而，根据独立第三方机构的相关调查显示，贷款难、贷款贵问题虽然在一定程度上得到了缓解，但仍然是企业贷款非常突出的一个问题。

综观国内的金融业整体发展水平，整体发展较为平稳，经济总量相对比较充沛。据相关数据统计，金融业增加值在2022年GDP总量中的占比为8.0%，与美国等发达国家持平。但从金融业的产业结构来看，存在诸如运行效率不高、存贷结构失衡、存贷期限结构失衡等一系列问题，这些问题的存在限制了商业银行、金融体系给经济高质量发展方面带来的支撑作用。

第一，金融服务实体经济"效率不高"。一是名义GDP增速与社会融资规模不匹配，名义GDP长期处于较低增长水平。虽然这能够反映金融供给量盈余，但也说明了金融无法有效满足实体经济的需求。经济增长的动力来源包括高杠杆率，且增加货币供给量会引起杠杆率进一步升高，当债务规模超过一定程度后，会让经济主体承担过多的利息压力。二是国内金融机构"同质化"趋势明显，各类金融机构偏好拓展业务范围和规模，造成服务内容、对象、形式等趋同，无法适应实体经济的多样化需求。

第二，金融资源在地域之间、在不同融资方式之间的不平衡性。一方面，直接融资与间接融资之间的配置不平衡。国内企业的主要融资方式长期为间接融资，直接融资无法适应经济发展需要。无论是直接融资，还是债券市场上的企业债和公司债，在融资结构中的占比一直处于较低水平。另一方面，地区之间、行业和企业之间的配置不平衡。东部地区的金融资源量大于中西部地区，城市地区的金融资源量大于农村地区；基建、房地产行业的金融资源量大于高科技创业、节能环保行业，大型企业的金融资源量大于中小微企业。

第三，货币政策传导过程中的问题和不足。货币政策传导机制不畅对金融服务实体经济所造成的负面影响也是较为深刻的，重点在于货币市场供给与企业融资需求不匹配，所以健全货币政策传导机制也是供给侧结构性改革的关键部分。

实施改革开放这一伟大举措，为国内金融业送来了里程碑式的变革和成就。党的十八大以来，国内经济高速发展，金融改革顺利进行，金融服务普惠性不断提高，金融风险有效防控，金融产品日益多样。同时，也需要注意满足经济高质量发展的要求。目前，中国金融体系、核心技术创新水平、产品与服务质量等还存在不足。推动金融业健康发展，维持金融业与经济发展的共生共融关系，更好地发挥金融在经济社会发展中的重要作用，必须深化金融供给侧结构性改革，使金融更好地服务实体经济、服务经济高质量发展。实体经济的发展依赖金融的支持，而金融出现的初衷正是服务实体经济。深化金融供给侧结构性改革必须贯彻落实新发展理念，强化金融服务功能，找准金融服务重点，以服务实体经济、服务人民生活为本。这也就要求金融机构要把服务实体经济作为完善金融服务、防范金融风险的出发点和落脚点，着力有效解决金融"脱实向虚"、在金融体系内空转、中小微企业和民营企业融资难融资贵等重点突出问题，实现优质金融资源的有效配置，完善经济社会发展的重点领域和薄弱环节，更好满足实体经济、满足中小微企业的多样化金融需求。

未来金融供给侧结构性改革背景下，将着重增强服务实体经济的能力，以金融体系结构优化为关键，优化金融机构体系、市场体系、产品体系和中小企业融资结构，不断提高金融对实体经济的服务水平。在优化融资结构方面，以监管严、融资全的目标，推进多层次资本市场体系建设。大力发展中小微企业的直接融资，知识产权质押融资、供应链融资、互联网融资等多元化融资模式。在优化和完善金融机构体系的方面，将继续推动国有大银行战略转型，积极发展中小银行、民营金融机构和外资银行机构，以非银行金融机构作为补充服务实体经济和中小企业，完善金融市场上证券、保险、信托等融资路径，提高金融机构与非金融机构的服务质量和能力。在建立健全金融市场体系方面，将进一步完善银行、证券、保险、基金等市场长期发展机制，在金融供给侧结构性改革的背景下增加有效金融供给，提升多元化金融供给模式，提升金融市场的运行效率。在丰富和完善金融产品体系的方面，将创新贯穿从思想到实践这一整个过程，有效推进模式创新、技术创新、产品创新、服务创新、理念创新，提高金融服务和产品的质量、效率和深度，寻找和建立产品特色，进一步扩大和提高金融体系服务实体经济的范围和深度。

当然，在这一过程中还要注意稳增长和防风险之间的平衡关系。增长和风险是相互依存、相互影响、同伴共生的两个矛盾体。这也就要求我们在保持经济稳定增长的同时，又要重视金融风险的有效防范，这是深化金融供给侧结构性改革的重要目标。既要保持宏观经济总需求稳定，有效发挥宏观经济政策的逆周期调节作用，继续实施积极的财政政策和稳健的货币政策，还要加力提效，保持合理充裕的货币市场流动性，完善和优化货币政策传导机制，为深化金融供给侧结构性改革营造稳定的宏观经济环境，防止金融系统的空转和脱离实体经济。同时，还要防范和化解系统性金融风险，完善金融市场信息和监管的基础设施建设，提高关键信息基础设施国产化的转换效率。从反映风险、信息管理、信用惩戒三个方面入手,健全相关规章制度,严格监管金融机构、金融监管部门主要负责人和高中级管理人员,规范金融市场运行机制,坚决与反腐败做斗争。

金融供给侧结构性改革的最终目的是满足实体经济的金融需求,实体经济的发展方向决定了金融体系改革的方向。随着经济领域改革逐渐转向供给侧结构性改革,金融必须创造与之相匹配的条件,因此,对金融的要求必将提高。金融的本职工作,就是服务实体经济,具体而言,就是利用融资实现资金融通。推进金融供给侧结构性改革,正是为了解决金融无法充分满足实体经济服务需求这一问题。通过调整金融结构,改善供给水平和能力,提高供给产品和服务的质量和效率,提升金融资源配置的合理性,防控系统性金融风险。

供给侧结构性改革是以去产能、去库存、去杠杆、降成本、补短板为主要任务,以金融端为改革起点,以加大政策扶持力度为切入点的重要举措。不仅要提高供给质量和效率,优化供给结构的灵活性,促进供给与多样化需求相匹配,使供给侧与需求侧齐头并进,共同发力,还要发挥市场在资源配置中的决定性作用,特别是要注意发挥金融市场的作用,提高金融资源的使用效率,促进金融资源配置合理化,防范金融出现"脱实向虚"的问题。

金融支持供给侧结构性改革的核心就是做到金融更好地服务实体经济,减少在金融体系内空转和体内循环,提升服务实体经济的水平和效率。对于金融体系发展,既要注重体系内部各部分相互契合,也要加强同实体经济的协调发展。结合现实情况,当务之急是持续推进"三去一降一补",不仅有利于持续深化供给侧结构性改革,也是未来金融供给侧结构性改革的重要方式。进一步改善金融在经济中的错配问题,优化资源配置,特别是金融资源的有效配置,提高金融服务实体经济的效果。

第三节 影响机理分析

金融供给侧结构性改革的最终目的是满足实体经济的金融需求,实体经济的发展方向决定了金融体系改革的方向。与需求侧不同,金融供给侧结构性改革是着力于改善金融供给侧,创新金融产品,推动金融业健康发展,使金融更好地服务经济高质量发展。深化金融供给侧结构性改革必须贯彻落实新发展理念,强化金融服务功能,找准金融服务重点,以服务实体经济、服务人民生活为本。这也就要求金融机构着力有效解决中小微企业和民营企业融资难融资贵等重点突出问题，实现优质金融资源的有效配置，更好地满足实体经济、满足中小微企业的多样化金融需求。

事实上，在金融供给侧结构性改革中，需要优化金融机构体系、市场体系、产品体系和中小企业融资结构，推进多层次资本市场体系建设，大力发展中小微企业的直接融资，知识产权质押融资、供应链融资、互联网融资等多元化融资模式；推动国有大银行战略转型，积极发展中小银行、民营金融机构和外资银行机构，以非银行金融机构作为补充服务实体经济和中小企业，完善金融市场上证券、保险、信托等融资路径，提高金融机构与非金融机构的服务质量和能力；完善银行、证券、保险、基金等市场长期发展机制，增加有效金融供给，提升多元化金融供给模式，提升金融市场的运行效率；丰富和完善金融产品体系，提高金融服务和产品的质量、效率和深度，进一步提高金融体系服务实体经济的范围和深度。这些举措将在很大程度上解决中小企业融资难问题。

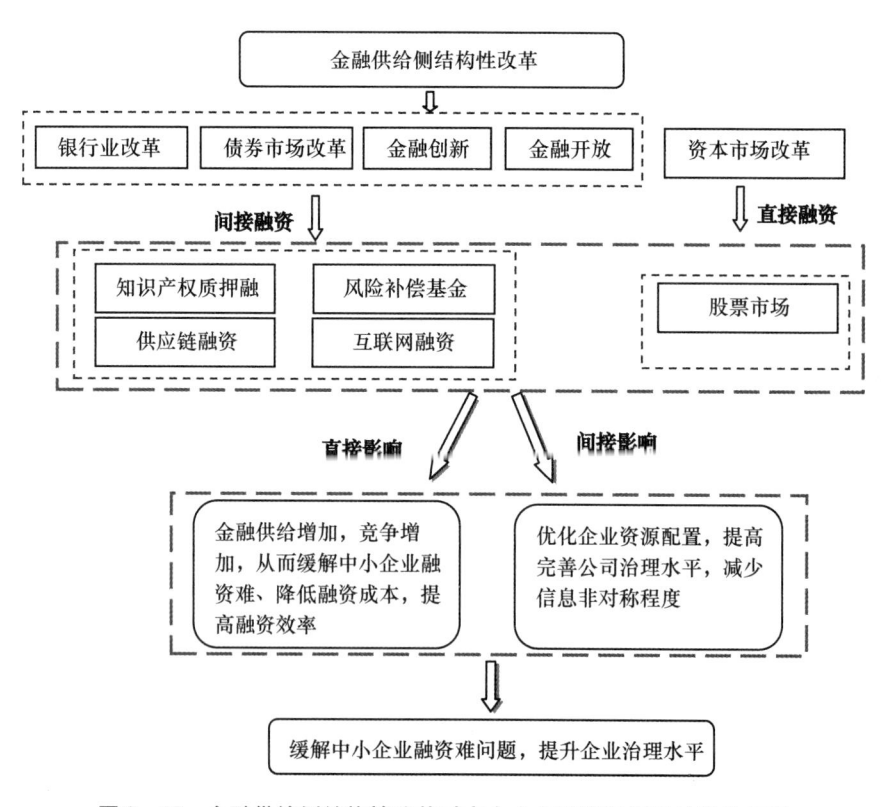

图 2-15　金融供给侧结构性改革对中小企业融资与订购的影响机理

中小企业有了更多的融资方式选择,既可能是知识产权质押融资、供应链融资、互联网融资、普惠金融以及创新性金融产品等间接融资方式,也可能是在资本市场的直接融资。从图2-15中可以看出,根据供给需求理论、信息非对称理论等可知,金融供给侧结构性改革下,随着银行业改革、债券市场改革、金融创新、金融开放以及资本市场改革等实施,将有效增加金融供给,有效降低企业的间接和直接融资成本,提高融资效率,在一定程度上解决或缓解中小企业融资困境,特别是那些具有一定核心技术的中小型科技企业;此外,随着有效供给的增加,也将导致各金融机构之间的市场化竞争,这必将导致金融机构与中小企业之间的信息非对称程度的降低,减少中小企业融资成本。此外,金融供给的增加,还促使商业银行、资本市场等更加关注中小企业运营等情况,这将在一定程度上间接助推中小企业完善公司治理结构,提升公司治理水平。

第三章　线性市场需求下中小企业融资策略研究

市场需求是影响企业融资与订购策略的一个核心要素。为了深入分析不同市场需求下企业融资与订购策略问题，本书将以市场需求变化为主线，由简单到复杂，从分析线性市场需求下中小企业融资策略开始，逐步过渡到随机市场需求下中小企业订购策略问题，最后研究特殊分布下中小企业融资与订购策略问题。在本章将首先研究线性市场需求下中小企业融资策略研究。

第一节　问题描述和符号说明

在线性市场需求下，本章考虑由一个供应商和一个零售商①组成的两阶段供应链，通过引入零售商和供应商的持股比例、需求价格敏感系数等因素，分别构建了零售商单向持股供应商、零售商和供应商交叉持股的内部股权融资模型，并分析了不同持股方式下零售商和供应商的持股比例对各自利润的影响。

具体而言，期初零售商利用供应链的内部股权融资模式获得资金，并以价格 w_i 从供应商处获得商品，再以价格 p_i 在市场上进行销售，期末再利用所得的销售收入支出相应的货款和分红。而不同持股融资模型的构造过程有一定的差异性，在单向持股融资中零售商依靠供应商提供的资金 I 维持正常经营，期末将 λ 比例的销售收入以分红的形式分给供应商；在相互交叉持股融资中供应商持有零售商的比例为 r，零售商持有供应商的比例为 θ，与单向持股有所不同的是，由于交叉持股融资模式较为复杂，

---

① 本书所讨论的中小企业均以零售商为代表，这是因为，在一个供应链中，零售商一般资金规模不大，其企业特征也都较为符合中小企业特点。

零售商和供应商的利润不再是单纯依靠持股比例来分配,而是根据一定的关系式来确定各自的利润。这时内部股权融资模型如图 3-1 所示。

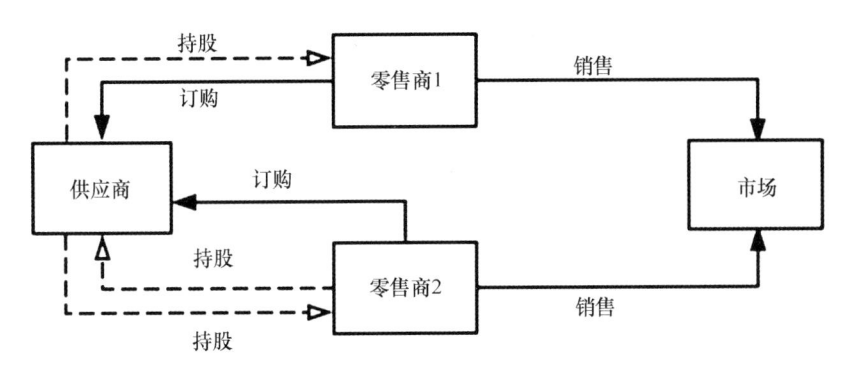

图 3-1 内部股权融资模型

其中,零售商的销售价格为 p_i,供应商的批发价为 w_i,供应商的生产成本为 c,零售商的订购量为 q_i,单向持股融资中供应商持股比例为 λ,零售商面临的市场需求为 D_i,交叉持股融资中零售商持股比例为 θ,交叉持股融资中供应商持股比例为 r,供应商向零售商的投资金额为 I,零售商的总利润为 $\pi_i(R)$,供应商的总利润为 $\pi_i(S)$,零售商交叉持股分配后的利润为 $\prod_R$,供应商交叉持股分配后的利润为 $\prod_S$。此处 $i=0,1,2$,当 $i=0$ 时,表示零售商资金充足无须融资;当 $i=1$ 时,表示资金约束零售商利用供应商单向持股零售商的股权融资模式;当 $i=2$ 时,表示资金约束零售商利用与供应商交叉持股的股权融资模式。

第二节 供应商单向持股零售商的融资模型

当零售商资金充足不需要利用融资服务时,其所面临的市场需求为 $D_0 = a - \beta p_0$,其中 a 为潜在市场需求,β 为需求价格敏感系数,且 $a>0$,$\beta>0$。期初零售商根据供应商提供的批发价 w_0 确定其订购量 q_0,再以价格 p_0 在市场上销售。此时,供应商和零售商的利润分别为:

$$\pi_0(R) = p_0 D_0 - w_0 q_0 = -\frac{q_0^2}{\beta} + \left(\frac{a}{\beta} - w_0\right) q_0 \tag{3.1}$$

$$\pi_0(S) = (w_0 - c) q_0 \tag{3.2}$$

命题 1 在无资金约束定价模型中,供应商的利润函数 $\pi_0(S)$ 是关

于供应商批发价 w_0 的凹函数,且存在最优的批发价 w_0^*。

证明:根据斯塔克伯格博弈模型,对式(3.1)分别求一阶、二阶导可得,$\frac{\partial \pi_0(R)}{\partial q_0} = -\frac{2q_0}{\beta} + \left(\frac{a}{\beta} - w_0\right)$,$\frac{\partial \pi_0^2(R)}{\partial Q_0^2} = -\frac{2}{\beta}$。令 $\frac{\partial \pi_0(R)}{\partial q_0} = 0$,求得零售商订购量 $q_0 = (a - w_0\beta)/2$,显然 $\frac{\partial \pi_0^2(R)}{\partial Q_0^2} < 0$,将该订购量代入式(3.2),可以得到供应商的利润为:

$$\pi_0(S) = \frac{1}{2}(w_0 a - ac - w_0^2 \beta - w_0 \beta c) \tag{3.3}$$

对式(3.3)分别求一阶导等于零、二阶导可得,$\frac{\partial \pi_0(S)}{\partial w_0} = \frac{1}{2}(a - 2w_0\beta + \beta c) = 0$,$\frac{\partial \pi_0^2(S)}{\partial w_0^2} = -\beta$。显然 $\frac{\partial \pi_0^2(S)}{\partial w_0^2} < 0$,即 $\pi_0(S)$ 是 w_0 的凹函数。

由于供应商的利润函数 $\pi_0(S)$ 是关于供应商批发价 w_0 的凹函数,所以供应商在利润最大化目标下必然存在一个最优批发价。因此,令 $\frac{\partial \pi_0(S)}{\partial w_0} = 0$,供应商的最优批发价为:

$$w_0^* = \frac{(a + \beta c)}{2\beta} \tag{3.4}$$

将最优批发价代入 $q_0 = (a - w_0\beta)/2$、$p_0 = q_0(a - q_0)/\beta$、式(3.1)以及式(3.2),得到零售商最优订购量为 $q_0^* = (a - \beta c)/4$,最优销售价格为 $p_0^* = (3a + \beta c)/4\beta$;零售商、供应商最优利润分别为 $\pi_0(R)^* = (a - \beta c)^2/16\beta$,$\pi_0(S)^* = (a - \beta c)^2/8\beta$。证毕。

在供应商持股零售商的融资模型中,市场需求函数为 $D_1 = a - \beta p_1$,其中 a 是潜在市场需求。作为价格主导者,在最大化利润的目标下,供应商可以根据零售商反应函数确定批发价 w_1;而作为价格跟随者,零售商只能在看到供应商的定价后,才能确定自己的订购量 q_1 和销售价格 p_1。此外,供应商向零售商提供了一定的投资金额 I,零售商需要将利润的 λ 比例分给供应商。此时零售商和供应商的利润函数分别为:

$$\pi_1(R) = (1 - \lambda)(p_1 - w_1) q_1 \tag{3.5}$$

$$\pi_1(S) = (w_1 - c) q_1 + \lambda (p_1 - w_1) q_1 - I \tag{3.6}$$

命题2 在供应商持股零售商的模型中,若最优定价策略下供应商批发价为 $w_1 = w_1^*$,使得 $\pi_1(S)^* = \max\{\pi_1(S)\}$,则称 $\pi_1(S)^*$ 是供应商的最优利润。

证明：将式（3.3）对订购量 q_1 求一阶导等于零，可得：

$$\frac{\partial \pi_1(R)}{\partial q_1} = (1-\lambda)\left(-\frac{2q_1}{\beta} + \frac{a}{\beta} - w_1\right) = 0 \tag{3.7}$$

计算可得：$q_1 = (a - \beta w_1)/2$，求二阶导可得：

$$\frac{\partial \pi_1^2(R)}{\partial q_1^2} = (1-\lambda)\left(-\frac{2}{\beta}\right) = -\frac{2}{\beta}(1-\lambda) \tag{3.8}$$

由于 $0 < \lambda < 1$，通过式（3.8）易知 $\frac{\partial \pi_1^2(R)}{\partial q_1^2} < 0$。令 $\frac{\partial \pi_1(R)}{\partial q_1} = 0$，显然零售商最优订购量为 $q_1 = (a - \beta w_1)/2$，将其代入供应商利润函数可得：

$$\pi_1(S) = \left[w_1 - c + \lambda\left(\frac{a-q_1}{\beta} - w_1\right)\right]q_1 - I = (w_1 - c)\frac{(a-\beta w_1)}{2} +$$

$$\lambda\left[-\frac{1}{\beta} \times \frac{(a-\beta w_1)^2}{4} + \left(\frac{a}{\beta} - w_1\right)\frac{(a-\beta w_1)}{2}\right] - I \tag{3.9}$$

为计算最优解，计算式（3.9）一阶导等于零，可得：

$$\frac{\partial \pi_1(S)}{\partial w_1} = \frac{1}{2}(-2\beta w_1 + \beta c + a) + \lambda\left[\frac{(a-\beta w_1)}{2} + \beta w_1 - a\right] = 0 \tag{3.10}$$

此时，可得：$w_1^* = \frac{(1-\lambda)a + \beta c}{(2-\lambda)\beta}$。计算二阶导，可得：

$$\frac{\partial \pi_1^2(S)}{\partial w_1^2} = -\beta + \lambda\left(-\frac{\beta}{2} + \beta\right) = \left(\frac{\lambda}{2} - 1\right)\beta \tag{3.11}$$

显然其二阶导小于零，即 $\frac{\partial \pi_1^2(S)}{\partial w_1^2} < 0$。因此，供应商的最优批发价可以表示为：

$$w_1^* = \frac{(1-\lambda)a + \beta c}{(2-\lambda)\beta} \tag{3.12}$$

将式（3.12）代入 $q_1 = (a - \beta w_1)/2$，可得零售商的最优订购量为：

$$q_1^* = \frac{a - \beta w_1^*}{2} = \frac{1}{2}\left(a - \frac{(1-\lambda)a + \beta c}{2-\lambda}\right) \tag{3.13}$$

将 w_1^* 代入式（3.9），得到供应商的最优利润为：

$$\pi_1(S)^* = \lambda\left[-\frac{(a-\beta w_1^*)^2}{4\beta} + \frac{1}{2}\left(\frac{a^2}{\beta} - 2aw_1^* + \beta(w_1^*)^2\right)\right] - I +$$

$$\frac{1}{2}\left[-\beta\left(w_1^*\right)^2+(\beta c+a) w_1^*-ac\right] \quad (3.14)$$

显然可知供应商利润函数 $\pi_1(S)$ 是关于 w_1 的凹函数,在此最优定价策略下的最优批发价为 w_1^*,可得 $\pi_1(S)^*=\max\{\pi_1(S)\}$,即 $\pi_1(S)^*$ 是供应商的最优利润。证毕。

根据命题 2 可知,供应商利润最大化目标下的批发价为 w_1^*,零售商作为跟随者,确定最优订购量 q_1^*。此时,零售商的最优销售价格为:

$$p_1^*=\frac{a-q_1^*}{\beta}=\frac{1}{2\beta}\left(a+\frac{(1-\lambda)\ a+\beta c}{2-\lambda}\right) \quad (3.15)$$

将式(3.15)的最优销售价格、式(3.12)的最优批发价以及订购量代入式(3.5)中可得,零售商的最优利润为:

$$\pi_1(R)^*=(1-\lambda)(p_1^*-w_1^*)q_1^*=\frac{(1-\lambda)}{4\beta}\left(a-\frac{(1-\lambda)\ a+\beta c}{2-\lambda}\right)^2 \quad (3.16)$$

命题 3 在单向持股融资模型中,随着供应商对零售商持股比例的增加,零售商的最优利润会减少。与没有利用持股融资服务相比,单向持股融资方式会降低零售商的利润。

证明:将式(3.16)对供应商持股零售商的比例 λ 求一阶导数,可以得到:$\frac{\partial \pi_1(R)^*}{\partial \lambda}=-\frac{\lambda(a-\beta c)^2}{4\beta(2-\lambda)^3}$,由于 $a>\beta p>\beta c$,且 $0<\lambda<1$,所以 $\frac{\lambda(a-\beta c)^2}{4\beta(2-\lambda)^3}>0$,即 $\frac{\partial \pi_1(R)^*}{\partial \lambda}<0$,可得供应商持股比例的增加,零售商的最优利润会减少,证毕。

将单向持股融资和未持股融资下零售商的利润相比较可得:

$$\pi_1(R)^*-\pi_0(R)^*=-\frac{\lambda^2(a-\beta c)^2}{16\beta(2-\lambda)^2} \quad (3.17)$$

易知 $\pi_1(R)^*-\pi_0(R)^*<0$,即 $\pi_1(R)^*<\pi_0(R)^*$,所以零售商利用供应商持股融资会使自身利润下降,这是因为在期末零售商需要按一定比例将利润分给供应商,比例越大时所扣除的利润也就越多,零售商得到的利润也就越少。

命题 4 在供应商单向持股零售商的融资模型中,供应商的批发价、零售商的销售价格是持股比例的减函数,零售商的订购量是持股比例的增函数。

证明:由于 $\frac{\partial w_1^*}{\partial \lambda}=\frac{\beta c-a}{(\lambda-2)^2\beta}$,$\frac{\partial p_1^*}{\partial \lambda}=\frac{\beta c-a}{2\beta(\lambda-2)^2}$,$\frac{\partial q_1^*}{\partial \lambda}=-$

$\frac{\beta c - a}{2 (\lambda - 2)^2}$,并且 $D = a - \beta c > 0$,易知 $\frac{\partial w_1^*}{\partial \lambda} < 0$,$\frac{\partial p_1^*}{\partial \lambda} < 0$,$\frac{\partial q_1^*}{\partial \lambda} > 0$。因此,就可以容易得知供应商的持股比例与批发价、销售价格呈正相关关系,与零售商的订购量呈负相关关系。证毕。

第三节 供应商与零售商交叉持股的融资模型

在零售商和供应商相互交叉持股融资模型中,期初无持股时,零售商根据供应商的批发价 w_2 来进货,并以价格 p_2 在市场上进行销售。此时,零售商和供应商的利润分别为:

$$\pi_2(R) = (p_2 - w_2) q_2 \quad (3.18)$$
$$\pi_2(S) = (w_2 - c) q_2 \quad (3.19)$$

根据郭小林等①的研究可知,供应商和零售商相互交叉持股后的利润分配公式为 $\prod_S = \frac{1+r}{1+r+e}\pi_2(S) + \frac{r}{1+r+e}\pi_2(R)$,$\prod_R = \frac{1+e}{1+r+e}\pi_2(R) + \frac{e}{1+r+e}\pi_2(S)$,将式(3.18)和式(3.19)代入可得:

$$\prod_S = \frac{1+r}{1+r+e}(a - p_2)(w_2 - c) + \frac{r}{1+r+e}[-\beta p_2^2 + (\beta w_2 + a)p_2 - w_2 a]$$
(3.20)

$$\prod_R = \frac{1+e}{1+r+e}[-\beta p_2^2 + (\beta w_2 + a)p_2 - w_2 a] + \frac{e}{1+r+e}(w_2 - c)(a - \beta p_2)$$
(3.21)

命题6 在零售商和供应商相互交叉持股模型中,分配后的供应商利润函数 $\prod_S$ 是关于批发价 w_2 的凹函数。

证明:将式(3.21)对销售价格 p_2 计算一阶导等于零,即:

$$\frac{\partial \prod_R}{\partial p_2} = \frac{1+e}{1+r+e}(\beta w_2 + a - 2\beta p_2) - \frac{e}{1+r+e}(w_2 - c)\beta = 0$$
(3.22)

---

① 郭小林、段永瑞、吴述金:《交叉持股股份公司的利润分配》,《上海交通大学学报》2002年第10期。

式（3.22）计算可得：

$$p_2 = \frac{a(1+e) + \beta(w_2+ec)}{2\beta(1+e)} = \frac{ec}{2(1+e)} + \frac{a}{2\beta} + \frac{w_2}{2(1+e)} \quad (3.23)$$

为了便于后文计算，不失一般性，令 $K_1 = \frac{ec}{2(1+e)} + \frac{a}{2\beta}$，$K_2 = \frac{1}{2(1+e)}$，此时 $p_2 = K_1 + K_2 w_2$。将式（3.23）代入式（3.20）中，并对 w_2 计算一阶导等于零 $\frac{\partial \prod_s}{\partial w_2} = 0$，即：

$$\frac{r}{1+r+e}\left[-2\beta K_2(K_1+K_2 w_2) + \beta(K_1+K_2 w_2) + (\beta w_2+a)K_2 - a\right] +$$
$$\frac{1+r}{1+r+e}\left[-\beta K_2(w_2-c) + a - \beta(K_1+K_2 w_2)\right] = 0 \quad (3.24)$$

对式（3.22）求二阶导，可得：

$$\frac{\partial^2 \prod_s}{\partial w_2^2} = -2\beta K_2 \frac{1+r}{1+r+e} + \frac{r}{1+r+e}(-2\beta K_2^2 + 2\beta K_2)$$
$$= \frac{-2\beta K_2(1+rK_2)}{1+r+e}$$

$$(3.25)$$

易知，$K_2 > 0$，$K_1 > 0$，此时 $\frac{\partial^2 \prod_s}{\partial w_2^2} < 0$，即可知供应商的利润函数是批发价的凹函数，证毕。

根据命题5，在零售商相互持股的模型中，供应商存在一个最优的批发价决策使自身利润最大化。因此，令 $\frac{\partial \prod_s}{\partial w_2} = 0$，可以得到：

$$\frac{\partial \prod_s}{\partial w_2} = r[2\beta K_2(1-K_2)w_2 - 2\beta K_1 K_2 + \beta K_1 + (K_2-1)a] +$$
$$(1+r)(-2\beta K_2 w_2 + \beta K_2 c + a - \beta K_1)$$

$$(3.26)$$

为了简便计算，令 $\frac{\partial \prod_s}{\partial w_2} = 0$，并且将式（3.26）化简可以得到 $-2\beta K_2(1+rK_2)w_2 = (2rK_2+1)\beta K_1 - [arK_2 + (1+r)\beta cK_2 + a]$，将 K_1、K_2 具体数值代入化简可得，供应商的最优批发价为：

$$w_2^* = \frac{(1+e)^2}{2(1+e)+r} \times \frac{a}{\beta} + \frac{(r+1-e^2)c}{2(1+e)+r} \quad (3.27)$$

将 w_2^* 代入式（3.23）中，可得最优的销售价格为：$p_2^* = \frac{ec}{2(1+e)} + \frac{a}{2\beta} + \frac{1}{2(1+e)}$，最优的批发价格为：

$$w_2^* = \frac{ec}{2(1+e)} + \frac{a}{2\beta} + \frac{1}{2(1+e)}\left(\frac{(1+e)^2}{2(1+e)+r} \times \frac{a}{\beta} + \frac{(r+1-e^2)c}{2(1+e)+r}\right) \quad (3.28)$$

最优订货量为：

$$q_2^* = a - \frac{\beta ec}{2(1+e)} - \frac{a}{2} - \frac{1}{2(1+e)}\left(\frac{(1+e)^2 a}{2(1+e)+r} + \frac{\beta(r+1-e^2)c}{2(1+e)+r}\right) \quad (3.29)$$

命题7 与未持股融资相比，当供应商单向持股零售商时，批发价格会有所下降。若供应商与零售商相互交叉持股，那么：（1）零售商持股比例大于某临界值时，交叉持股融资下的批发价会大于未持股融资的情况；（2）零售商持股比例小于某临界值时，交叉持股融资批发价会小于未持股融资；（3）零售商持股比例等于某临界值时，交叉持股融资批发价与未持股时相等。

证明：将单向持股融资模型与无持股融资模型下的批发价相比较可得：

$$\begin{aligned} w_1^* - w_0^* &= \frac{(1-\lambda)a+\beta c}{(2-\lambda)\beta} - \frac{(a+\beta c)}{2\beta} = \frac{1}{\beta}\left(\frac{(1-\lambda)a+\beta c}{(2-\lambda)} - \frac{(a+\beta c)}{2}\right) \\ &= -\frac{(2a-\lambda a+2\beta c-\beta c\lambda)}{2(2-\lambda)\beta} = \frac{(\beta c-a)\lambda}{2(2-\lambda)\beta} \end{aligned} \quad (3.30)$$

由于 $a > \beta p > \beta c$，且 $0 < \lambda < 1$，易知 $\beta c - a < 0$，$2 - \lambda > 0$，所以 $w_1^* < w_0^*$。也就是说，供应商持股零售商后，会降低提供的批发价。将交叉持股融资模型与无持股融资模型下的批发价相比较，可得：

$$w_2^* - w_0^* = \frac{(2e^2+2e-r)(a-\beta c)}{2[2(1+e)+r]\beta} \quad (3.31)$$

为简便计算，令 $f = 2e^2 + 2e - r$，且 $0 < e, r < 1$，易知 $\Delta = \sqrt{1+2r}$，可知该函数存在两个根，即 $e = \frac{-1 \pm \sqrt{1+2r}}{2}$。进一步，令 $\varpi = \frac{-1+\sqrt{1+2r}}{2}$，此处将分三种不同的情况讨论：

情况 1：若 $\varpi < e < 1$，可得 $f > 0$，此时 $w_2^* > w_0^*$，即若零售商的持股比例大于某临界值，交叉持股融资下的供应商批发价将高于未持股融资的方式。

情况 2：若 $0 < e < \varpi$，可得 $f < 0$，此时 $w_2^* < w_0^*$，即若零售商的持股比例小于某临界值，交叉持股融资下的供应商批发价将低于未持股融资的方式。

情况 3：若 $e = \varpi$，可得 $f = 0$，此时 $w_2^* = w_0^*$，即若零售商的持股比例等于某临界值，交叉持股融资下的供应商批发价将等于未持股融资的方式。

命题 8 在交叉持股情形下，供应商持股比例与批发价、销售价格成反比，与订购量成正比；而零售商持股比例与批发价成正比，与销售价格和订购量成反比。

证明：将供应商的最优批发价 w_2^* 对供应商持股比例 r 求一阶导可得：

$$\frac{\partial w_2^*}{\partial r} = \frac{(1+e)^2}{[2(1+e)+r]^2}\left(c - \frac{a}{\beta}\right) \tag{3.32}$$

由于 $a > \beta p_2 > \beta c$，易知 $\left(c - \frac{a}{\beta}\right) < 0$，所以 $\frac{\partial w_2^*}{\partial r} < 0$。也就是说，供应商的持股比例与批发价成反比，证毕。

同理，将 w_2^* 对 e 求一阶导可得：

$$\frac{\partial w_2^*}{\partial e} = \frac{2(1+e)(1+r+e)}{[2(1+e)+r]^2}\left(\frac{a}{\beta} - c\right) \tag{3.33}$$

由于 $\left(\frac{a}{\beta} - c\right) > 0$，所以其一阶导小于零，即：$\frac{\partial w_2^*}{\partial e} > 0$。这也就说明，零售商的持股比例与批发价成反比，证毕。

命题 9 在交叉持股情形下，供应商持股比例与销售价格成反比，与订购量成正比；零售商持股比例与销售价格和订购量成反比。

证明：将零售商的最优销售价格 p_2^* 对供应商持股比例 e 求一阶导可得：

$$\frac{\partial p_2^*}{\partial e} = \frac{c[(4-r)(1+e)^2 + r^2 + 4r(1+e)]}{2[2(1+e)+r]^2(1+e)^2} + \\ \frac{1}{2[2(1+e)+r]^2}\left[\frac{ar}{\beta} - \left(2 + \frac{r}{1+e}\right)^2 c\right] \tag{3.34}$$

由于 a 是零售商最大的潜在需求量，易知 $\frac{ar}{\beta} > (2+r)^2 c >$

$\left(2+\dfrac{r}{1+e}\right)^2 c > 0$，所以 $\dfrac{\partial p_2^*}{\partial e} > 0$，即随着零售商对供应商持股的增加，零售商的销售价格会随之增加。

由于 $\dfrac{\partial p_2^*}{\partial r} = \dfrac{(1+e)^2}{[2(1+e)+r]^2}\left(c-\dfrac{a}{\beta}\right)$ 且 $c-\dfrac{a}{\beta}<0$，所以关于利率的一阶导小于零，即 $\dfrac{\partial p_2^*}{\partial r}<0$，也就是说供应商的持股比例和零售商的销售价格之间存在一个负向关系。同理可证，零售商持股比例与其订购量之间存在一个负向关系。类似地，$\dfrac{\partial q_2^*}{\partial r} = -\beta\dfrac{\partial p_2^*}{\partial r}$，由于 $\dfrac{\partial p_2^*}{\partial r}<0$，所以，$\dfrac{\partial q_2^*}{\partial r}>0$，即可得供应商对零售商的持股比例与订购量之间存在一个正向关系，证毕。

第四节　数值示例分析

为进一步验证上文理论模型的正确性和准确性，本部分将利用数值示例进行分析。参考王宇和于辉[1]的研究，并结合该模型所研究问题情况，本部分对基本参数的设置如下：市场潜在的需求量 $a=2000$，需求价格敏感系数 $\beta=0.3$，商品的进货成本 $c=20$，单向持股融资中供应商持股比例 $\lambda=0.6$，交叉持股融资中零售商持股比例 $e=0.3$，交叉持股融资中供应商持股比例 $r=0.5$，供应商投资的金额 $I=200$。根据建立的融资模型计算得出，在无持股融资中零售商最优利润 $\pi_0(R)^* = 8.2834e+05$，供应商最优利润 $\pi_0(S)^* = 1.6567e+06$；在单向持股融资中零售商的最优利润 $\pi_1(R)^* = 6.7620e+05$，供应商的最优利润 $\pi_1(S)^* = 2.3665e+06$；在交叉持股融资中零售商的最优利润 $\prod_R = 1.8502e+06$，供应商的最优利润 $\prod_S = 1.4149e+06$。由此可以看出，零售商在交叉持股融资下的利润最高，其次是无持股融资，利润最低的情况是供应商单向持股情况；对于供应商而言，利润最高的是单向持股融资模式，最低的是交叉持股融资模式。

图 3-2 反映了供应商单向持股零售商融资中供应商的持股比例与其

---

[1] 王宇、于辉：《供应链合作下零售商股权融资策略的模型分析》，《中国管理科学》2017年第6期。

利润的关系。可以看出，随着供应商持股比例的增加，单向持股融资下的零售商利润会大幅下降，每单位下降的利润量会越来越多，而没有融资情况下的利润则保持不变，并且零售商在持股融资下的利润始终高于无持股融资的情形。这是因为零售商利用单向持股融资可以得到供应商一定程度的融资支持，但是随着供应商持股比例的增加，供应商所获得的利润也就越多，但是对于零售商而言，自身失去的利润就越多，所以供应商持股比例与零售商的利润呈负相关关系。说明零售商利用单向持股融资方式，不利于提高利润水平。

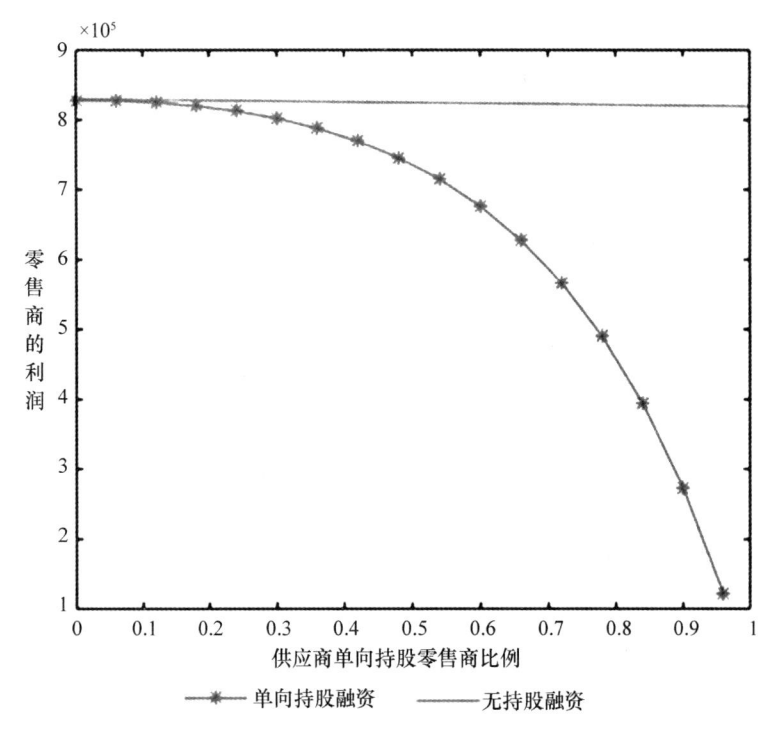

图 3-2　供应商单向持股零售商比例与零售商利润的关系

图 3-3 反映了供应商单向持股零售商融资中供应商的持股比例与供应商利润的关系。可以看出，在单向持股融资中随着供应商持股比例的增加，其所获得的利润会大幅地增加，并在持股比例达到 1 时，即完全控制下游零售商，供应商利润会达到最大化。而若零售商具备足够的资金没有利用融资时，该利润保持不变且始终低于持股融资的情形。这说明零售商利用单向持股融资时，这种模式有利于供应商获得更多的利润，因此在选择股权融资时，零售商需要降低供应商的持股比例，以维持自身的利润水平。

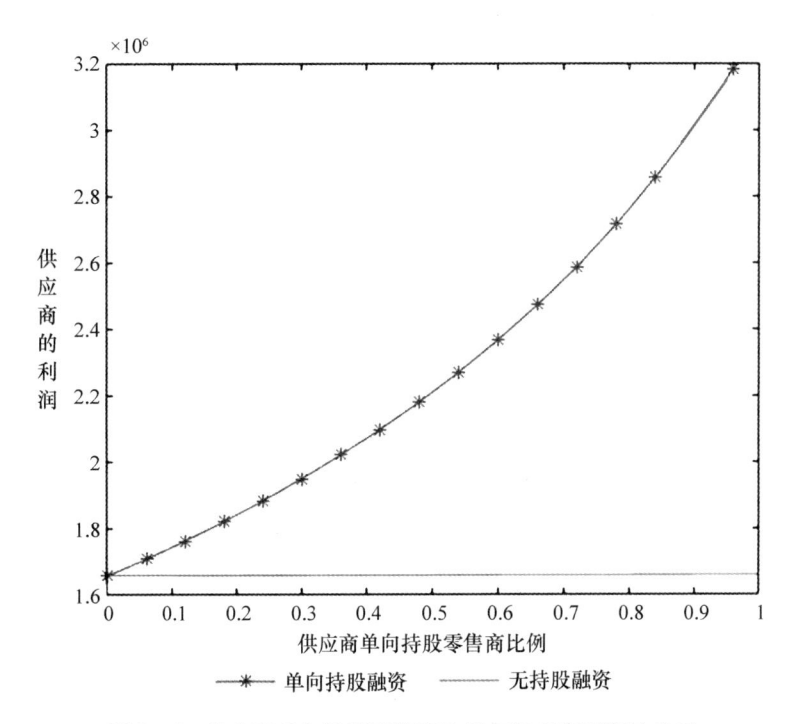

图 3-3　供应商单向持股零售商比例与供应商利润的关系

图 3-4 描述了供应商单向持股零售商的比例与批发价、销售价格的关系。在单向持股情形下，供应商持股比例与销售价格、批发价成反比。当供应商的持股比例达到最大时，即持有零售商所有的股份批发价会降到最低。这是因为，供应商对零售商的持股比例越大时，意味着从零售商处获得的利润也更大。

图 3-5 描述了需求价格敏感系数与批发价、销售价格的关系。供应商的批发价、零售商的销售价格与需求价格敏感系数呈现负相关关系，并且两者数值的变化幅度较大，单位变化的值不断减少，这都表明销售价格和批发价对需求价格敏感系数的变化较为敏感。并且可以看出，零售商的销售价格始终高于供应商的批发价，因为在供应商单向持股零售商的融资中，零售商只有提高自身的销售价格才能进一步增加自身的利润水平。

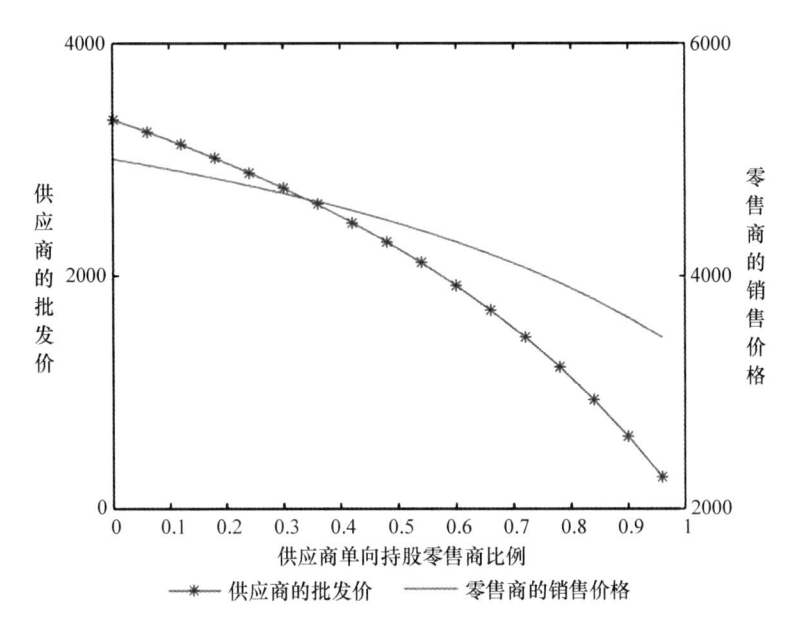

图 3-4 供应商单向持股零售商比例与批发价、销售价格的关系

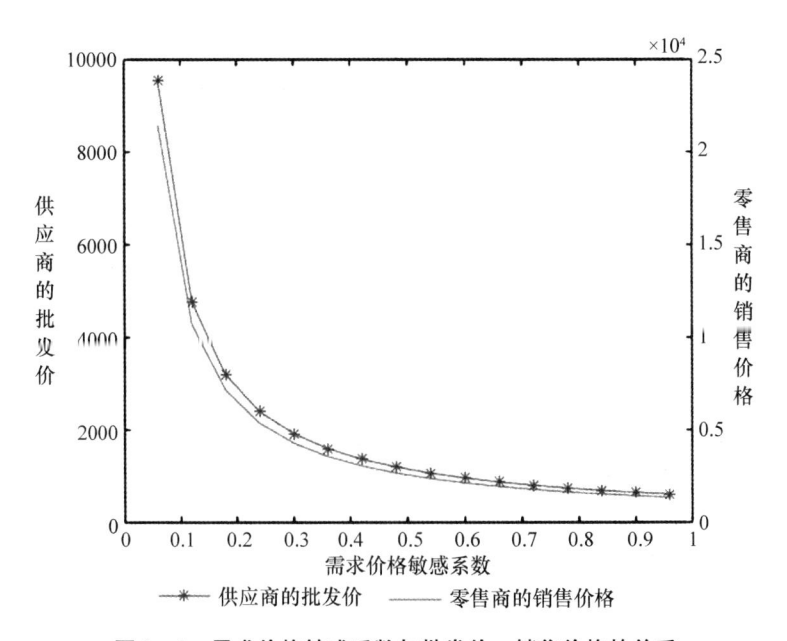

图 3-5 需求价格敏感系数与批发价、销售价格的关系

图 3-6 反映了在不同融资模式下的需求价格敏感系数与零售商利润的关系。随着需求价格敏感系数的增加，零售商无论是采用单向持股融资方式还是不利用持股融资，其利润都会随之降低且利润变化趋势较为相似。并且单向持股融资下零售商的利润始终低于无持股融资的情况，对比两条曲线发现利润的值变化幅度较大，也就是说零售商的利润对需求价格敏感系数更为敏感。这是因为价格敏感系数越大意味着零售商的价格只要小幅波动，其订购量都会有较大的变化，此处零售商的利润大幅下降是因为选择利用单向持股方式的零售商，为了获得最大化的利润，选择提高了销售价格，由此导致订购量大幅减少，从而利润也随之下降。

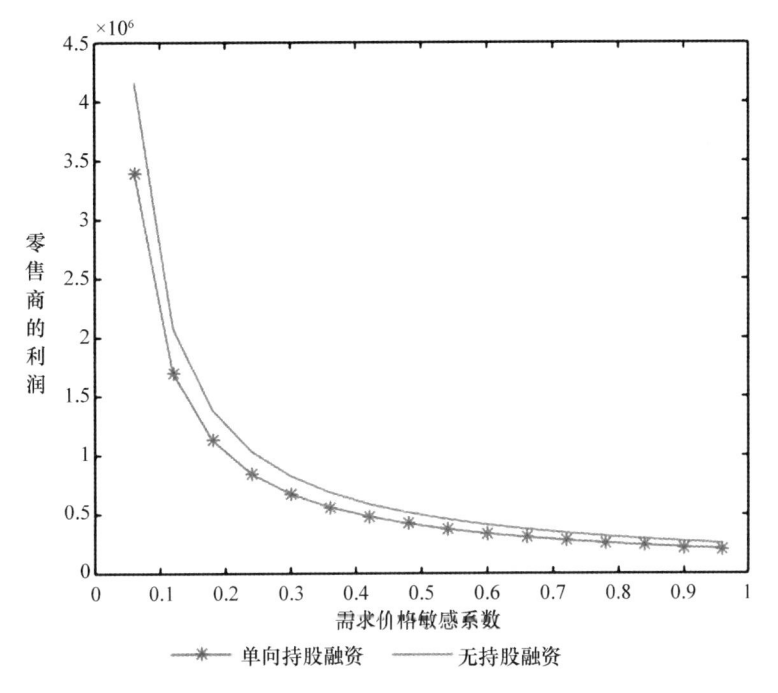

图 3-6 不同融资模式下需求价格敏感系数与零售商利润的关系

图 3-7 反映了需求价格敏感系数与供应商利润的关系。在供应商持股比例一定时，零售商的需求价格敏感系数与供应商的利润呈现负相关关系，无持股融资和供应商单向持股零售商两种方式之间的利润差额逐渐减小，并且随着需求价格敏感系数的增加，单向持股融资下的供应商利润始终高于无持股融资的情况。这是因为供应商的利润大部分来源于零售商的利润分红，当零售商的利润随着需求价格敏感系数的增加而减少时，供应商的利润值也会随之降低。但与零售商没有利用持股融资的方式相比，供

应商由于获得了额外的持股利润,所以利润值会高于无持股的情况。

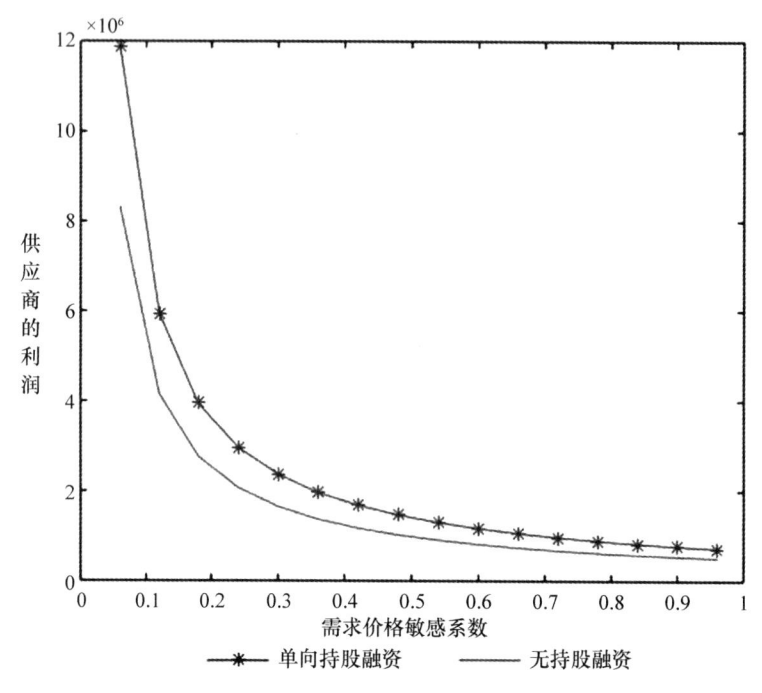

图 3-7　需求价格敏感系数与供应商的利润的关系

图 3-8 描述了交叉持股中供应商的持股比例与批发价、销售价格的关系。在交叉持股融资中随着供应商持股零售商比例的增加,零售商的销售价格和供应商的批发价会随之降低,并且零售商的销售价格始终大于供应商的批发价。这是因为对于供应商而言,随着持股比例的增加意味着已获得零售商的大部分控制权,这时通常会提供更低的批发价给零售商。对于以利润最大化为目标的零售商而言,当批发价越低时,意味着多订货且提高销售价格就能获得更多的利润,因此销售价格较高。

图 3-9 描述了交叉持股中零售商的持股比例与批发价、销售价格的关系。在交叉持股融资中供应商的批发价、零售商的销售价格与零售商的持股比例呈现负相关关系,且零售商的销售价格始终高于供应商的批发价。此外,对比两条曲线发现,与销售价格曲线的走势相比,批发价曲线较为陡峭,在持股比例增加时会大幅下降,说明批发价对于零售商持股比例的因素较为敏感。这是因为在交叉持股融资中,若零售商的持股比例相对较高,供应商为了获取利润,相对而言会提高或减少批发价,也就是对

于该值的变化较为敏感。当然零售商出于自身利润最大化的考虑，一般都会制定较高的销售价格。

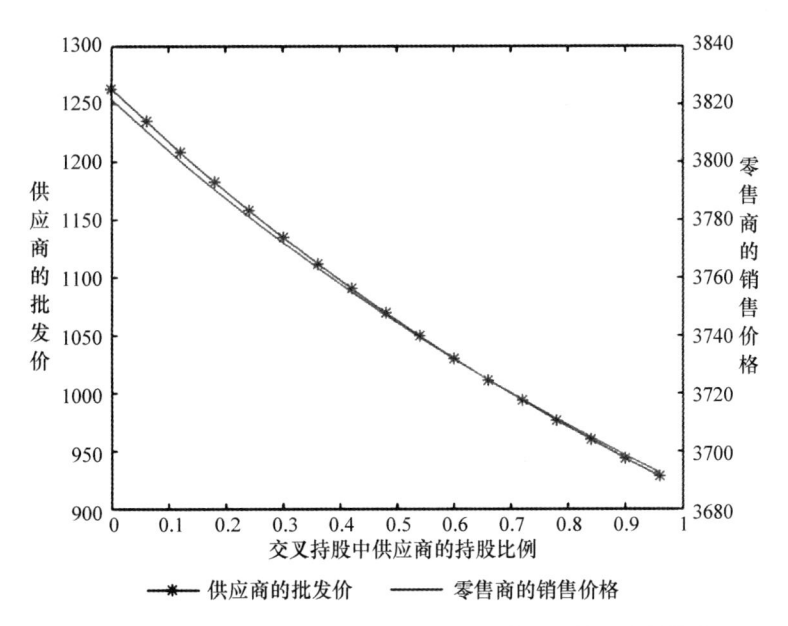

图 3-8 交叉持股中供应商的持股比例与批发价、销售价格的关系

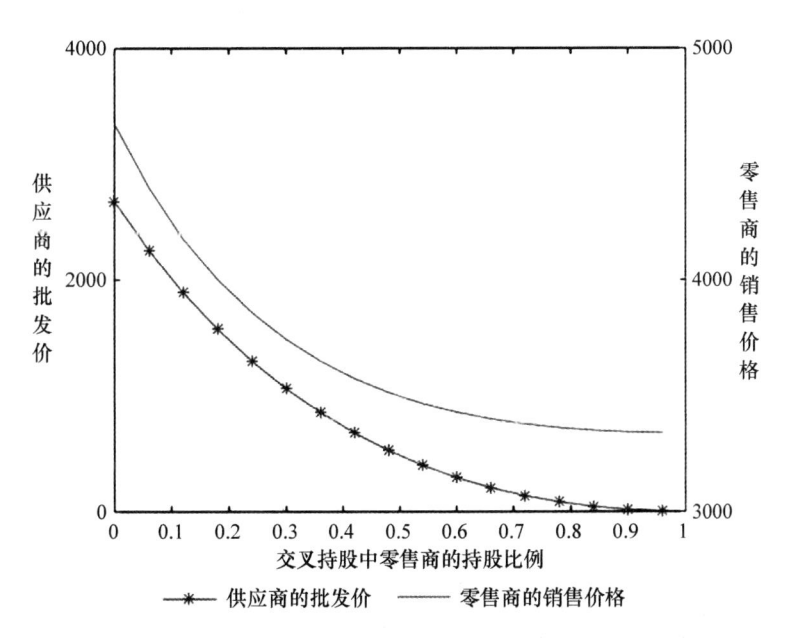

图 3-9 交叉持股中零售商的持股比例与批发价、销售价格的关系

图 3-10 描述了交叉持股融资中零售商的持股比例与其利润的关系。在交叉持股融资中,当供应商的持股比例一定时,随着零售商持股比例的增加,其自身利润也会增加;当供应商持股比例不同时对零售商的利润影响也有所差异,即随着供应商持股比例的增加,零售商的利润会随之降低,但增大的变化趋势不会受到影响。这是因为交叉持股融资中零售商的持股比例越高,意味着从供应商处获得的利润也会越多,这样一来,零售商总的利润就会相应增加。而供应商的持股比例越高也就意味着零售商需要付出的融资成本越多,那么随着该持股比例的增加,零售商的利润就会减少得越多。

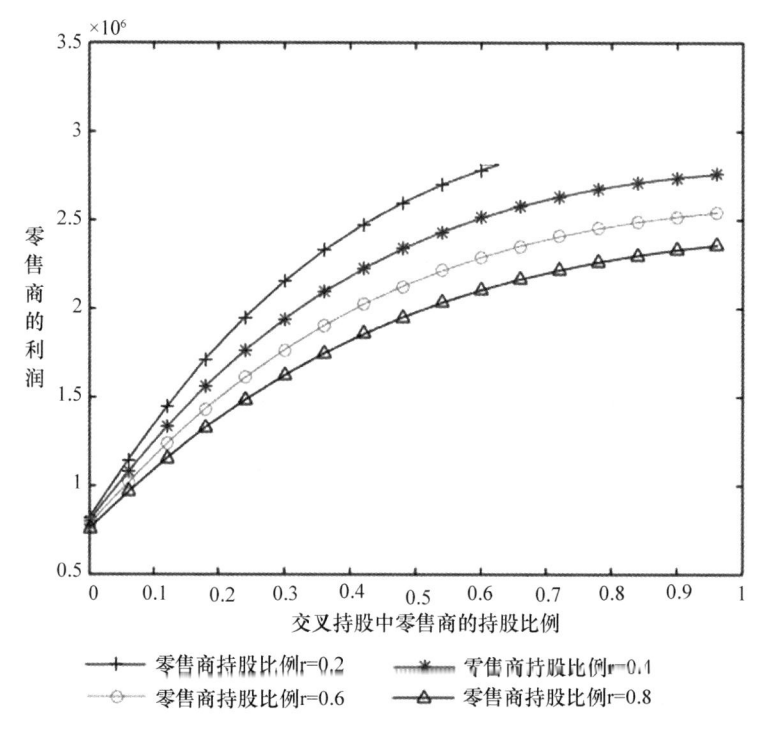

图 3-10 交叉持股中零售商的持股比例与零售商利润的关系

图 3-11 描述了交叉持股融资中零售商的持股比例与供应商利润的关系。交叉持股融资中的供应商持股比例一定时,零售商的持股比例与供应商的利润呈负相关关系。当供应商持股比例大于某一门槛值时,供应商利润会逐渐增大。如果零售商持有供应商的比例越高,那么供应商失去的利润也就越高,但是此时若能提高供应商对零售商的持股比例,供应商利润的下降速率会有所减缓。说明资金约束的一方要想优化利润,需要增加自身持股比例,减少对方的持股比例。

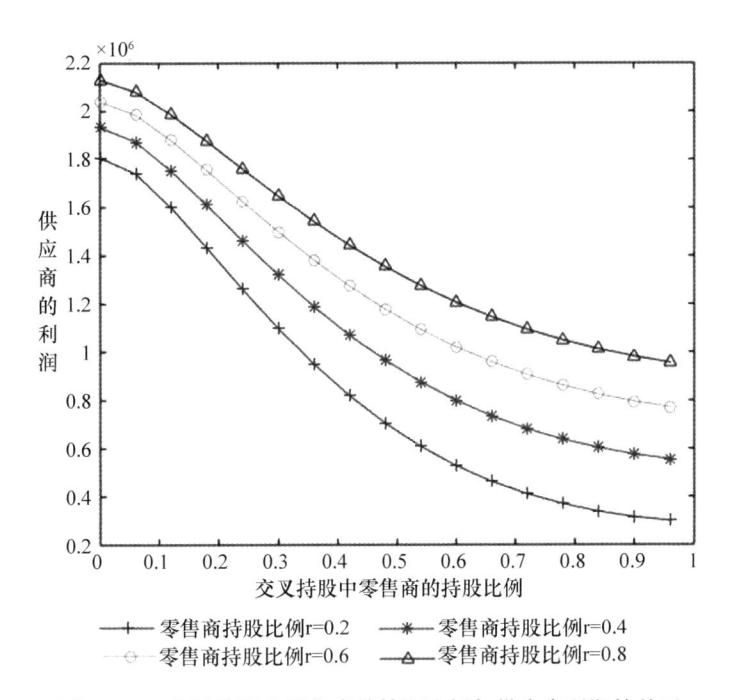

图 3-11　交叉持股中零售商的持股比例与供应商利润的关系

图 3-12 反映了在交叉持股情形下的供应商持股比例与零售商利润之间的关系。在零售商持股比例一定时，随着供应商持股比例的增加，零售商的利润会随之减少；在供应商持股比例一定时，零售商的利润随着零售商持股比例的增加而增加。这是因为，在交叉持股融资中供应商的持股比例越高，从零售商处分得的利润就会越高，此时零售商剩下的利润就会越低；反之零售商的持股比例越高，零售商所获得利润就会越高。并且可以知道，与供应商持股比例因素相比，零售商的利润对于自身持股比例因素更为敏感，当零售商的持股比例较高时，利润水平也会大幅增加。

图 3-13 描述了交叉持股融资中供应商的持股比例与供应商利润的关系。在零售商持股比例一定时，供应商的持股比例与其利润呈现一种正相关关系；在供应商持股比例一定时，随着零售商持股比例的增加，供应商的利润会随之减少，同时在零售商持股比例较低且供应商持股比例较高时，供应商的利润达到最大。特别地，对比不同零售商持股比例的曲线可知，随着该持股比例的减少，供应商之间的利润差会不断增加，也就是说要提高零售商的利润，就要提高零售商的持股比例且进一步降低供应商的持股比例。

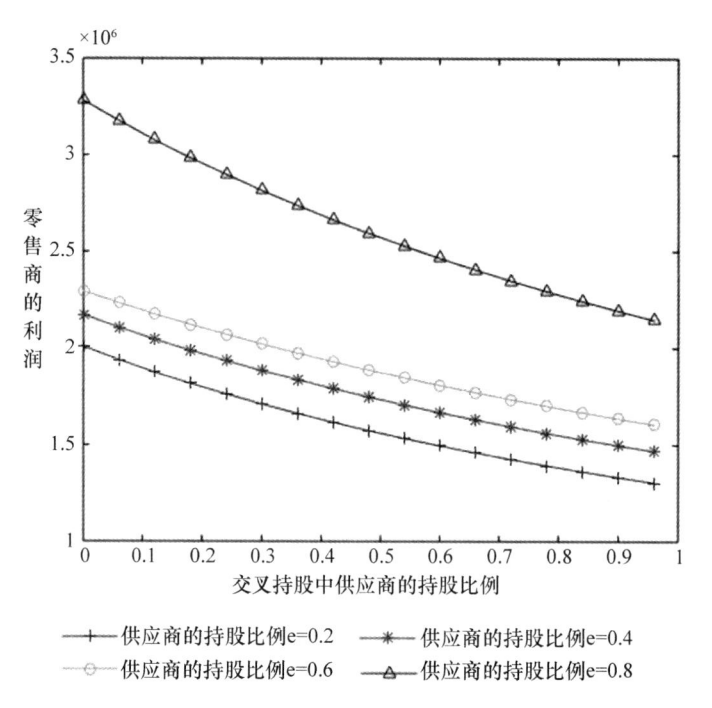

图 3-12 交叉持股中供应商持股比例与零售商利润之间的关系

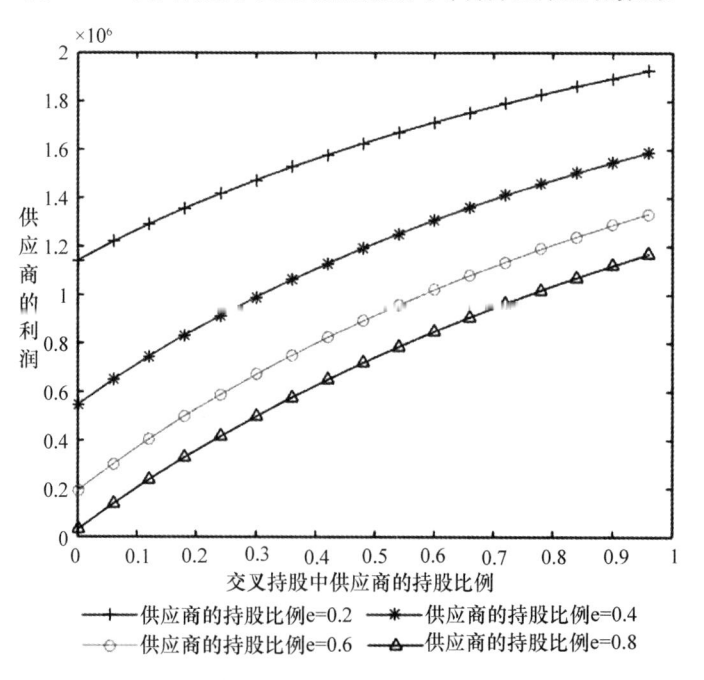

图 3-13 交叉持股中供应商的持股比例与供应商利润的关系

图 3-14 描述的是交叉持股融资下的供应商批发价和零售商、供应商持股比例的关系。在供应商持股比例一定时，随着零售商持股比例的增加，供应商的批发价会明显增加，而在零售商持股比例一定时，供应商的持股比例与批发价呈现负相关关系，并且与零售商持股比例相比，供应商持股比例更能影响其批发价的高低，当供应商持股比例最高而零售商持股比例较低时，批发价达到最小值。这是因为供应商的持股比例越高，从零售商处得到的利润就越大，此时供应商会偏向提供一个较低的批发价。并且与供应商的持股比例因素相比，零售商的持股比例对批发价的影响更大。一般来说，当零售商对供应商的持股比例较高时，供应商会选择提高批发价的方式来减少利润的损失。

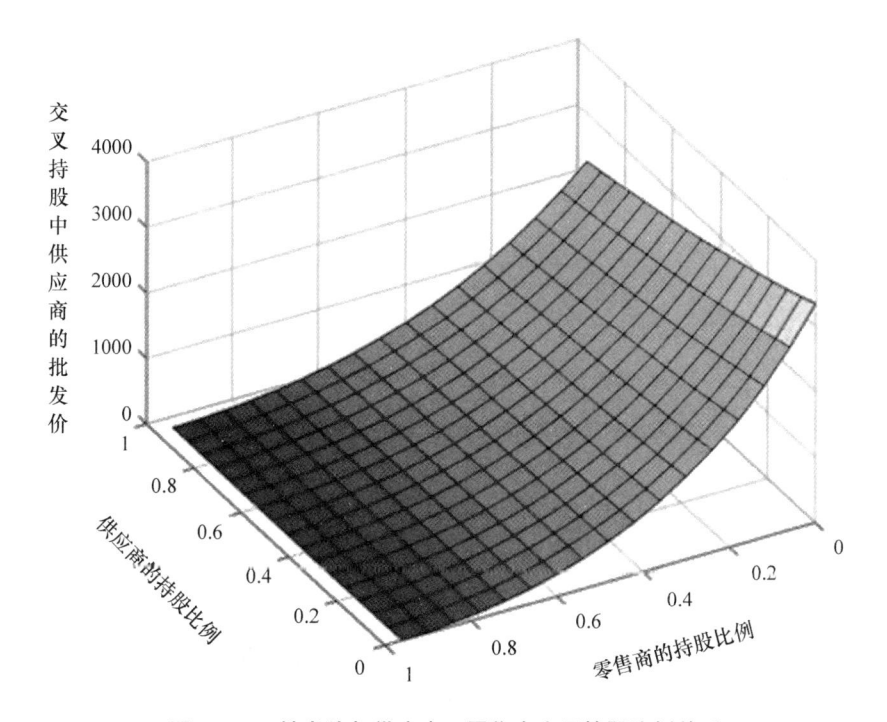

图 3-14 批发价与供应商、零售商交叉持股比例关系

图 3-15 描述的是交叉持股融资下零售商的销售价格和零售商、供应商持股比例的关系。在供应商的持股比例一定时，零售商的持股比例与销售价格呈负相关关系，在零售商的持股比例一定时，供应商的持股比例与销售价格也存在负相关关系，并且在零售商和供应商相互之间的持股比例均达到最小时，销售价格达到最高，另外零售商的销售价格主要受到自身

持股比例大小的影响。并且，对比零售商和供应商的持股比例因素可以发现，零售商零售价格对于自身的持股比例较为敏感，零售商每变化单位持股比例，其销售价格会发生较大的变化。

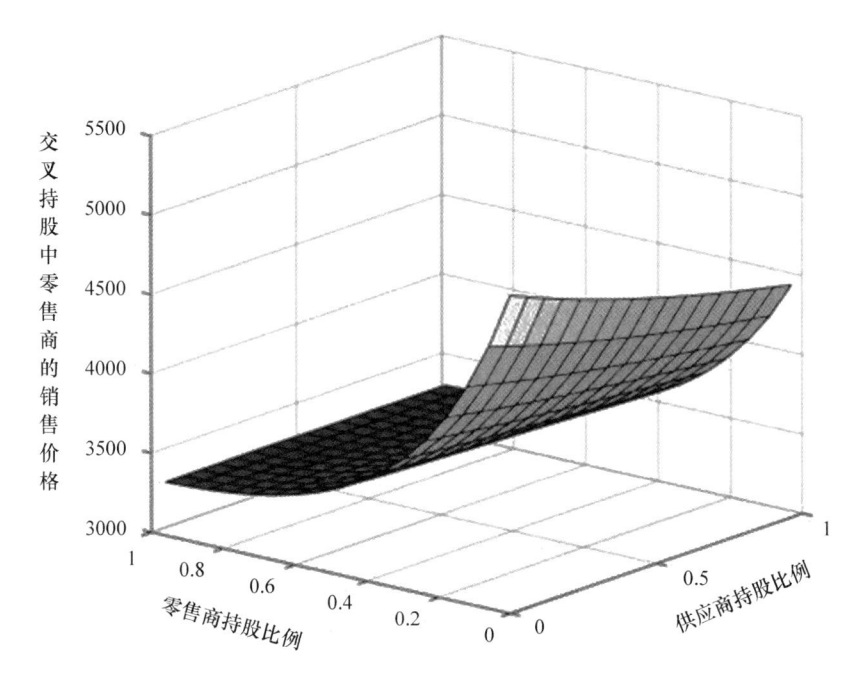

图 3-15　销售价格与供应商、零售商交叉持股比例关系

图 3-16 描述的是供应商在交叉持股融资下的利润与零售商、供应商持股比例之间的关系。在供应商持股比例较高而零售商持股比例较低时，零售商的利润达到最低。在零售商持股比例较高而供应商持股比例较低时，交叉持股融资下的零售商利润最高。并且当零售商的利润变化较小的幅度，其利润也会有较大的变化，也就是说与供应商持股比例因素相比，零售商自身的持股比例对利润的影响更大。这是因为零售商的利润水平一部分源于自身的销售收入，另一部分来自对供应商持股分红，因此在零售商对供应商的持股比例扩大时，其利润自然会有所上升。与此相对的是，虽然供应商的持股比例会影响零售商的利润，但是从图形上来看该影响不是那么明显。说明在交叉持股融资中，要提高零售商的利润就要增加持股比例。

图 3-17 描述的是供应商在交叉持股融资下的利润与供应商、零售商持股比例之间的关系。在零售商的持股比例一定时，供应商的持股比例越

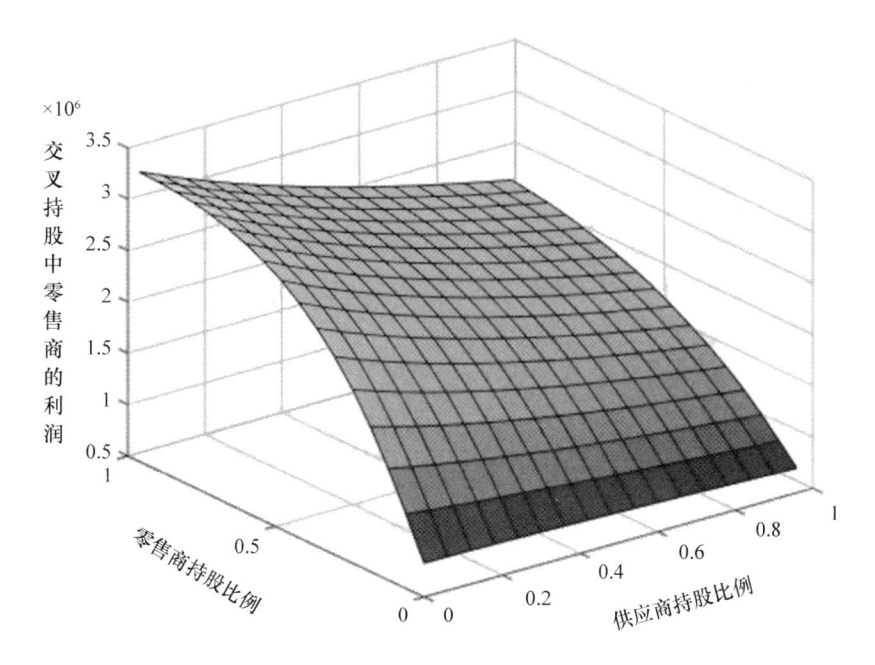

图 3-16 零售商利润与供应商、零售商交叉持股比例关系

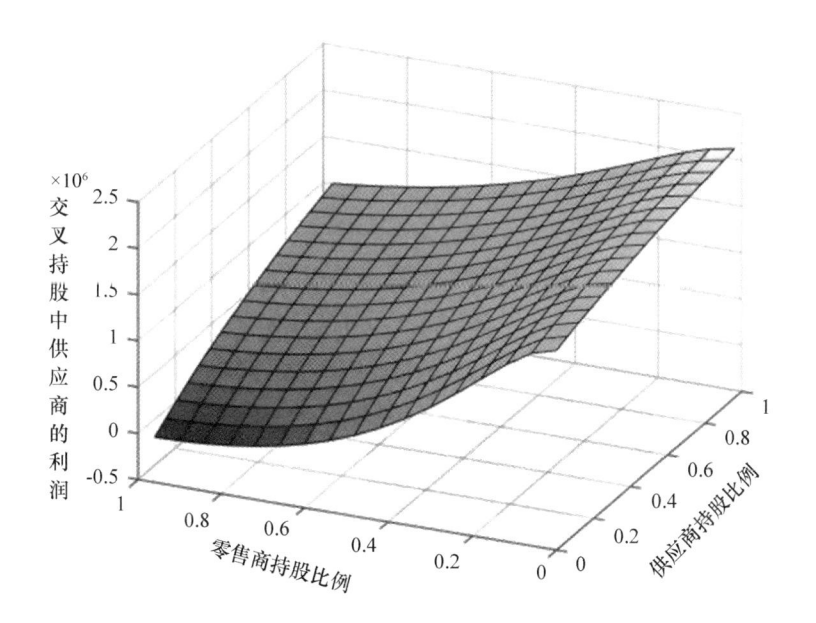

图 3-17 供应商利润与供应商、零售商交叉持股比例关系

大，交叉持股融资下的供应商利润也就越大。当供应商的持股比例达到最大，而零售商的持股比例最低时，交叉持股融资下的供应商利润最高。每增加单位零售商持股比例，供应商的持股比例就会发生大幅下降。这说明当供应链中的企业选择交叉持股融资方式时，要提高自身的利润水平，就要增加自身的持股比例。

第五节　本章小结

本章考虑在线性市场需求情形下，由供应商和零售商组成的两阶段供应链，将需求价格敏感系数、持股比例等因素融入内部股权融资模型，研究供应商单向持股零售商、供应商和零售商交叉持股融资下的融资决策，并利用最优化理论与方法得到最优解，从理论上证明了该模型最优解的存在性和唯一性；还分析了单向持股和交叉持股融资下的利润、批发价、销售价格与持股比例的关系。相关研究结论在一定程度上丰富中小企业融资的理论研究，对零售商或供应商提高自身利润也具有重要的参考意义。

第一，在供应商单向持股零售商的融资中，对于零售商来说，降低供应商的持股比例可以减少利润的损失；对于供应商来说，更多地持有零售商的股份意味着更多的利润。

第二，在供应商单向持股零售商的融资中，零售商利润与需求价格敏感系数呈负相关关系，供应商的利润与需求价格敏感系数呈正相关关系。若降低市场需求的需求价格敏感系数，在一定程度上可以提高零售商和供应商的利润，并且与无持股融资的情况相比，利用单向持股融资下零售商的利润更低，而供应商的利润会更高。

第三，在供应商与零售商相互交叉持股融资中，当供应商持股比例不变时，增加零售商的持股比例，可以提高零售商的利润而在一定程度上降低供应商的利润；当零售商持股比例保持不变时，要想提高零售商的利润就要适当减少供应商的持股比例；反之就要增加持股比例。

第四，在供应商单向持股零售商模型中，供应商的持股比例与批发价、销售价格呈负相关关系，与零售商的订购量呈正相关关系。在零售商与供应商交叉持股融资模型中，随着供应商持股比例的增加，供应商批发价和零售商销售价格会减少，订购量会增大；而如果零售商持股比例逐渐增大，那么批发价则会有所提高，销售价格和订购量则会相应减少。

第四章 线性市场需求下考虑市场开拓的中小企业融资策略研究

在现实市场上,中小企业的发展是一个动态变化过程。很多企业在发展中往往会面临一个市场扩张情形,特别是在外部市场环境较好时,此时研究企业的融资问题也是十分必要的。因此,在上一章研究了线性市场需求下中小企业融资策略问题后,本章将针对线性市场需求,继续深入细化研究特殊市场环境下的企业融资问题,也就是考虑市场开拓的中小企业融资策略问题。

第一节 问题描述

企业扩张是指企业发展中的一个动态演变过程。在此过程中,企业实现了自身经营规模的扩大,市场竞争能力的增强,达到提升企业经营管理水平,完善企业组织架构,最终实现企业的高质量快速发展和股东财富最大化的目标。一般而言,在企业发展扩张中都会伴随企业生产规模扩大等行为。当企业面临一个较好的外部经营环境时,这种企业扩张行为可以降低企业成本、提高收益率,提高市场占有率,以及获得更多竞争优势。根据美国中小企业信贷调查相关资料显示,在美国只有极少数企业是没有融资需求的;事实上,国内中小企业也面临同样的问题,绝大多数中小微企业都或多或少面临着或轻或重的融资难融资贵问题,这直接影响了国内中小企业的快速健康发展。

在面临资金约束需要融资时,企业可以选择供应链内部融资或外部融资,可以选择直接融资或者间接融资。企业所选择的融资方式会受到资产充足情况、经营治理情况以及风险偏好等因素的影响。商业信用融资是指供应链中需要融资的企业(零售商)从供应链中上游供应商处,以商业信用为抵押获得融资;而供应链外部融资主要是指需要融资的企业向供应链之外的第三方金融机构利用债权或股权方式进行融资。与内部融资相比，外部融资的灵活性更强，适用范围更广。但是，若零售商选择供应链外部融资，就必须要考虑融资结构的问题。零售商的最优订货策略和最优利润会受到融资方式的显著影响。王文利等[1]对比分析了零售商在内部融资模式与外部融资模式下的最优订货决策和供应商的生产决策，发现融资方式的选择受到银行利率的显著影响，当资金成本小于银行利率时就选择内部融资。马健等[2]构建了一个企业股权债权融资模型，研究发现，如果企业管理者对于未来收益的预期值小于投资者对企业融资收益预期时，企业就会选择股权融资；反之会倾向于债权融资。方磊等[3]认为，股权融资适用于初始资金水平偏低的零售商。王宇和于辉[4]研究了高市场成长性企业的融资方式，认为这类企业会把握有利的市场机会选择股权融资。另外，于辉和王宇[5]还研究了在债权和股权融资模型下不同成长性零售商的融资决策问题，研究发现股权融资适用于高成长性企业，而债权融资适用于低成长性企业。

关于融资结构问题，已有部分学者对其进行了深入研究，并结合市场开拓因素分析了其对企业经营决策和融资策略的影响。钟远光等[6]发现在某些情况下，资金约束零售商会更倾向于选择内部融资而非外部融资。Yang等[7]将融资结构要素引入资金约束零售商的融资策略分析框架，研究了供应链中零售商的最优债权和股权融资问题。

综上所述，现有研究虽然对企业融资方式进行了大量深入研究，并分析了企业运营决策、融资方式的联系。然而，在线性市场需求下，考虑市场开拓与融资结构要素的相关研究较少，因此本章将研究在线性市场需求

---

[1] 王文利、骆建文、李彬：《需求依赖价格下的供应链预付款融资策略》，《系统管理学报》2014年第5期。

[2] 马健、刘志新、张力健：《异质信念、融资决策与投资收益》，《管理科学学报》2013年第1期。

[3] 方磊、夏雨、杨月明：《考虑零售商销售努力的供应链融资决策均衡》，《系统工程理论与实践》2018年第1期。

[4] 王宇、于辉：《供应链合作下零售商股权融资策略的模型分析》，《中国管理科学》2017年第6期。

[5] 于辉、王宇：《供应链视角下成长型企业融资方式选择：债权融资 VS 股权融资》，《中国管理科学》2018年第5期。

[6] 钟远光、周永务、李柏勋等：《供应链融资模式下零售商的订货与定价研究》，《管理科学学报》2011年第6期。

[7] Yang H., Zhuo W., Shao L., 2017: "Equilibrium Evolution in a Two-echelon Supply Chain with Financially Constrained Retailers: The Impact of Equity Financing", *International Journal of Production Economics*, Vol. 185, pp. 139~149.

下,考虑一个供应商和一个扩张型零售商(本书所讨论的中小企业均以零售商为代表)组成的二级供应链,分析资金约束零售商在线性市场需求下,考虑融资约束、市场成长性等因素后的最优融资策略问题,并利用灵敏性分析方法研究各因素对其的影响。

第二节 融资决策模型与均衡分析

本部分考虑的是一个供应商 S 和一个具有资金约束的扩张型零售商 R 所组成的二级供应链。零售商订购量为 q,销售价格为 p,由于零售商期初资金为零,所以需要通过融资来支付供应商的货款,零售商的融资是按照 φ 的比例进行股权融资 $[\varphi \in (0, 1)]$,按照 $1-\varphi$ 的比例进行债权融资(融资利率为 r_f)。供应商 S 的批发价格为 w。假设在面临较好外部市场环境时,零售商会选择扩大市场规模。

一 不考虑外部市场环境时的零售商融资模型

如果资金约束零售商不考虑外部市场环境因素,那么此时零售商的融资策略模型如图 4-1 所示,期初零售商利用股权融资(φ)和债务融资($1-\varphi$)方式获得资金,用以支付供应商的货款,市场需求为 $D = a - bp$。本模型主要研究零售商融资策略问题,决策变量是零售商股权融资比例 φ。借鉴部分学者[①]的研究,假设期初零售商初始资金为零,所以股权融资比例也就是股东的利润分红比例。在此情形下,零售商最终需要支付总利润的 φ 比例给股东,此时零售商利润就需要在总利润中扣除此部分,也就是零售商利润就是总利润的 $1-\varphi$ 部分。

---

① 窦亚芹、白少布、储俊:《基于供应商回购激励的供应链投融资协调策略》,《管理评论》2016 年第 6 期;燕汝贞、李冉、高伟等:《供应链融资结构视角下的零售商订购策略研究》,《中国管理科学》2019 年第 8 期;陶毅、杨锐思、林强等:《考虑竞争与风险规避行为的电商供应链融资与定价决策模型》,《中国管理科学》2022 年第 10 期;白世贞、贾雪莲:《资金约束型生鲜农产品双渠道供应链运营策略研究》,《中国管理科学》2022 年第 9 期;田春英、陈东彦、陈兆波:《供应商现金缺口期的融资策略:贷款融资 vs. 保理融资》,《系统工程学报》2022 年第 1 期;杨丽芳、周永务、曹彬:《基于公平关切行为下双渠道供应链中制造商的融资策略研究》,《管理学报》2022 年第 10 期;Tang C. S., Yang S. A., Wu J., 2018: "Sourcing from Suppliers with Financial Constraints and Performance Risk", *M&Som-Manufacturing & Service Operations Management*, Vol. 20, No. 1, pp. 70~84。

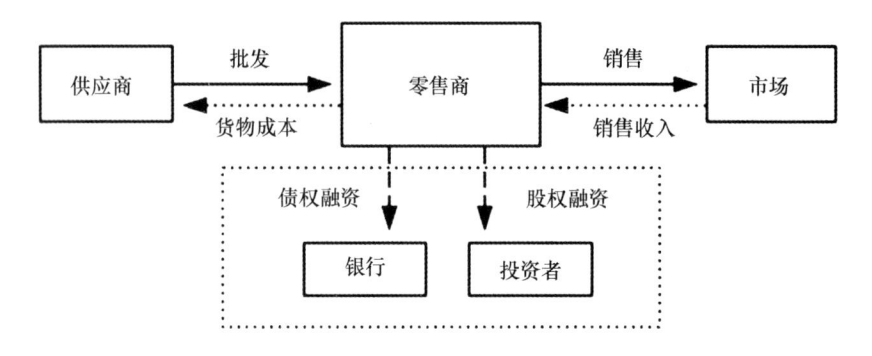

图 4-1　不考虑市场开拓时的融资策略模型

当资金约束零售商的股权融资比例为 φ 时的利润为：

$$\pi_R(\varphi) = p(a-bp) - (1-\varphi)w(a-bp)(1+r_f) - \varphi[p(a-bp) - (1-\varphi)w(a-bp)(1+r_f)] \quad (4.1)$$

其中，$(1-\varphi)$ 表示的是债务融资比例，φ 代表股权融资比例，也就是需要给股东利润分红的比例。

根据零售商利润函数式（4.1），要得到最优解只需要令该利润函数关于融资比例的一阶偏导等于零，即：$\frac{\partial \pi_R(\varphi)}{\partial \varphi} = 0$，得到驻点；然后，根据二阶偏导与零的关系，就可以判断此驻点是否为最优解。因此，对零售商的利润函数求一阶偏导等于零，即：

$$\frac{\partial \pi_R(\varphi)}{\partial \varphi} = -p(a-bp) + 2(1-\varphi)w(a-bp)(1+r_f) = 0 \quad (4.2)$$

此时，可以得到驻点 $\varphi^* = 1 - \frac{p}{2w(1+r_f)}$。

对零售商的利润函数求二阶偏导，即：

$$\frac{\partial^2 \pi_R(\varphi)}{\partial^2 \varphi} = -w(a-bp)(1+r_f) \quad (4.3)$$

在此二阶偏导表达式中，批发价格 w、市场需求函数 $D = a - bp$ 以及无风险利率 r_f 均大于零，此时，$\frac{\partial^2 \pi_R(\varphi)}{\partial^2 \varphi} < 0$，所以可知该数学规划问题存在最优解，且唯一。因此，一阶偏导等于零所得到的驻点就是此问题的最优解，也就是说零售商的最优股权融资比例为 $\varphi^* = 1 - \frac{p}{2w(1+r_f)}$，债

权融资比例为$\frac{p}{2w(1+r_f)}$。此时,该模型最优值为$\pi_R(\varphi^*)$。

二 考虑外部市场环境较好时的融资策略模型

当外部市场环境对零售商比较有利时,零售商将进行市场开拓,此时外部市场需求函数发生变化,即$D(e) = a - bp + \beta e$,其中β为零售商所面临市场的成长因子,反映市场成长性,e是销售努力程度,增加销售努力程度可以有效扩大市场规模;零售商在新市场上开拓的成本为$\frac{1}{2}se^2$。投融资双方在产品售出完成后会以融资比例的方式进行利润分配。假设零售商基于利润最大化的原则决定最优融资结构和最优努力水平,且市场开拓活动不会影响供应商的批发价格,此时零售商的最优融资模型如图4-2所示。

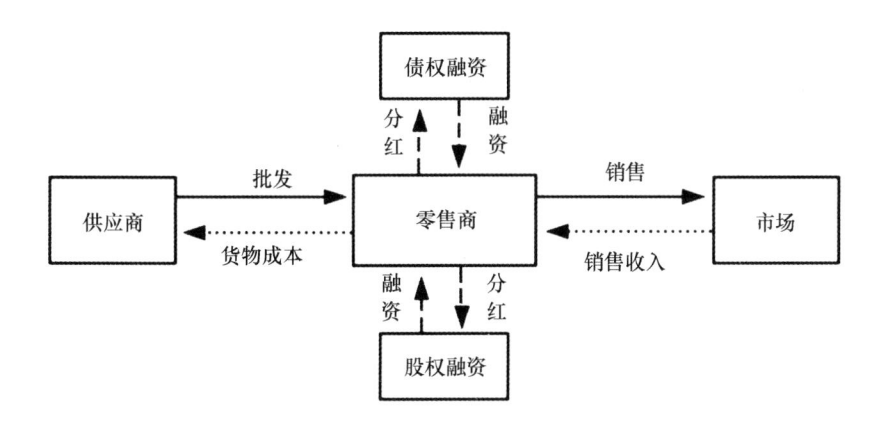

图4-2 基于市场开拓因素的零售商融资模型

此时,在面临较好外部市场环境时,基于市场开拓因素的零售商利润可以表示为:

$$\pi_R(e) = p(a - bp + \beta e) - \frac{1}{2}se^2 \quad (4.4)$$

在考虑了零售商债权和股权融资成本后,其净利润可以表示为:

$$\pi_R(e, \varphi) = p(a - bp + \beta e) - \frac{1}{2}se^2 - (1-\varphi)w(a - bp + \beta e)(1 + r_f) - \varphi\left[p(a - bp + \beta e) - \frac{1}{2}se^2 - (1-\varphi)w(a - bp + \beta e)(1 + r_f)\right]$$

$$(4.5)$$

根据最优化理论可知,若要达到利润最大化,则融资结构和努力水平等因素必须满足以下要求:

$$\frac{\partial \pi_R(e,\varphi)}{\partial \varphi}=0, \quad \frac{\partial \pi_R(e,\varphi)}{\partial e}=0 \quad (4.6)$$

根据王宇和于辉[①]等方法,利用如下方法求解最优股权融资比例、销售努力程度。具体而言,首先对式(4.5)分别进行一阶偏导,并令其等于零,即:

$$\frac{\partial \pi_R(e,\varphi)}{\partial e}=(1-\varphi)p\beta-(1-\varphi)se-(1-\varphi)^2w\beta(1+r_f)=0 \quad (4.7)$$

求解可得驻点:

$$e=\frac{p\beta-(1-\varphi)\beta w(1+r_f)}{s} \quad (4.8)$$

由于二阶偏导小于零,即:$\frac{\partial^2 \pi_R(e,\varphi)}{\partial e^2}=-(1-\varphi)s<0$,故最优解存在且唯一。此时,将式(4.8)代入式(4.5)后,利润函数可以表示为:

$$\pi_R(e,\varphi)=(1-\varphi)\left[p\left(a-bp+\beta\frac{p\beta-(1-\varphi)\beta A}{s}\right)-\right.$$
$$\frac{1}{2}s\left(\frac{p\beta-(1-\varphi)\beta A}{s}\right)^2-(1-\varphi)$$
$$\left.A\left(a-bp+\beta\frac{p\beta-(1-\varphi)\beta A}{s}\right)\right] \quad (4.9)$$

其中,$A=w(1+r_f)$,$X=a-bp$。对股权融资比例 φ 求一阶导,并令其等于零,即:$\frac{\partial \pi_R(\varphi)}{\partial \varphi}=0$,可得:

$$\frac{1}{2s}\left[(6A^2\beta^2-4sAX-4Ap\beta^2)\varphi-3A^2\beta^2\varphi^2\right]+$$
$$\frac{1}{2s}(4Ap\beta^2+4sAX-p^2\beta^2-2spX-3A^2\beta^2)=0 \quad (4.10)$$

令 $H(\varphi)=-3A^2\beta^2\varphi^2+(6A^2\beta^2-4sAX-4Ap\beta^2)\varphi+(4Ap\beta^2+4sAX-p^2\beta^2-2spX-3A^2\beta^2)$,所以 $H(\varphi)$ 为关于 φ 的开口向下,且 y 轴截距大于零的二次函数,因此零售商在 $H(\varphi)=0$ 是取得最大利润点。由以上可知,零

---

① 王宇、于辉:《成长风险下企业股权融资中委托代理问题的鲁棒分析》,《系统工程理论与实践》2019 年第 5 期。

售商最优股权融资比例的满意解为：

$$\varphi^{**} = 1 - \frac{4(sAX + pA\beta^2) - \sqrt{N^2 + C}}{6A^2\beta^2} \quad (4.11)$$

其中，$C = 12A^2\beta^2(4pA\beta^2 + 4sAX - p^2\beta^2 - 2spX - 3A^2\beta^2)$，$N = 6A^2\beta^2 - 4sAX - 4pA\beta^2$。

零售商最优努力水平的满意解为：

$$e^{**} = \frac{p\beta - (1-\varphi^{**})\beta A}{s} \quad (4.12)$$

此时，在利润最大化目标下，零售商的最大利润为 $\pi_R(e^{**}, \varphi^{**})$。事实上，在此决策过程中，在利润最大化目标下，满意解和最优解存在以下关系，也就是说满意解的目标函数值一般是小于等于最优解的目标函数值，也就是最优值。

$$\pi(e^{**}, \varphi^{**}) \leq \pi(e^1, \varphi^1) \quad (4.13)$$

三 资金受限零售商的融资策略分析

在以上两部分的基础上，本部分将研究资金受限零售商的销售努力程度等因素对其最优融资策略的影响。

命题1 在保持其他因素不变情形下，零售商的销售努力水平和股权融资比例与市场成长性成正比。

证明：对式（4.11）关于 β 求一阶导可得：

$$\frac{\partial \varphi^{**}}{\partial \beta} = \frac{4sX}{3A\beta^2} + \frac{2spX\beta^2 + 8s^2X^2}{3A\beta^2\sqrt{t}} \quad (4.14)$$

为了简便运算，令 $t = (2sX + p\beta^2)^2 - 2spX\beta^2$，$A = w(1+r_f)$，$X = a - bp$，且易知：$t > 0$，$A > 0$，$X > 0$，那么可得：$\frac{\partial \varphi^{**}}{\partial \beta} > 0$。

对式（4.12）关于 β 求一阶导可得：

$$\frac{\partial e^{**}}{\partial \beta} = \frac{p}{3s} + \frac{A}{s}\left(\frac{2sX}{3A\beta^2} + \frac{2sXp\beta^2 + 8sX^2}{3A\beta^2\sqrt{t}} - \frac{\sqrt{t}}{3A\beta^2}\right) \quad (4.15)$$

为了简便运算，令：$M = \frac{2sX}{3A\beta^2} + \frac{2sXp\beta^2 + 8sX^2}{3A\beta^2\sqrt{t}}$，$M1 = \frac{2sX + p\beta^2}{3A\beta^2}$。由于 $\sqrt{t} < 2sX + p\beta^2$，且：$\frac{p}{3s} + \frac{A}{s}\left[M - \frac{\sqrt{t}}{3A\beta^2}\right] > \frac{p}{3s} + \frac{A}{s}[M - M1]$，$\frac{p}{3s} + \frac{A}{s}[M - M1] = \frac{A}{s}\left[M - \frac{2sX}{3A\beta^2}\right]$，根据以上公式计算可得，$\frac{\partial e^{**}}{\partial \beta} > 0$。

根据以上证明可知，零售商的最优股权融资比例和最优销售努力水平均与消费市场成长性存在一个正向关系，显然命题 1 成立。证毕。

命题 2　在控制其他变量不变情形下，债权融资比例与销售价格成正比；股权融资比例与批发价格成正比。

证明：对式（4.11）关于 p 求一阶导可得：

$$\frac{\partial \varphi^{**}}{\partial p} = \frac{2N}{3A\sqrt{N^2+C}} + \frac{4(2A\beta^2 - 2p\beta^2 - 2sX)}{\sqrt{N^2+C}} + \frac{2sb}{3A\beta^2} - \frac{2}{3A} \quad (4.16)$$

由于 $N < 0$，$p < 2w(1+r_f)$，故 $\frac{2N}{3A\sqrt{N^2+C}} < 0$ 且 $\frac{4(2A\beta^2 - 2p\beta^2 - 2sX)}{\sqrt{N^2+C}} < 0$，所以 $\frac{\partial \varphi^{**}}{\partial p} < 0$。

对式（4.16）求导可得：

$$\frac{\partial \varphi^{**}}{\partial w} = \frac{\partial \varphi^{**}}{\partial A} \times \frac{\partial A}{\partial w} \quad (4.17)$$

由于 $\varphi^{**} = 1 - \left(\frac{2sX + \sqrt{(2sX + p\beta^2)^2}}{3\beta^2} + \frac{2p}{3}\right) \times \frac{1}{A}$，为了简化运算：

令 $B = \frac{2sX + \sqrt{(2sX + p\beta^2)^2}}{3\beta^2} + \frac{2p}{3}$，则 $\frac{\partial \varphi^{**}}{\partial w} = \left(B + \frac{2p}{3}\right) \times \frac{1}{A^2} \times (1+r_f) > 0$。故 $\frac{\partial \varphi^{**}}{\partial w} > 0$。

综上可得，零售商的股权融资比例随着销售价格的上升而下降，两者呈反向变化，而零售商的股权融资比例随着批发价格的上升而上升，呈同向变化。命题 2 成立，证毕。

命题 3　股权融资比例与银行无风险利率成正比。

证明：对式（4.11）关于 r_f 求一阶导可得：

$$\frac{\partial \varphi^{**}}{\partial r_f} = \frac{\partial \varphi^{**}}{\partial A} \times \frac{\partial A}{\partial r_f} \quad (4.18)$$

同时，由命题 2 可知，$\varphi^{**} = 1 - \left(\frac{2sX + \sqrt{(2sX + p\beta^2)^2}}{3\beta^2} + \frac{2p}{3}\right) \times \frac{1}{A}$，$B = \frac{2sX + \sqrt{(2sX + p\beta^2)^2}}{3\beta^2} + \frac{2p}{3}$，则 $\frac{\partial \varphi^{**}}{\partial r_f} = \left(B + \frac{2p}{3}\right) \times \frac{1}{A^2} \times w > 0$，故 $\frac{\partial \varphi^{**}}{\partial r_f} > 0$。因此，零售商股权融资比例与银行无风险利率呈同向变动。命题 3 成立，证毕。

通过以上分析可以看出，为争取更多的市场份额，也是为了增强自身竞争力、增加利润，零售商随着市场成长性的增加而加大融资。针对融资方式的选择问题，债权融资和股权融资各有利弊，但是对于很多信用不足的企业而言，更加偏向于股权融资方式。

第三节 数值示例分析

本节将通过数值仿真，研究融资结构、市场成长性、最优融资策略等因素对最优解的影响。参考王宇和于辉[①]的参数设置，赋予本节的参数数值分别为：$a=2000$，$b=4$，$c=100$，$s=1$，$w=125$，$p=255$，$r_f=0.03$。

关于零售商最优融资策略与消费者市场成长性的关系，如表4-1所示。从此表中可以明显看出，进行融资的零售商在市场成长性增加时会选择股权融资，此方式可以有效地增加企业利润。符合命题1结论。

表4-1　　　　　　　市场成长性和企业融资的关系

β	φ	e^{**}	零售商总利润	零售商利润	PE 利润
1	0.0399	131	274770	1.31910	5477
3	0.1769	447	491980	2.02470	4.3518
5	0.2583	798	948740	3.51820	122550
8	0.3035	1323	2073400	7.22030	314660
10	0.3158	1669	3113200	1065000	491640
20	0.3336	3383	11782000	3926200	1965000
30	0.3370	5089	26232000	8695900	4420200
50	0.3380	8494	72472000	23960000	12277000

关于零售商最优融资策略与股权融资比例的关系，如表4-2所示。从表中可以较为明显地看出，如果保持市场成长性不变，那么零售商利润会随着股权融资比例的增加先增再降，而PE的利润则先降后升。

---

① 王宇、于辉：《供应链合作下零售商股权融资策略的模型分析》，《中国管理科学》2017年第6期。

表4-2　股权融资比例和零售商以及PE利润的关系（$\beta=10$）

φ	企业利润	零售商利润	PE利润
0.2	2970700	1043328	260832
0.4	3.2028E6	1502400	701580
0.5	3.2939E6	1001900	100190
0.6	3.3685E6	908017	1362000
0.8	3.4680E6	570490	2282000

除了以上因素，事实上零售商也比较关注其他因素。因此，在控制其他变量不变的情形下，研究股权融资比例与批发价、零售价的关系具有重要价值与意义。表4-3描述的是零售商进货价格与股权融资比例之间的关系。从此表中可以看出，如果保持售价等其他因素不变，那么股权融资比例与批发价格成正比。不过在销售收入足以支付债权利息时，零售商会为了使自身利润最大化而增加债权融资比例。

表4-3　进货价格和股权融资比例的关系（$p=255$，$\beta=10$）

w	φ	π_{R2}	PE利润
100	0.1448	1331200	225400
125	0.3158	1065000	491640
150	0.4299	887470	669130
175	0.5113	760690	795910
200	0.5721	663060	891000

表4-3反映了进货价格与股权融资比例的关系，而表4-4主要描述的是在控制其他变量不变情形下，零售商的销售价格与股权融资比例的关系。从表中可以看出，在控制其他变量不变情况下，零售商的售价与股权融资比例之间呈负相关关系，而与其利润呈正相关关系。事实上，表4-3和表4-4都表明，如果零售商的股权融资比例过高，那么零售商的利润被过度分散之后，会低于外部投资者利润，所以如果零售商的销售收入能够用来偿还债权融资时，零售商会优先选择债权融资。

表 4-4　　销售价格和股权融资比例的关系（$w=125$，$\beta=10$）

p	φ	π_{R2}	PE 利润
150	0.5800	249640	344770
175	0.5167	378200	404400
200	0.4538	544240	452110
225	0.3910	752540	483130
250	0.3284	1007800	492710

第四节　本章小结

本章在线性市场需求下，考虑外部市场环境等关键要素，构建零售商最优融资决策模型，利用最优化理论得到此模型最优解，并利用数值示例研究销售价格等因素对融资策略的影响，以及融资策略对零售商利润的影响。研究发现，在线性市场需求下，零售商面临较好外部市场环境选择开拓新市场时，更加偏好股权融资方式；采用股权融资模式可以有效地提高零售商市场份额和外部投资者利润；在保持其他因素不变情形下，市场成长性与零售商销售努力水平成正比，这表明外部市场环境越好，零售商越愿意提升其销售努力水平，增加销售额，提高利润；市场成长性与股权融资比例成正比，这表明市场成长性越好，零售商的股权融资比例也越高；批发价格与股权融资比例成正比，表明批发价格越高，零售商股权融资比例也越大；银行无风险利率与股权融资比例成正比，表明当商业银行利率越高时，零售商越愿意利用股权融资方式进行融资。

第五章　随机市场需求下中小企业订购策略研究

正如前文所言，市场需求是影响企业融资和运营的一个重要因素。在线性市场需求下，第三章研究了中小企业融资问题，第四章针对一个特殊情形，也就是考虑市场开拓情形，分析了中小企业融资策略问题，也都得到具体的最优融资策略。事实上，线性市场需求对现实需求的刻画比较简单，只是考虑商品价格、市场开拓等单一或多个因素对市场需求量的一个线性影响。而现实市场上需求的变化往往是非常复杂和难以预测的，因此线性市场需求的假设虽然有其重要理论价值与意义，但在刻画现实需求时还是存在一定的问题。基于此，本章将利用一个随机变量来刻画现实需求的变化，并研究随机市场需求下的中小企业订购策略问题。

第一节　问题描述

近年来，许多企业都在不同程度上出现了融资难融资贵问题，特别是中小微企业。根据中国中小企业协会的相关统计，2022 年 国内很多中小企业都出现了一定的融资问题，并且很难利用债务融资方式从商业银行获得贷款；同时，中国财政科学研究院的研究也表明，国内有超过半数企业都存在或多或少的融资问题。此外，新冠疫情等重大公共卫生事件又进一步加剧了企业融资约束。在宏观层面，相关部门已经开始重点关注企业融资约束问题，多策并举努力缓解企业融资约束，中国在 2020 年第一季度进行了两次定向降准，并先后推出 3000 亿元防疫专项再贷款、5000 亿元支持中小微企业复工复产再贷款再贴现专用额度，以及面向中小银行的 1 万亿元再贷款再贴现额度等。在直接融资方面，截至 2021 年年底，新三板成交额 2148.16 亿元，全年新三板股票发行次数共计 587 次，融资金额共 259.67 亿元。整体成交金额和发行金额较上年稳步增长，中小企业新三板融资功能有所提升。这些举措都在一定程度上有效缓解了中小微企业融资困境。在此背景下，研究资金受限中小企业如何有效降低融资成本问题具有很好的现实背景。

资金受限中小企业可选择的融资方式有很多，一般可分为内部融资和外部融资，直接融资和间接融资。企业在选择融资方式时会受到资金水平、融资能力、企业信用、未来发展预期等多方面因素的影响。国内上市公司更加喜欢利用股权融资方式进行融资[①]，而中小企业更加倾向于选择商业银行贷款方式。部分研究结果显示，企业融资模式的选择与具体外部环境密切相关。在两级供应链中，若上游供应商向零售商提供价格折扣，零售商则会倾向选择利用商业信用向供应商进行融资；若外部商业银行融资和供应商预付款融资模式的利率相差无几，企业利用供应商预付款融资方式所获得的利润更高。

事实上，根据公司金融领域经典的啄食顺序理论可知，若企业存在一定的内部盈余，会首先利用这部分的内部盈余，然后才是企业外部债权或股权融资方式。若企业选择外部商业信用融资模式，会有效缓解企业的资金压力，提高企业利润，并提高整个供应链的协调水平和整体利润。若选择供应链外部债权或股权方式，企业需具备较高的信用水平或者一定的抵押物。

目前，已经有很多学者对企业融资方式，特别是供应链内部融资和外部融资模式等进行了深入的研究，但大都是针对固定或线性市场需求，较少考虑市场需求的不确定性，而且也很少考虑不同融资结构要素对企业融资方式选择的影响。事实上，无论是不确定性市场需求，还是企业融资结构要素都会影响企业融资模式的选择。因此，本章考虑一个供应商和两个具有资金约束零售商组成的两级供应链，基于不确定性需求研究零售商股权融资、债权融资以及商业信用融资模式下的订购策略以及融资问题，并利用最优化理论与方法得到了最大化利润目标下的最优订购与融资策略。

第二节　模型构建和分析

在随机市场需求情形下，考虑一个供应商和一个资金受限零售商组成的两级供应链，零售商可采用供应链内部融资或供应链外部融资方式缓解

---

① 黄少安、张岗：《中国上市公司股权融资偏好分析》，《经济研究》2001 年第 11 期。

资金压力。如果利用供应链内部融资方式进行融资，期初，零售商 R_1 从供应商处利用债权融资方式获得资金用以支付进货费用，并在市场上进行销售。期末，利用销售商品所获得的收入来支付供应商贷款的本息等费用。如果是利用供应链外部融资，零售商 R_2 在期初时利用延迟支付方式进货，期末利用销售收入支付货款，但是当销售收入不足以支付全部货款时，通过供应链外部股权或债权融资模式进行融资，以便可以按时足额支付全部货款。具体模型框架如图 5-1 所示。

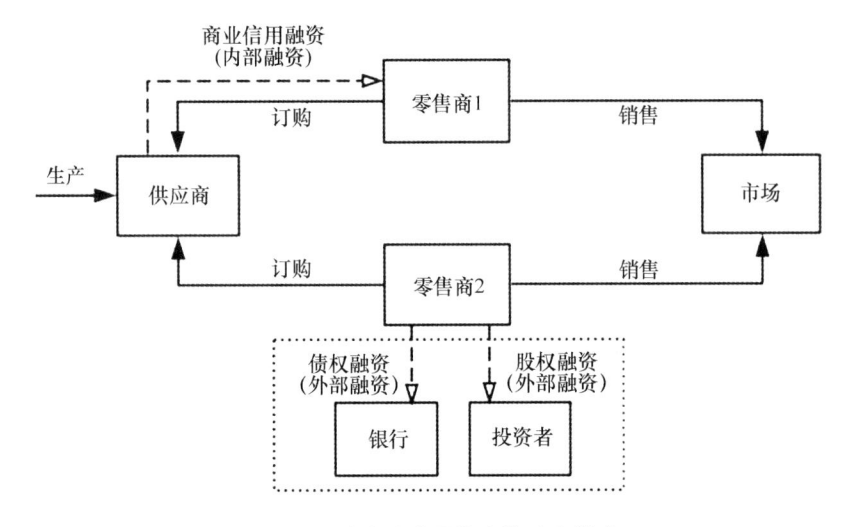

图 5-1 资金约束零售商的融资模式

在此模型中，不确定性市场需求是一个随机变量，可以利用以下分布函数簇表示：$F = \{F_i(x) \mid F_i(aX) + F_i(bY) = F_i(aX + bY)\}$，$i = 1, 2, 3, \cdots, n$。事实上，这个分布函数的形式是多种多样的，比如：

（1）如果市场需求随机变量服从一个均匀分布，那么概率密度函数可以表示为：

$$f_1(x) = \begin{cases} 1/(b-a) & a < x < b \\ 0 & else \end{cases} \quad (5.1)$$

（2）如果市场需求随机变量服从一个正态分布，那么概率密度函数可以表示为：

$$f_2(x) = \frac{e^{-(x-\mu)^2/2\sigma^2}}{\sigma\sqrt{2\pi}} \quad (5.2)$$

其中，μ 表示的是位置参数，σ 表示的是形状参数，$f_2(x)$ 表示的是概率密度函数。

(3) 如果市场需求随机变量服务一个威布尔分布，那么概率密度函数可以表示为：

$$f_3(x;\lambda,k) = \begin{cases} \dfrac{k}{\lambda}\left(\dfrac{x}{\lambda}\right)^{k-1} e^{-(x/\lambda)^k} & x \geq 0 \\ 0 & x < 0 \end{cases} \quad (5.3)$$

其中，λ 是比例参数，且 $\lambda > 0$；k 表示的是形状参数，且 $k > 0$；$f_3(x)$ 表示的是概率密度函数。

(4) 如果市场需求随机变量服务一个指数分布，那么概率密度函数可以表示为：

$$f_4(x) = \begin{cases} \gamma e^{-\gamma x} & x > 0 \\ 0 & x \leq 0 \end{cases} \quad (5.4)$$

其中，γ 代表的是一个常数，且 $\gamma > 0$；$f_4(x)$ 是概率密度函数。

一 供应链内部融资下的最优订购策略

在该模型中，零售商期初首先从供应商处利用商业信用债权融资模式获得资金，用以支付其进货费用。期末，利用其销售收入支付贷款的本息等费用。因此，此资金约束零售商在未来可能会面临以下两种情形。

(1) 供过于求。此时，市场随机需求变量 x 小于零售商的进货量 Q_1。期初，零售商通过供应链内部商业信用融资方式，按照利率 r_f 获得资金，并得以支付货款。此时，市场上出现了产品供过于求的情况，所以零售商将会按照价格 P_2 将剩余未销售商品返回供应商处。在此过程中，零售商承担了库存成本、贷款利息以及进货费用等成本，具体如下：

$$C_1(R_1^1) = \int_0^{Q_1} [(h - P_2)(Q_1 - x) + cQ_1 r_f] f(x) \mathrm{d}x \quad (5.5)$$

其中，h 表示的是未销售商品的单位库存费用；c 表示的是零售商进货价格，$f(x)$ 表示的是随机市场需求的概率密度函数；$C_1(R_1^1)$ 是零售商通过供应链内部商业信用融资方式的总成本。

(2) 供不应求。此时，市场随机需求变量 x 大于零售商进货量 Q_1。与供过于求情形类似，零售商在期初还是以利率 r_f 向供应商融资，但是由于市场上的商品是供不应求状态，所以此时市场上将会出现缺货情形，这种状态将会对零售商产生负面影响，造成一定的损失。因此，在此情形下的零售商总成本可以利用以下公式进行表示：

$$C_2(R_1^1) = \int_{Q_1}^{+\infty} [(P_1 + b - c)(x - Q_1) + cQ_1 r_f] f(x) \mathrm{d}x \quad (5.6)$$

其中，b 表示的是零售商在供不应求状态下的缺货成本，P_1 是零售商的销售价格。

综合考虑供不应求和供过于求两种情形可知，零售商未来的预期总成本为：

$$C(R_1^1) = \int_0^{Q_1} [(h - P_2)(Q_1 - x)]f(x)\mathrm{d}x + \int_{Q_1}^{+\infty}(P_1 + b - c)(x - Q_1)f(x)\mathrm{d}x + cQ_1 r_f \tag{5.7}$$

在获得了零售商在不同状态的总预期成本后，显然，零售商在供过于求和供不应求两种状态下的预期总利润可以表示为：

$$\pi(R_1^1) = P_1\int_0^{Q_1} f(x)x\mathrm{d}x + P_1 Q_1\int_{Q_1}^{+\infty} f(x)\mathrm{d}x - C(R_1^1) = P_1\int_0^{Q_1} f(x)x\mathrm{d}x + P_1 Q_1\int_{Q_1}^{+\infty} f(x)\mathrm{d}x - \int_0^{Q_1}[(h - P_2)(Q_1 - x)]f(x)\mathrm{d}x - cQ_1 r_f - \int_{Q_1}^{+\infty}(P_1 + b - c)(x - Q_1)f(x)\mathrm{d}x \tag{5.8}$$

命题 1 在供应链内部商业信用融资情形下，资金受限零售商的预期总利润 $\pi(R_1^1)$ 是一个关于订购量 Q_1 的凹函数。

证明：由式（5.8）可知，零售商的预期总利润为 $\pi(R_1^1)$。为了判断其关于订购量的凹凸性，所以以下将对该函数求关于订购量的一阶导和二阶导，具体如下所示：

$$\frac{\partial \pi(R_1^1)}{\partial Q_1} = [2P_1 + b - c(1 + r_f)] - (2P_1 + b + h - P_2 - c)\int_0^{Q_1} f(x)\mathrm{d}x \tag{5.9}$$

$$\frac{\partial \pi^2(R_1^1)}{\partial Q_1^2} = -(2P_1 + b + h - P_2 - c)f(Q_1) \tag{5.10}$$

由于资金受限零售商的进货价格、销售价格以及回购价格之间存在以下关系：$P_2 < c < P_1$，所以可知：$2P_1 + b + h - P_2 - c > 0$，且 $f(Q_1) > 0$。因此，可以判断此利润函数关于订购量的二阶段小于零，即 $\frac{\partial \pi^2(R_1^1)}{\partial Q_1^2} < 0$。因此，可知资金受限零售商的利润函数 $\pi(R_1^1)$ 是一个关于订购量 Q_1 的凹函数。证毕。

因为零售商的利润函数是一个关于订购量的凹函数，所以零售商最优订购决策存在且唯一。其最优解也将由其一阶条件所得到，也就是说，$\frac{\partial \pi(R_1^1)}{\partial Q_1} = 0$，对此式进行化简可以得到如下形式：

$$[2P_1 + b - c(1 + r_f)] - (2P_1 + b + h - P_2 - c)\int_0^{Q_1} f(x)\mathrm{d}x = 0$$

(5.11)

因此，根据以上公式就可以得到此问题的驻点：

$$Q_1^* = F^{-1}(M_1/M_2) \quad (5.12)$$

其中，$M_1 = 2P_1 + b - c(1 + r_f)$，$M_2 = 2P_1 + b + h - P_2 - c$。由于利润函数是订购量的凹函数，所以所得到的驻点 Q_1^* 就是极大值点。综述可知，企业在供应链内部融资下的最优订购量为 Q_1^*。

从以上表述中可知，虽然在本模型中给出了资金约束零售商的最优订购策略，但此最优策略是一个关于销售价格、库存成本、缺货成本等因素的隐函数。事实上，在现实生活中，由于零售商面临的是一个不确定性的市场需求，并且这个随机市场需求的随机分布函数也是未知的，因此在本模型只是计算得到其最优订购量。但是，在现实应用中只要是根据历史需求数据信息，确定了随机市场需求的分布函数，就可以利用本模型的相关最优解公式，计算得到其在具体市场需求下的最优订购量，也就得到了其最优值，也就是最优利润，最终也就得到最优的融资策略。因此，从这个角度而言，本模型的适应性和普适性较好，能够较好地满足不同随机市场需求下企业的最优决策问题。

二 外部债权和股权融资下的最优订购策略

与供应链内部债权融资方式不同，零售商利用供应链外部债权或股权融资时，零售商既可以采用单一的供应链外部债权融资，也可以利用单一的供应链外部股权融资方式，还可以按照某一比例同时采用供应链外部股权和债权融资方式。在供应链外部债权和股权融资方式下，零售商的融资决策较为灵活。在此情形下，资金约束零售商 R_2 在期初还是利用延迟支付方式，向供应商进货，随后在市场上进行销售，在期末则是利用销售收入支付全部货款与相应的融资费用。

在供应链外部债权和股权融资情形下，零售商 R_2 可能会面临的情形如下所示：

（1）供过于求，且零售商的销售收入并不能支付全部货款。在此情形下，资金约束零售商期初利用延迟支付方式从供应商处进货，随后在市场上进行销售，在期末则利用销售收入支付部分货款与融资费用。由于在整个消费市场上商品处于一个供过于求的状态，所以零售商会额外承担一个库存成本。此外，由于所有销售收入并不能完全支付货款，所以零售商

R_2 利用供应链外部债权融资和股权融资模式获得新的资金,以便可以及时支付全部货款。此时,假设零售商的外部债权融资比例为 α,外部股权融资比例为 $(1-\alpha)$,显然期末零售商总利润的一部分 $(1-\alpha)$,需要分给提供资金的投资者。在此情形下,零售商总成本就是商品进货、销售成本以及融资成本等所构成,此时的零售商 R_2 成本可以表示为:

$$C_1(R_2^2) = \int_0^{\beta Q_2} [(h-P_2)(Q_2-x) + \alpha I_e(cQ_2-P_1 x)] f(x) \mathrm{d}x$$

(5.13)

其中,x 表示的是市场需求,且满足 $0 < x < \beta Q_2$ 且 $0 < \beta < 1$;β 表示的是成本价格与销售价格的比例系数,即 $\beta = c/P_1$。

(2)供过于求,且零售商的销售收入可以足额支付全部货款。在此情形下,资金约束零售商期初利用延迟支付方式从供应商处进货,随后在市场上进行销售,在期末利用销售收入支付足额货款与融资费用。但是,由于零售商处会存在一个剩余利润,所以零售商 R_2 可以将这部分利润按照一个无风险利率 r_f 进行投资,此时也可以产生一定的额外收益。在此情形下,零售商总成本就是商品采购成本、销售成本等部分。因此,此时零售商 R_2 的总成本可以表示为:

$$C_2(R_2^2) = \int_{\beta Q_2}^{Q_2} [(h-P_2)(Q_2-x) - P_1 r_f(x-\beta Q_2)] f(x) \mathrm{d}x \quad (5.14)$$

(3)供不应求,并且销售收入可以支付全部货款。因为零售商面临的是一个供不应求的市场需求环境,此时由于缺货,零售商会承担一个额外的成本,即缺货成本和机会成本。此处的机会成本是指,零售商由于缺货导致损失掉了原本可以赚取的利润。与上一种情况类似,零售商支付货款后的剩余利润可以用于投资等活动,从而获得一笔额外的投资收益。不失一般性,假设其获得的是无风险收益。在此情形下,零售商的总成本主要有机会成本、缺货成本、进货成本等,其总成本函数可以表示为:

$$C_3(R_2^2) = \int_{Q_2}^{+\infty} (b+P_1-c)(x-Q_2) \times f(x) \mathrm{d}x - \int_{Q_2}^{+\infty} P_1 r_f(Q_2-\beta Q_2) f(x) \mathrm{d}x$$

(5.15)

(4)供不应求,并且销售收入未能支付全部货款。在此情形下,零售商面临的外部市场环境较好,但是由于种种其他原因造成了其销售收入不能弥补全部进货费用,在现实生活中这种情况是较为少见的,如果零售商长期面临这种情况,那么其倒闭破产是唯一的出路。这种情况研究的意义不大,所以本章不予以讨论。

结合以上 4 种情况的讨论分析可知,零售商 R_2 的预期总成本可以表示为如下形式：

$$C(R_2^2) = C_1(R_2^2) + C_2(R_2^2) + C_3(R_2^2)$$
$$= \int_0^{Q_2}(h - P_2)(Q_2 - x)f(x)dx + \int_0^{\beta Q_2}\alpha I_e(cQ_2 - P_1x)f(x)dx +$$
$$\int_{Q_2}^{+\infty}(b + P_1 - c)(x - Q_2)f(x)dx - \int_{Q_2}^{+\infty}P_1 r_f(Q_2 - \beta Q_2)f(x)dx -$$
$$\int_{\beta Q_2}^{Q_2}P_1 r_f(x - \beta Q_2)f(x)dx \tag{5.16}$$

在明确了资金约束零售商的总成本后，其预期总利润可以表示为：

$$\pi(R_2^2) = [1 - (1 - \alpha)][P_1\int_0^{Q_2}f(x)xdx + P_1 Q_2\int_{Q_2}^{+\infty}f(x)dx - C(R_2^2)]$$
$$= \alpha[P_1\int_0^{Q_2}f(x)xdx + P_1 Q_2\int_{Q_2}^{+\infty}f(x)dx] - \alpha\int_0^{Q_2}(h - P_2)(Q_2 -$$
$$x)f(x)dx - \alpha\int_0^{\beta Q_2}\alpha I_e(cQ_2 - P_1x)f(x)dx - \alpha\int_{Q_2}^{+\infty}(b + P_1 - c)$$
$$(x - Q_2)f(x)dx + \alpha\int_{Q_2}^{+\infty}P_1 r_f(Q_2 - \beta Q_2)f(x)dx + \alpha\int_{\beta Q_2}^{Q_2}P_1 r_f$$
$$(x - \beta Q_2)f(x)dx \tag{5.17}$$

命题 2 在供应链外部股权和债权融资情形下，零售商 R_2 的利润函数 $\pi(R_2^2)$ 是一个关于订购量 Q_2 的凹函数。

证明： 与命题 1 证明类似，要判断零售商 R_2 预期总利润关于订购量的凹凸性，可以首先计算其一阶导，具体如下所示：

$$\frac{\partial \pi(R_2^2)}{\partial Q_2} = \alpha P_1\int_{Q_2}^{+\infty}f(x)dx - \alpha(h - P_2)\int_0^{Q_2}f(x)dx -$$
$$\alpha\int_0^{\beta Q_2}\alpha I_e cf(x)dx - \alpha P_1 r_f(1 - \beta)Q_2 f(Q_2) +$$
$$\alpha P_1 r_f[Q_2 f(Q_2) - \beta\int_{\beta Q_2}^{Q_2}f(x)dx - \beta Q_2 f(Q_2)] +$$
$$\alpha(b + P_1 - c)\int_{Q_2}^{+\infty}f(x)dx + \alpha P_1 r_f(1 - \beta)\int_{Q_2}^{+\infty}f(x)dx \tag{5.18}$$

对式（5.18）进行化简整理，可得：

$$\frac{\partial \pi(R_2^2)}{\partial Q_2} = \alpha[2P_1 + P_1 r_f(1 - \beta) + b - c]\int_{Q_2}^{+\infty}f(x)dx -$$
$$\alpha(h - P_2)\int_0^{Q_2}f(x)dx - \alpha P_1 r_f\beta\int_{\beta Q_2}^{Q_2}f(x)dx - \alpha\int_0^{\beta Q_2}\alpha I_e cf(x)dx$$

$$\tag{5.19}$$

事实上，根据 $\int_0^{Q_1} f(x)\mathrm{d}x = 1 - \int_{Q_1}^{+\infty} f(x)\mathrm{d}x$，式（5.19）可以进一步化简为：

$$\frac{\partial \pi(R_2^2)}{\partial Q_2} = \alpha[2P_1 + P_1 r_f(1-\beta) + b - c] - \alpha \int_0^{\beta Q_2} \alpha I_e c f(x)\mathrm{d}x -$$

$$\alpha[2P_1 + P_1 r_f(1-\beta) + b + h - P_2 - c] \int_0^{Q_2} f(x)\mathrm{d}x -$$

$$\alpha P_1 r_f \beta \int_{\beta Q_2}^{Q_2} f(x)\mathrm{d}x \tag{5.20}$$

在此情形下，当零售商面临资金约束时就可以选择采用债权融资或股权融资方式，假设零售商同时采用了这两种融资方式，且股权融资比例为 $1-\alpha$，债权融资比例为 α，且受到融资利率 I_e 和投资收益率 r_f 的影响，即 $\alpha I_e = r_f$。此时，对上式进行化简可以得到：

$$\frac{\partial \pi(R_2^2)}{\partial Q_2} = \alpha[2P_1 + b + r_f P_1(1-\beta) - c] -$$

$$\alpha(2P_1 + b + h + P_1 \alpha I_e - c - P_2) \int_0^{Q_2} f(x)\mathrm{d}x \tag{5.21}$$

对式（5.21）计算其二阶导，可得：

$$\frac{\partial \pi^2(R_2^2)}{\partial Q_2^2} = -\alpha(2P_1 + b + h + P_1 \alpha I_e - c - P_2) f(Q_2) \tag{5.22}$$

由于零售商的进货价格、销售价格以及供应商回购价格之间存在以下关系：$P_2 < c < P_1$，所以可得以下关系成立：$2P_1 + b + h + P_1 \alpha I_e - c - P_2 > 0$，$f(Q_2) > 0$。综上可知，其二阶导小于零，即：$\frac{\partial \pi^2(R_2^2)}{\partial Q_2^2} < 0$，也就是说，零售商 R_2 利润函数 $\pi(R_2^2)$ 是一个关于订购量 Q_2 的凹函数。证毕。

根据命题2可知，在同时考虑外部债权和外部股权融资方式时，零售商的最优订购决策数学规划模型存在最优解，且唯一。事实上，根据经典的最优化理论与方法理论可知，此数学规划的最优解是根据一阶条件所确定的，是根据其驻点所选择，也就是：$\frac{\partial \pi(R_2^2)}{\partial Q_2} = 0$。因此，对其求一阶导并进行化简可以得到以下表达式：

$$\alpha[2P_1 + b + r_f P_1(1-\beta) - c] - \alpha(2P_1 + b + h + P_1 \alpha I_e - c - P_2)$$

$$\int_0^{Q_2} f(x)\mathrm{d}x = 0 \tag{5.23}$$

根据式（5.24）计算可得最优解为：

$$Q_2^* = F^{-1}(M_3/M_4) \tag{5.24}$$

其中，$M_3 = 2P_1 + b + r_f P_1 (1-\beta) - c$，$M_4 = 2P_1 + b + h + P_1 \alpha I_e - c - P_2$。

根据命题 2 可知，零售商利润函数是一个关于订购量的凹函数，所以由一阶导等于 0 得到的驻点 Q_2^* 就是其极大值点。因此，综合考虑以上分析可知，零售商在同时考虑股权和债权融资时的最优订购量为 $Q_2^* = F^{-1}(M_3/M_4)$。

在考虑供应链外部债权和股权融资情形下，零售商根据外部市场环境与自身条件因素构建了最优订购与融资模型，并且计算得到了唯一的最优解。事实上，由于在本模型中，外部市场需求变量是一个不确定性因素，是一个随机变量，且所服从分布函数未知，因此在本部分我们得到零售商的最优订购量，但在现实生活中的零售商可能更加关心的是其最优融资策略以及最优利润的问题。然而，从本质上来讲，本书所提出的最优模型是能够计算得到零售商在同时考虑外部债权融资和股权融资情形下的最优利润值和融资决策，究其原因是本部分所考虑不确定市场需求虽然分布函数未知，但在现实生活中零售商只要根据既往交易情况，利用数值模拟等方式拟合得到相应的分布函数，就可以立即利用本模型中的相关结论得到最优订购量、最优融资策略以及最优利润值。因此，从某种程度上而言，该模型具有较好的适用性。

命题 3 当债权融资比例小于某一门槛值时，即 $0 < \alpha < \alpha^*$，零售商 R_2 的最优订购量要大于零售商 R_1，即 $Q_2^* > Q_1^*$；当债权融资比例大于某一门槛值时，即 $\alpha^* < \alpha < 1$，零售商 R_2 的最优订购量小于零售商 R_1，即 $Q_2^* < Q_1^*$；当债权融资比例等于某一门槛值 $\alpha = \alpha^*$ 时，零售商 R_2 和 R_1 的最优订购量相等，即 $Q_1^* = Q_2^*$。

证明：根据上文可知，$\int_0^{Q_1} f(x) dx = \dfrac{M_1}{M_2}$，$\int_0^{Q_2} f(x) dx = \dfrac{M_3}{M_4}$，因此可以得到以下关系：

$$H(\alpha) = \frac{M_1}{M_2} - \frac{M_3}{M_4} = \frac{2P_1 + b - c(1 + r_f)}{2P_1 + b + h - P_2 - c} - \frac{2P_1 + b + r_f P_1 (1-\beta) - c}{2P_1 + b + h + P_1 \alpha I_e - c - P_2} =$$
$$\frac{P_1 \alpha I_e (2P_1 + b - c r_f - c) - (2P_1 + b + h - P_2 - c) r_f [P_1 (1-\beta) + c]}{(2P_1 + b + h - P_2 - c)(2P_1 + b + h + P_1 \alpha I_e - c - P_2)}$$
$$\tag{5.25}$$

由 $P_1 > c > P_2$，可以得到以下关系：

$M_2 = 2P_1 + b + h - P_2 - c > 0$，$M_4 = 2P_1 + b + h + P_1 \alpha I_e - c - P_2 > 0$。在此

情形下，为了简化以方便后文的计算，不失一般性，我们可以令 $g(\alpha) = P_1 \alpha I_e (2P_1 + b - cr_f - c) - (2P_1 + b + h - P_2 - c) r_f [P_1 (1 - \beta) + c]$，化简可得：

$$H(\alpha) = \frac{g(\alpha)}{M_2 M_4} \tag{5.26}$$

下面令 $H(\alpha) = 0$，即 $g(\alpha) = 0$，就可以得到：

$$\alpha^* = (2P_1 + b + h - P_2 - c) r_f [P_1 (1 - \beta) + c] / P_1 I_e (2P_1 + b - cr_f - c) \tag{5.27}$$

此时，就可以从以下三种情况进行分析讨论。

情况1：当债权融资比例小于某一门槛值 α^* 时，即 $0 < \alpha < \alpha^*$，显然存在 $g(\alpha) < 0$，即 $H(\alpha) < 0$，也就是 $\int_0^{Q_1} f(x) dx < \int_0^{Q_2} f(x) dx$。此时，根据定积分的命题可得，$Q_1^* < Q_2^*$，也就是说零售商 R_1 的最优订购量低于零售商 R_2 的订购量。

情况2：当债权融资比例大于某一门槛值 α^* 时，即 $\alpha^* < \alpha < 1$，此时可知 $g(\alpha) > 0$，即 $H(\alpha) > 0$，也就是 $\int_0^{Q_1} f(x) dx > \int_0^{Q_2} f(x) dx$。根据定积分的相关命题可以知道，$Q_1^* > Q_2^*$，也就是说零售商 R_1 最优订购量大于零售商 R_2 的订购量。

情况3：当债权融资比例等于某一门槛值 α^* 时，$g(\alpha) = 0$，即 $H(\alpha) = 0$，也就是说 $\int_0^{Q_1} f(x) dx = \int_0^{Q_2} f(x) dx$。根据定积分的相关命题可得，$Q_1^* = Q_2^*$，即零售商 R_1 和 R_2 的最优订购量相同。证毕。

从命题3可知，当零售商 R_2 的债权融资比例小于临界值 α^* 时，零售商 R_2 的最优订购量高于零售商 R_1；当零售商 R_2 的债权融资比例等于临界值 α^* 时，零售商 R_2、R_1 的最优订购量相等；当零售商 R_2 的债权融资比例大于临界值 α^* 时，零售商 R_2 的最优订购量小于零售商 R_2。由于市场需求分布函数未知，该命题并没有直接说明零售商应该采用何种融资策略，但是只要确定了市场需求分布函数，利用该命题相关结论就可以得到零售商的最优利润值，从而确定最优的融资模式。

命题4 当 $0 < F(Q_2) < M_3 / (M_4 + M_5)$ 时，零售商的债权融资比例 α 与其最优订购量 Q_2^* 之间存在一个正相关关系；当 $M_3 / (M_4 + M_5) < F(Q_2) < 1$ 时，零售商的债权融资比例 α 与其最优订购量 Q_2^* 之间存在一个负相关关系；当 $F(Q_2) = M_3 / (M_4 + M_5)$ 时，债权融资比例 α 与最优订

购量 Q_2^* 之间没有直接关系。

证明：为了简化计算过程，不是一般性，令 $w(Q_2) = \dfrac{\partial \pi(R_2^2)}{\partial Q_2}$，计算 $w(Q_2)$ 关于 α 的一阶导：

$$\frac{\partial w(Q_2)}{\partial \alpha} = [2P_1 + b + P_1 r_f (1-\beta) - c] - \qquad (5.28)$$
$$(2P_1 + b + h + 2P_1 \alpha I_e - c - P_2) \int_0^{Q_2} f(x) \mathrm{d}x$$

令 $M_3 = 2P_1 + b + r_f P_1 (1-\beta) - c$，$M_4 = 2P_1 + b + h + P_1 \alpha I_e - c - P_2$，$M_5 = \alpha P_1 I_e$，化简一阶导公式可以得到：

$$\frac{\partial w(Q_2)}{\partial \alpha} = M_3 - (M_4 + M_5) \int_0^{Q_2} f(x) \mathrm{d}x \qquad (5.29)$$

显然，很容易计算得到：$\dfrac{\partial^2 \pi(R_2^2)}{\partial Q_2^2} = \dfrac{\partial w(Q_2)}{\partial Q_2} < 0$，且 $F(Q_2) = \int_0^{Q_2} f(x) \mathrm{d}x$。

下面将从三种不同情况进行讨论分析。

情况1：如果 $\dfrac{\partial w(Q_2)}{\partial \alpha} > 0$，那么可知 $M_3 - (M_4 + M_5) \int_0^{Q_2} f(x) \mathrm{d}x > 0$，也就是说，$0 < F(Q_2) < \dfrac{M_3}{M_4 + M_5}$。

如果债权融资比例小于某一门槛值，即 $\alpha < \alpha^\tau$，则 $w(Q_2, \alpha^\tau) > 0$。根据条件 $w(Q_2^*) = 0$ 和 $\dfrac{\partial w(Q_2)}{\partial Q_2} < 0$，可以得到，必定存在如下关系 $Q_2^* > Q_2$，满足 $w(Q_2^*, \alpha^\tau) = 0$，因此零售商的订购量与债权融资比例存在一个正相关关系。

情况2：如果 $\dfrac{\partial w(Q_2)}{\partial \alpha} < 0$，那么 $M_3 - (M_4 + M_5) \int_0^{Q_2} f(x) \mathrm{d}x < 0$，即 $\dfrac{M_3}{M_4 + M_5} < F(Q_2) < 1$。

如果债权融资比例小于某一门槛值，$\alpha < \alpha^\tau$，那么 $w(Q_2, \alpha^\tau) < 0$，由 $w(Q_2^*) = 0$ 且 $\dfrac{\partial w(Q_2)}{\partial Q_2} < 0$ 可知，存在 $Q_2^* < Q_2$，满足 $w(Q_2^*, \alpha^\tau) = 0$，也就是说零售商最优订货量与债权融资比例之间存在一个负相关关系。

情况 3：如果 $\dfrac{\partial w(Q_2)}{\partial \alpha}=0$，那么 $M_3-(M_4+M_5)\int_0^{Q_2} f(x)\mathrm{d}x=0$，即 $F(Q_2)=\dfrac{M_3}{M_4+M_5}$。从以上公式可以明显看出，零售商 R_2 最优订货量 Q_2^* 与债权融资比例 α 没有直接的比例关系。证毕。

根据命题 4 可知，如果零售商 R_2 所面临不确定市场需求的分布函数值小于临界值 $M_3/(M_4+M_5)$，那么零售商最优订货量与债权融资比例之间存在一个正向关系；如果此分布函数值大于临界值 $M_3/(M_4+M_5)$，那么债权融资比例与最优订货量之间负相关；如果此分布函数值等于临界值 $M_3/(M_4+M_5)$，那么零售商 R_2 最优订货量 Q_2^* 与债权融资比例之间没有直接比例关系。事实上，在现实市场中，只要零售商确定了市场需求分布函数，那么就可以利用本部分的相关研究结论直接得到最优的债权融资比例、最优订货量、最优利润值等关键要素，并得到零售商的最优融资模式。

第三节　数值示例分析

上文研究了零售商在同时考虑供应链外部债权和股权融资时的最优订购和融资策略问题。下面将利用相应的数值示例对所构建模型进行进一步分析和探讨，研究债权融资比例、融资结构、商业信用等不同因素，对零售商最优订购量和最优利润的影响。参考燕汝贞等[①]相关文献，本部分的参数设置如下：$h=80$，$P_2=80$，$\beta=0.9$，$b=80$，$P_1=200$，$c=180$，$I_e=0.5$，$r_f=0.3$，$\alpha=0.6$，$x\sim U(1000,8000)$。

此时，利用上文所得到的计算公式可知，零售商 R_1 的最优订购量为 $Q_1^*=6740$，最优利润 $\pi(R_1)^*=5.163e+05$。零售商 R_2 的最优订购量是 $Q_2^*=6950$，最优利润 $\pi(R_2)^*=3.341e+05$。通过比较可知，此时对于资金受限零售商而言，会更加偏向于内部融资。此外，还可以将市场需求分布函数等相关参数指标代入上文所得到的相关公式可知，零售商的最优债权融资比例临界值 $\alpha^*=0.74$，具体如图 5-2 所示。显然，此图所表现出的结果与命题 3 结论完全一致。进一步，将相关参数代入命题 4 中计算

---

① 燕汝贞、李冉、高伟等：《基于随机市场需求的供应链融资模式研究》，《运筹与管理》2020 年第 9 期。

可以得到其临界值为：$M_3/(M_4+M_5)=0.715$，当零售商 R_2 的订购量 $Q_2=7000$ 时，其分布函数 $F(Q_2)=0.857>M_3/(M_4+M_5)$，具体如图 5-2 所示。根据图 5-2 可知，此结论与命题 4 结论完全一致。因此，本数值示例分析也再次表明命题 3 和命题 4 具有很好的普适性和适用性。

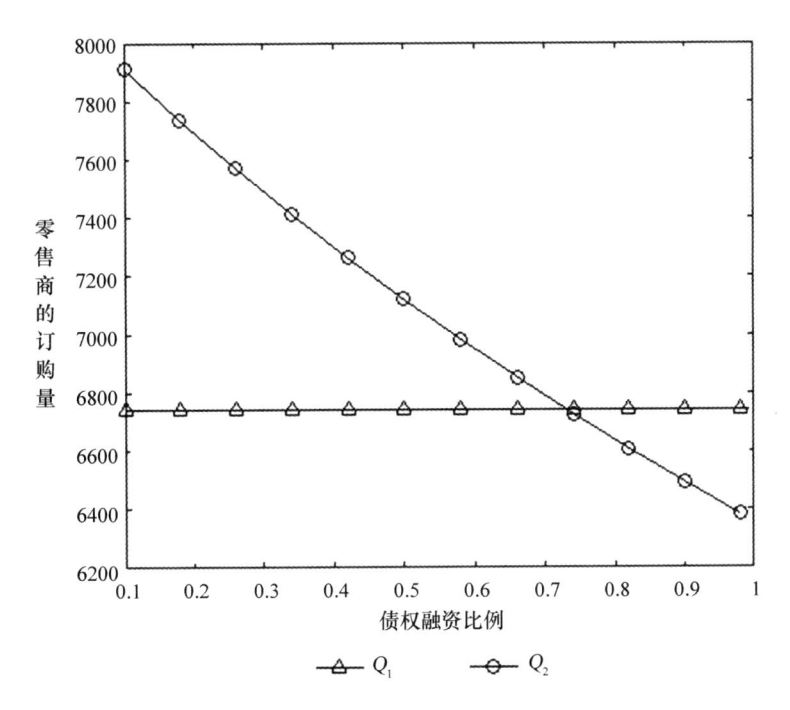

图 5-2　供应链内部债权融资比例与最优订购量之间的关系

图 5-2 描述了零售商 R_2 债权融资比例与零售商 1 和零售商 2 的最优订购量之间的关系。其中，α 是债权融资比例，且 $\alpha\in[0.1,1]$；供应链内部商业信用融资利率 r_f 为 0.3，其他参数设置不变。可以看出，零售商 R_2 的订购量随着其债权融资比例的增加而减少，而零售商 R_1 的最优订购量则不受影响；当零售商的债权融资比例小于某临界值时，如果零售商 2 采用股权债权融资方式，零售商 1 采用供应链内部商业信用融资模式，那么零售商 2 的最优订货量明显大于零售商 1 的最优订货量；当零售商的债权融资比例等于某一临界值时，如果零售商 2 采用股权债权融资方式，零售商 1 采用供应链内部商业信用融资模式，那么零售商 2 的最优订货量等于零售商 1 的最优订货量；当零售商的债权融资比例大于某一临界值时，如果零售商 2 采用股权债权融资方式，零售商 1 采用供应链内部商业

信用融资模式，那么零售商 2 的最优订货量明显小于零售商 1 的最优订货量。以上结果表明，零售商如果选择利用供应链外部债权或股权融资模式进行融资时，如果股权融资比例较高，那么其需要尽可能增加订货量；如果债权融资比例较高，那么其就要适当减少订购量。

图 5-3 描述了零售商 1 利用供应链内部商业信用融资时的融资利率与最优利润、最优订购量之间的关系。从图中可以看出，如果零售商 1 采用供应链内部商业信用融资方式进行融资，那么零售商的最优订购量与最优利润随着商业信用融资利率增加而逐渐减少。这是因为，过高的融资利率可能会导致零售商融资成本的剧烈增加。

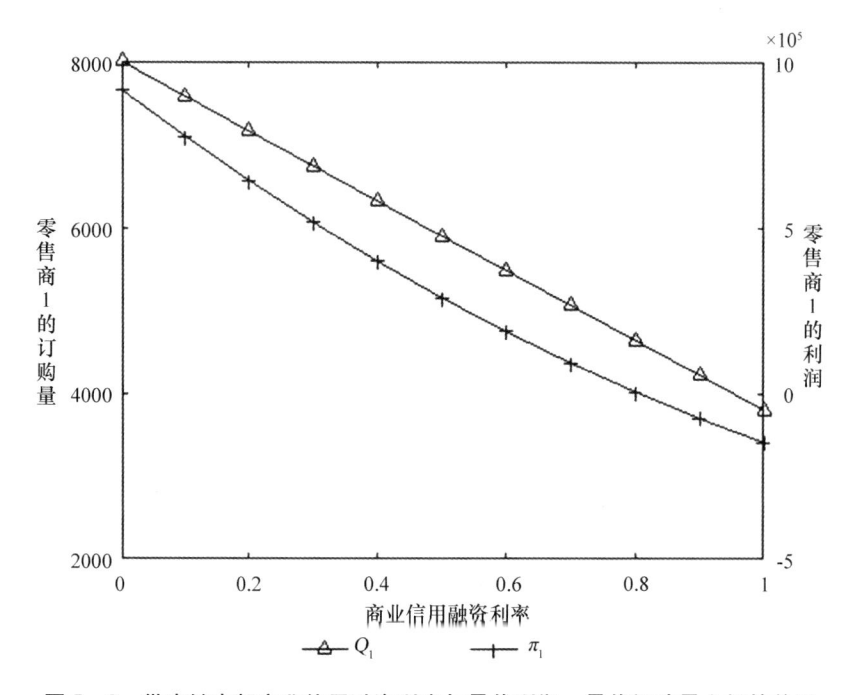

图 5-3 供应链内部商业信用融资利率与最优利润、最优订购量之间的关系

图 5-4 描述了零售商 2 采用内部债权融资时的债权融资比例与最优利润之间的关系。从图中可以明显看出，债权融资比例与零售商 R_2 的利润存在一个正向关系。零售商利用供应链外部债权或股权融资方式融资时，应尽可能增加债权融资比例，这样在其他因素不变情况下可以有效增加其利润。

图 5-5 描述了采用供应链外部债权融资时的债权融资比例，以及采用供应链内部商业信用融资时的融资利率与零售商 1 和零售商 2 的最优利

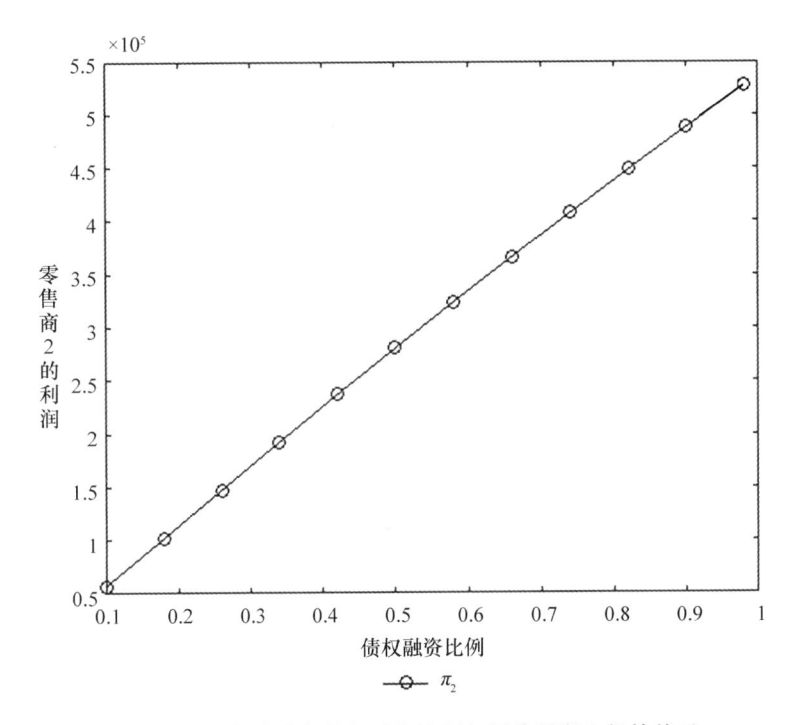

图 5-4　零售商内部债权融资比例与最优利润之间的关系

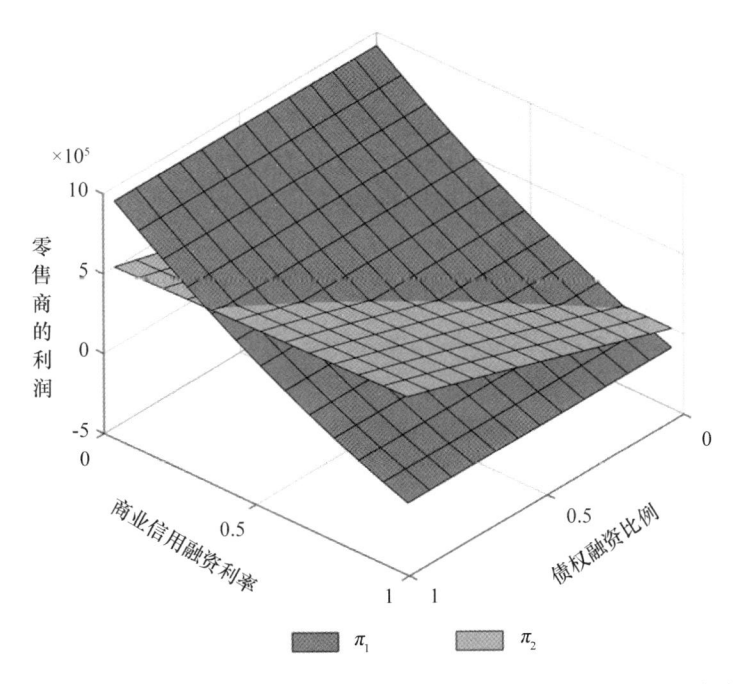

图 5-5　外部债权融资比例、内部商业信用融资利率与最优利润之间的关系

润之间的关系。可以看出，如果零售商采用供应链内部商业信用融资方式进行融资，那么零售商的利润会随着商业信用融资利率的增加而减少；如果零售商采用供应链外部债权或股权融资方式融资，那么零售商的最优利润将随着其债权融资比例的增加而增大，并且商业信用融资利率对零售商利润的影响更大。

图5-6描述了供应链内部商业信用融资利率、价格成本比例与零售商1和零售商2的最优利润之间的关系。可以看出，如果保持供应链内部商业信用融资利率不变时，那么零售商利润将会随着价格成本比例系数的增加而明显减少；此外，如果保持价格成本比例系数不变时，零售商的最优利润也将随着商业信用融资利率的增加而明显减少。以上结论表明，零售商如果选择利用供应链内部融资模式进行融资时，那么零售商不仅要关注商业信用融资利率，还要及时关注商品的进货成本。

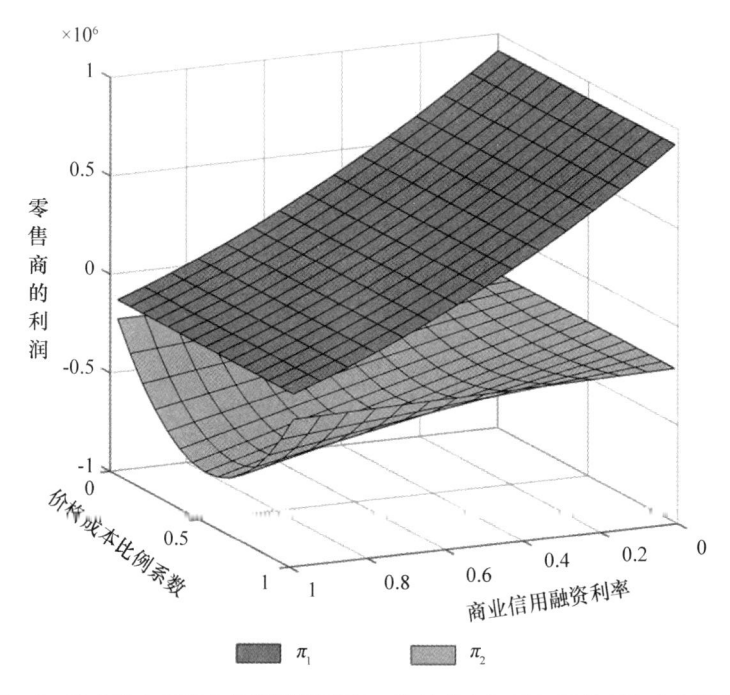

图5-6 供应链内部商业信用融资利率、价格成本比例与最优利润之间的关系

第四节 本章小结

在现实生活中，资金约束零售商在选择融资方式时，既可以选择供应

链内部商业信用融资模式,也可以选择股权融资或债权融资等供应链外部融资模式。当然,不同融资模式对零售商、供应商以及整个供应链都有重要影响。此外,零售商在选择最合理、最恰当的融资策略时,不仅要考虑外部市场环境因素,还要考虑上游供应商、自身融资结构等因素。

针对目前很多研究都是考虑线性需求函数问题,本章考虑了一个供应商和零售商组成的二级供应链,重点分析了随机市场需求下的零售商最优订购与融资问题,并结合商业信用融资利率、债权融资比例、成本价格比例系数等因素,构建了零售商的最优订购模型,深入分析了商业信用融资利率、债权融资比例等因素对零售商最优订购量和利润的影响。研究发现,针对不确定性市场需求情形,本章考虑零售商的股权和债权融资模式,得到了零售商的最优订购量,并且该最优解与融资比例、随机市场需求函数等密切相关。此外,还发现在随机市场需求分布函数的值大于某一临界值时,零售商最优订货量与债权融资比例存在一个负向关系;在随机市场需求分布函数的值大于某一临界值时,零售商最优订货量与债权融资比例存在一个正向关系;在随机市场需求分布函数的值等于某一临界值时,零售商最优订货量与债权融资比例没有直接关系。进一步,本章还以均匀分布为例,利用数值示例和敏感性分析方法,分析了融资利率、成本价格比例、债权融资比例等因素对最优解的影响。

第六章　随机市场需求下考虑期权合同的中小企业订购策略研究

作为一种金融衍生工具，期权具有对冲市场风险、缓解融资约束的作用。在企业运营过程中，期权也是一个重要影响因素。期权合约在供应链订购中得到了广泛应用。吴英晶等[1]比较分析看跌期权、看涨期权以及双向期权下零售商的融资决策，发现双向期权下零售商的订购量最大。Wang[2]研究客户退货和双向期权下的零售商订购问题，发现使用双向期权可以增加产品订购量。Wang等[3]分别研究了资本约束零售商期权订购和考虑期权合同的零售商订购问题，发现期权合同显著增加零售商订购量。在需求不确定性条件下，Wang和Webster[4]研究基于批发价格合同和期权合约的联合订货问题，发现同时订购产品和期权是零售商的最优策略。王婧和陈旭[5]分析有期权与无期权两种情况下零售商对生鲜农产品的订购策略，发现有期权交易的最优总订购量大于没有期权交易的最优产品订购量。在零售商的期权订购方面，尚文芳等[6]引入需求预测信息即时更新因素，指出期权订购量与需求信息更新的最佳时刻有关。目前已有许多文献研究期权在供应链中的应用，并取得了丰硕的研究成果。然而，却很

---

[1] 吴英晶、李勇建、张李浩：《基于期权契约的零售商融资最优策略研究》，《管理评论》2014年第10期。

[2] Wang Y. M., 2017: "Supply Chain Finance of Commercial Bank, Risk and Management: From the Perspective of Counterparty Credit Risk", *Financial Theory & Practice*, No. 8, pp. 37~41.

[3] Wang C., Chen J., Chen X., 2019: "The Impact of Customer Returns and Bidirectional Option Contract on Refund Price and Order Decisions", *European Journal of Operational Research*, Vol. 274, No. 1, pp. 267~279.

[4] Wang C. X., Webster S., 2009: "The Loss-averse News Vendor Problem", *Omega*, Vol. 37, No. 1, pp. 93~105.

[5] 王婧、陈旭：《考虑期权合同的生鲜农产品批发商的最优订货》，《系统工程理论与实践》2010年第12期。

[6] 尚文芳、祁明、陈琴：《需求预测信息更新条件下供应链的三阶段期权协调机制》，《系统工程理论与实践》2013年第6期。

少有文献研究在随机市场需求下资金受限供应链中考虑期权的订购策略问题。

市场需求是影响中小企业运营的一个重要因素。在上一章中，我们用一个随机变量来刻画市场需求，并在这种随机市场需求下研究了中小企业的最优订购策略问题。本章将继续深入随机市场需求下的订购策略研究，考虑企业如何利用期权合约这一金融衍生工具来减少不确定市场需求波动的影响，降低企业自身运营风险。在随机市场需求条件下，本章考虑一个供应商和资金受限零售商（作为中小企业的代表）组成的二级供应链，从融资结构角度来看，研究资金受限零售商基于期权合约的零售商订购决策问题，从理论上证明了最优订购量的存在性和唯一性，并分析股权融资比例、销售价格、批发价格和缺货损失成本对最优订购量的影响。

第一节 问题描述

本章研究包含一个供应商和一个具有融资约束的零售商的二级供应链。由于零售商自身资金受限，所以期初零售商利用股权融资和债权融资方式融资，以便可以按照批发价 w 和单位期权购买价 o 分别从供应商获得数量为 q_w 的商品和数量为 q_o 的期权，并且期末可以按照行权价 k 执行数量为 $[\min(x-q_w, q_o)]^+$ 的期权。随后零售商在市场上以价格 p 销售，期末利用销售收入归还债务欠款或者给股权持有者分红。

零售商面临着资金约束的问题，如零售商的初始资金不能支付全部的订购成本，那么零售商就无法通过销售产品盈利。为简化模型，本部分认为零售商的初始资金为零，那么零售商可以通过外部融资来解决运营资金短缺，其中债权融资利率为 r。零售商的最优订购量会受到进货成本、融资成本、市场需求等因素的重要影响，所以研究零售商最优订购量必须要综合考虑以上因素。本章将在综合考虑以上因素的基础上，构建零售商最优订购量和最优期权订购量模型。

假设零售商可以在期初通过股权和债权融资确保能够支付商品购买成本 wq_w、期权购买成本 oq_o 和期权执行成本 kq_o。模型参数及变量如表 6-1 所示。

表 6-1　　　　　　　　　　参数变量

参数及变量	含义
π	利润函数
p	销售价格
q_o	期权订购量
q_w	商品订购量
a	股权融资比例，$0<a<1$
$(1-a)$	债权融资比例
r	债权融资利率
k	行权价
o	单位期权购买价格
w	单位商品批发价格
g	单位缺货损失成本
x	随机市场需求，$x>0$
$f(x)$	需求概率密度函数

第二节　最优订购策略模型构建与分析

在现实生活中，零售商往往更多地面临一个不确定的随机市场需求情形，所以本部分主要考虑在随机市场需求情形下，零售商在面临产品供不应求或者供过于求不同情况下的利润、成本情况。同时，期末零售商可以根据市场需求选择不执行期权、执行部分期权和执行全部期权。因此，从以下三个方面来讨论零售商的成本。

（1）市场需求 x 满足 $x \leq q_w$，零售商商品在市场上出现供过于求的情况，零售商不执行期权。此时，零售商总成本主要包含商品成本、期权成本、融资成本等成本要素，所以零售商的总成本可以表示为：

$$wq_w + oq_o + (1-a)(wq_w + oq_o)(1+r) \tag{6.1}$$

（2）市场需求 x 满足 $q_w < x < q_w + q_o$，零售商商品在市场上出现供不应求的情况，零售商执行部分期权。此时，零售商的成本是由商品成本、期权的购买成本、执行部分期权的执行成本以及零售商向第三方金融机构融资的成本组成。此时，零售商的总成本可以表示为：

$$wq_w + oq_o + k(x - q_w) + (1-a)[wq_w + oq_o + k(x - q_w)](1+r)$$
(6.2)

（3）市场需求 x 满足 $x \geq q_w + q_o$，零售商商品在市场上出现供不应求的情况，零售商执行全部期权。此时，零售商的成本是由商品成本、购买与执行全部期权的成本、零售商向第三方金融机构融资的成本和缺货损失成本组成。此时，零售商的总成本可以表示为：

$$wq_w + oq_o + kq_o + (1-a)(wq_w + oq_o + kq_o)(1+r) + g(x - q_w - q_o)$$
(6.3)

根据以上公式，可以计算得到零售商利润函数 $\pi(q_w, q_o, a)$ 如下形式：当 $x \leq q_w$，$q_w < x < q_w + q_o$，$x \geq q_w + q_o$ 时，零售商总利润分别可以表示为：

$$\pi_1 = (1-a)[px - wq_w - oq_o - (1-a)(wq_w + oq_o)(1+r)]$$
$$\pi_2 = (1-a)[px - wq_w - oq_o - k(x - q_w)] -$$
$$(1-a)[wq_w + oq_o + k(x - q_w)](1+r)$$
$$\pi_3 = (1-a)[p(q_w + q_o) - wq_w - oq_o - kq_o] -$$
$$(1-a)[(wq_w + oq_o + kq_o)(1+r) - g(x - q_w - q_o)] \quad (6.4)$$

根据以上公式可知，零售商的预期利润可以表示为：

$$E[\pi(q_w, q_o, a)] = (1-a)\int_0^{q_w+q_o} pxf(x)dx + (1-a)\int_{q_w}^{q_w+q_o}$$
$$[-k(x - q_w) - (1-\varphi)k(x - q_w)(1+r)]f(x)dx +$$
$$(1-a)\int_{q_w+q_o}^{+\infty} [p(q_w + q_o) - kq_o - (1-\varphi)kq_o(1+r) -$$
$$g(x - q_w - q_o)]f(x)dx + (1-a)$$
$$[-wq_w - oq_o - (1-\varphi)(wq_w + oq_o)(1+r)] \quad (6.5)$$

零售商预期利润的一阶偏导表达式如下：

$$\frac{\partial E(\pi)}{\partial q_w} = (1-a)[-w - (1-a)w(1+r) + k\int_{q_w}^{q_w+q_o} f(x)dx +$$
$$(1-a)k\int_{q_w}^{q_w+q_o} f(x)dx(1+r) + p\int_{q_w+q_o}^{+\infty} f(x)dx +$$
$$g\int_{q_w+q_o}^{+\infty} f(x)dx - w\int_{q_w+q_o}^{+\infty} f(x)dx]$$

(6.6)

为了得到零售商最优利润，必须先要计算此利润函数的一阶偏导，并令其等于零，即：$\frac{\partial E(\pi)}{\partial q_w} = 0$，得到：

$$(1-a)\left[-w-(1-a)w(1+r)+k\int_{q_w}^{q_w+q_o}f(x)\mathrm{d}x+\right.$$
$$(1-a)k\int_{q_w}^{q_w+q_o}f(x)\mathrm{d}x(1+r)+p\int_{q_w+q_o}^{+\infty}f(x)\mathrm{d}x+$$
$$\left.g\int_{q_w+q_o}^{+\infty}f(x)\mathrm{d}x-w\int_{q_w+q_o}^{+\infty}f(x)\mathrm{d}x\right]=0 \quad (6.7)$$

对式 (6.7) 求解得到驻点, 记为 q_w^*。

计算零售商利润函数二阶偏导, 得到:

$$\frac{\partial^2 E(\pi)}{\partial q_w^2}=(1-a)\left[kf(q_w+q_o)-kf(q_w)+(1-a)kf(q_w+q_o)(1+r)-\right.$$
$$(1-a)kf(q_w)(1+r)-pf(q_w+q_o)-gf(q_w+q_o)+$$
$$\left.wf(q_w+q_o)\right]$$
$$(6.8)$$

由于商品的缺货损失成本相当大, 所以 $\frac{\partial^2 E(\pi)}{\partial q_w^2}<0$。由此可知, 零售商期望利润 $E(\pi)$ 存在唯一最优解。因此, 所得到的驻点就是零售商的最优订购量, 记为 q_w^*。由式 (6.7) 可知, 零售商的最优订购量不仅与需求分布函数有关, 还和 a、p、w、g 这四个参数有关, 下面分析这四个参数变化对零售商的最优订购量的影响。

命题 1 当 $M<N$ 时, 那么零售商最优订购量 q_w^* 随着股权融资比例 a 的增大而减小; 当 $M>N$ 时, 如果 $w>k$ 成立, 那么零售商最优订购量 q_w^* 随着股权融资比例 a 的增大而增大。其中 $M=G[(2a-2)(1+r)-1]$, $N=\int_{q_w+q_o}^{+\infty}f(x)\mathrm{d}x(p+g-w)$, $G=\left[w-k\int_{q_w}^{q_w+q_o}f(x)\mathrm{d}x\right]$。

证明: 根据式 (6.7), 隐函数求导可得:

$$\partial q_w^*/\partial a=\int_{q_w+q_o}^{+\infty}f(x)\mathrm{d}x+(p+g-w)-pf(q_w+q_o)-$$
$$gf(q_w+q_o)+wf(q_w+q_o)+(1-a)^2kf(q_w+q_o)$$
$$(1+r)-(1-a)^2f(q_w)(1+r)+$$
$$\left[w-k\int_{q_w}^{q_w+q_o}f(x)\mathrm{d}x\right]\frac{(2a-2)(1+r)-1}{(1-a)[k(f(q_w+q_o)-f(q_w)]} \quad (6.9)$$

通过以上公式可以看出, 当 $w>k$ 时, 同时 $\left[w-k\int_{q_w}^{q_w+q_o}f(x)\mathrm{d}x\right][(2a-2)(1+r)-1]<(p+g-w)\int_{q_w+q_o}^{+\infty}f(x)\mathrm{d}x$, 或当 $w<k$ 时, 则 $\partial q_w^*/\partial a<0$, 表示随着股权融资比例的增大, 零售商的最优订购量呈现出一种逐渐减小的

趋势；然而，当 $w>k$ 时，并且还存在如下关系：$[w-k\int_{q_w}^{q_w+q_o}f(x)\mathrm{d}x][(2a-2)(1+r)-1] > (p+g-w)\int_{q_w+q_o}^{+\infty}f(x)\mathrm{d}x$，那么显然存在 $\partial q_w^*/\partial a>0$，这就意味着随着股权融资比例的增大，零售商的最优订购量逐渐增大。证毕。

命题 1 表明了零售商最优订购量 q_w^* 随股权融资比例的增大可能增大也可能减小。究其原因，可能是当零售商的股权融资比例较小、债权融资比例较大时，零售商承担了更多的融资利息，所以零售商的订购量随着股权融资比例的增加而增大。但是，当股权融资比例足够大甚至达到 90% 时，零售商将没有利润，所有利润要按 100% 股权分给持股者，所以零售商会减少订购量，甚至不订购。

命题 2 零售商最优订购量 q_w^* 随着销售价格 p 的增大而增大。

证明：根据公式（6.7），隐函数求导可得：

$$\partial q_w^*/\partial p = \int_{q_w+q_o}^{+\infty}f(x)\mathrm{d}x/[-kf(q_w+q_o)+kf(q_w)-$$
$$(1-a)kf(q_w+q_o)(1+r)+(1-a)kf(q_w)(1+r)+$$
$$pf(q_w+q_o)+gf(q_w+q_o)-wf(q_w+q_o)]$$

(6.10)

因为 $\int_{q_w+q_o}^{+\infty}f(x)\mathrm{d}x>0$，$\partial^2 E(\pi)/\partial q_w^2<0$，所以 $\partial q_w^*/\partial p>0$，这意味着，随着销售价格的增大，零售商的最优订购量逐渐增大。证毕。

命题 2 表明随着销售价格增大，零售商对商品的订购量也会增加。究其原因，可能是因为在控制其他变量不变的情况下，当零售商增加销售价格，其利润会明显更大，所以会增加其订购量。

命题 3 零售商最优订购量 q_w^* 与批发价格 w 存在一个负相关关系。

证明：根据式（6.7），隐函数求导可得：

$$\frac{\partial q_w^*}{\partial w} = 1+(1-a)(1+r)+\int_{q_w+q_o}^{+\infty}f(x)\mathrm{d}x/[kf(q_w+q_o)-kf(q_w)-$$
$$pf(q_w+q_o)+(1-a)kf(q_w+q_o)(1+r)-(1-a)kf(q_w)(1+r)-$$
$$gf(q_w+q_o)+wf(q_w+q_o)]$$

(6.11)

由于 $(1-a)(1+r)+\int_{q_w+q_o}^{+\infty}f(x)\mathrm{d}x>0$，$\partial^2 E(\pi)/\partial q_w^2<0$，可得 $\partial q_w^*/\partial w<0$，所以，零售商批发价格与最优订购量之间存在负向关系。证毕。

命题 3 表明了随着批发价格增大，零售商对商品的订购量会减少。

究其原因，可能是因为在控制其他变量不变的情况下，如果增大批发价格，那么零售商的进货成本也会增大，从而导致其利润的减少。为了实现利润最大化，零售商会始终减少其商品的订购量，这是符合现实的。

命题4 零售商最优订购量 q_w^* 随着单位缺货损失成本 g 的增大而增大。

证明：根据式（6.7），隐函数求导可得：

$$\partial q_w^*/\partial g = \int_{q_w+q_o}^{+\infty} f(x)\,\mathrm{d}x / [-kf(q_w+q_o) + kf(q_w) - (1-\varphi)kf(q_w+q_o)(1+r) + (1-a)kf(q_w)(1+r) + pf(q_w+q_o) + gf(q_w+q_o) - wf(q_w+q_o)$$

(6.12)

同命题2，可得 $\partial q_w^*/\partial g > 0$，也就意味着随着单位缺货损失成本的增大，零售商最优订购量在逐渐增大。证毕。

命题4说明了随着单位缺货损失成本 g 增大，零售商的商品订购量会增加。当供不应求时，在保持其他因素不变的情况下，商品的单位缺货损失成本越大，零售商的机会损失就越大，这是零售商不想看到的情况。由此可知，在一定的成本下，零售商订购量与单位缺货损失成本成正比；当供过于求时，此时是不存在缺货损失的，但是对于零售商来说，增加订购量是提高利润的一种方式。

零售商为满足不确定市场需求，不仅通过批发合约订购商品，还向供应商订购期权合约。期初，零售商可以通过购买期权来规避由需求市场不确定带来的风险。在销售季节开始时，零售商可以得到关于需求市场的信息。此时，期权合同给零售商提供一份购买商品的权利。

给定 q_w，将零售商的期望利润式（6.5）对 q_o 求一阶导数，得到：

$$\frac{\partial E(\pi)}{\partial q_o} = (1-a)[-o - pq_w f(q_w) + wq_w f(q_w) + oq_o f(q_w) + p\int_{q_w+q_o}^{+\infty} f(x)\,\mathrm{d}x - (1-a)[o - wq_w f(q_w) - oq_o f(q_w) + k\int_{q_w+q_o}^{+\infty} f(x)\,\mathrm{d}x](1+r) - k\int_{q_w+q_o}^{+\infty} f(x)\,\mathrm{d}x + g\int_{q_w+q_o}^{+\infty} f(x)\,\mathrm{d}x]$$

(6.13)

令 $\dfrac{\partial E(\pi)}{\partial q_o} = 0$，得到：

$$(1-a)[-o - pq_w f(q_w) + wq_w f(q_w) + oq_o f(q_w) +$$

$$p\int_{q_w+q_o}^{+\infty} f(x)\mathrm{d}x - k\int_{q_w+q_o}^{+\infty} f(x)\mathrm{d}x + g\int_{q_w+q_o}^{+\infty} f(x)\mathrm{d}x -$$
$$(1-a)[o - wq_w f(q_w) - oq_o f(q_w) + k\int_{q_w+q_o}^{+\infty} f(x)\mathrm{d}x](1+r) = 0$$
(6.14)

对式 (6.14) 求一阶导, 得到:
$$\frac{\partial^2 E(\pi)}{\partial q_o^2} = (1-a)(1+r)[(of(q_w) - pf(q_w+q_o) + kf(q_w+q_o)$$
$$- gf(q_w+q_o) + (1-a)(of(q_w) + kf(q_w+q_o))] \quad (6.15)$$

当概率密度函数 $f(x)$ 是单调递增时, 只需 $2k<p$, 可得 $\frac{\partial^2 E(\pi)}{\partial q_o^2}<0$; 当概率密度函数 $f(x)$ 是单调递减时, 只需 $2o<p$, 可得 $\frac{\partial^2 E(\pi)}{\partial q_o^2}<0$, 因此只要概率密度函数 $f(x)$ 是单调函数, 那么 $\frac{\partial^2 E(\pi)}{\partial q_o^2}<0$。由以上可知, 零售商期望利润 $E(\pi)$ 存在唯一最优解。零售商的最优期权订购量 q_o^* 可由式 (6.14) 求得。由式 (6.14) 可知, 零售商的最优期权订购量不仅与需求分布函数有关, 还和 p、k、g 三个参数有关, 下面分析这三个参数变化对零售商的最优期权订购量的影响。

命题 5 当 $q_w f(q_w)>1$ 时, 零售商最优期权订购量 q_o^* 随着销售价格 p 增大而减小; 当 $q_w f(q_w)<1$ 时, 零售商最优期权订购量 q_o^* 随着销售价格 p 增大而增大。

证明: 根据式 (6.14), 隐函数求导可得:
$$\partial q_o^*/\partial p = q_w f(q_w) - \int_{q_w+q_o}^{+\infty} f(x)\mathrm{d}x / [of(q_w) - pf(q_w+q_o) + kf(q_w+q_o) +$$
$$(1-a)[of(q_w) + kf(q_w+q_o)](1+r) - gf(q_w+q_o)]$$
(6.16)

因为 $\partial^2 E(\pi)/\partial q_o^2<0$, 所以当 $q_w f(q_w)>1$ 时, $\partial q_o^*/\partial p<0$, 表示随着销售价格的增大, 零售商的最优期权订购量逐渐减小; 当 $q_w f(q_w)<1$ 时, $\partial q_o^*/\partial p>0$, 表示随着销售价格的增大, 零售商的最优期权订购量逐渐增大。证毕。

命题 5 表明了零售商最优期权订购量 q_o^* 随着销售价格的增大可能增大也可能减小。这是因为, 当销售价格增大且增加幅度不大时, 零售商愿意增加期权订购量, 这样不仅可以满足潜在的市场需求, 还能避免订购过多商品带来的损失; 当销售价格增大且增加幅度较大时, 零售商会减少期权订购量，同时零售商会增加商品的订购量，这样会带来更高的利润。

命题6 零售商最优期权订购量 q_o^* 随着行权价 k 的增大而减小。

证明：根据式（6.14），隐函数求导可得：

$$\partial q_o^*/\partial k = (2-a)\int_{q_w+q_o}^{+\infty} f(x)\mathrm{d}x/\{of(q_w) - pf(q_w+q_o) + kf(q_w+q_o) + (1-a)[of(q_w) + kf(q_w+q_o)](1+r) - gf(q_w+q_o)\}$$

(6.17)

因为 $\partial^2 E(\pi)/\partial q_o^2 < 0$，所以 $\partial q_o^*/\partial k < 0$，这意味着随着行权价的增大，零售商的最优期权订购量逐渐减小。证毕。

命题6 表明了随着行权价的增大，零售商对期权订购量会减少。这是因为，在保持其他因素不变的情况下，零售商执行期权的成本会随着行权价的增大而增大，而行权价的降低会鼓励零售商订购更多的期权，以满足更多潜在的市场需求。为了实现利润最大化，零售商随着期权执行价的提高而减少对期权的订购。

命题7 零售商最优期权订购量 q_o^* 与单位缺货损失成本 g 成正比。

证明：根据式（6.14），隐函数求导可得：

$$\partial q_o^*/\partial g = -\int_{q_w+q_o}^{+\infty} f(x)\mathrm{d}x/\{of(q_w) - pf(q_w+q_o) + kf(q_w+q_o) + (1-a)[of(q_w) + kf(q_w+q_o)](1+r) - gf(q_w+q_o)\}$$

(6.18)

同命题6，可得 $\partial q_o^*/\partial g > 0$，也就意味着随着单位缺货损失成本的增大，零售商的最优期权订购量在逐渐增加。证毕。

命题7说明了随着单位缺货损失成本 g 增大，零售商的期权订购量会增加。这与商品订购量与单位缺货损失成本的关系相同。在一个供过于求的消费市场上，如果在控制其他变量不变的情况下，随着零售商缺货损失成本的增加，零售商会显著增加订购量与期权订购量。事实上，期权合同本就是作为零售商避险的一种选择。

第三节 数值示例分析

为了验证本部分模型所提出结论的正确性，本部分将利用数值示例方式进行验证。由于本模型的决策变量是订购量，其他参数都是外生变量，所以参数取值只要符合本部分假设条件即可，具体取值不会影响模型正确性和有效性。因此，本部分假设市场需求服从 $\gamma=0.001$ 的指数分布，其他基本参数为：$p=20$，$w=9$，$g=25$，$o=1$，$k=12$，$r=5\%$，$q_w=80$，$q_o=20$，$a=90\%$。

在此基础上分别研究股权融资比例、销售价格、批发价格和单位缺货损失成本与零售商的商品订购量的关系，以及销售价格、行权价和单位缺货损失成本与零售商的期权订购量的关系。

图 6-1 描述了零售商的商品订购量 q_w 对股权融资比例 a 的敏感性。如图 6-1 所示，在其他条件不变时，当股权融资比例增加时，商品的订购量先增加，然后下降。这是因为，随着股权融资比例的增大，零售商所负担的利息会减少，这就降低了零售商的成本，促使零售商增加商品订购量；当股权融资比例足够大，甚至为 100% 时，零售商最后所获得的利润为零，这时零售商将没有动力去订购商品。显然，这符合命题 1。

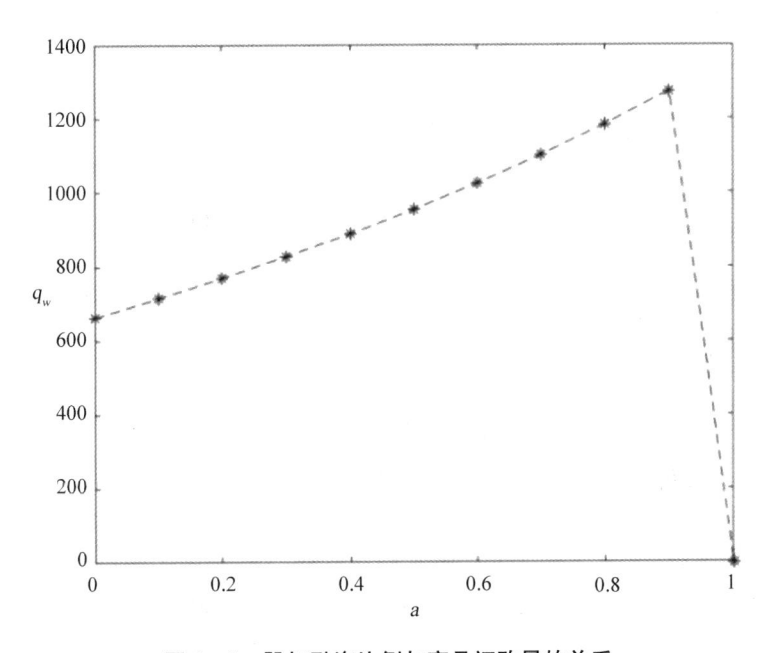

图 6-1 股权融资比例与商品订购量的关系

图 6-2 描述了零售商的商品订购量 q_w 对批发价格 w 的敏感性。如图 6-2 所示，当其他条件不变时，随着批发价格提高，零售商会减少对商品的订购。究其原因，可能是因为提高批发价格导致零售商进货成本的增加，这也就在一定程度上减少了零售商利润，所以零售商会调低最优订购量。显然，这与命题 3 结论一致。

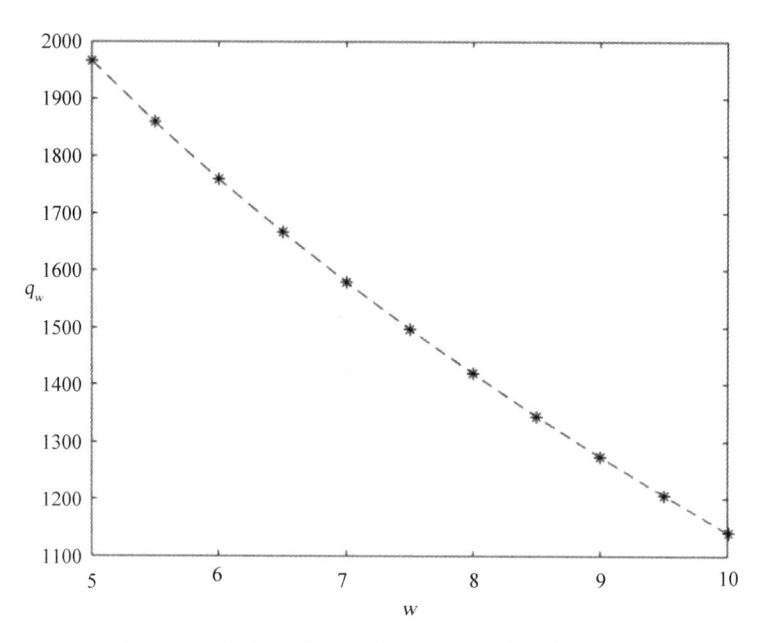

图6-2 零售商批发价格与最优订购量之间的关系

图6-3描述了零售商的期权订购量 q_o 对行权价 k 的敏感性。如图6-3所示，在其他条件不变时，零售商的期权订购量随着行权价的提高而减少。同样，提高期权执行价会增加零售商的成本，所以零售商会减少期权的订购量。同时，该结论与命题6相吻合。

图6-4和图6-5分别描述了零售商的商品订购量 q_w 和期权订购量 q_o 对销售价格 p 的敏感性。如图6-4所示，在其他参数不变的情况下，随着销售价格的提高，零售商会增加商品的订购量。该结论符合命题2。如图6-5所示，在其他变量控制不变的情况下，零售商最优期权订购量与销售价格存在一个正向关系。同样，提高销售价格会增加零售商的利润，所以零售商也会增加期权的订购量。显然，这符合命题5。通过比较图6-4和图6-5，结果显示销售价格的变化对期权订购量的影响更大。

图6-6和图6-7分别描述了零售商的商品订购量 q_w 和期权订购量 q_o 对缺货损失成本 g 的敏感性。如图6-6所示，在其他条件不变时，随着单位缺货损失成本的提高，零售商会增加商品的订购量。事实上，作为风险厌恶者，零售商考虑到了缺货成本时往往会选择增加订购量。该结论与命题4结论一致。如图6-7所示，在控制其他因素不变时，零售商最

优期权订购量与缺货损失成本存在一个正向关系。提高单位缺货损失成本会增加零售商由于缺货带来的额外损失，所以零售商也会增加期权的订购量。显然，这符合命题7。通过比较图6-7和图6-8发现，单位缺货损失成本变化对期权订购量的影响更大。

图6-3　零售商期权执行价与最优期权订购量之间的关系

图6-4　销售价格与最优订购量之间的关系

图6-5　销售价格与最优期权订购量之间的关系

图6-6　缺货损失成本与最优订购量之间的关系

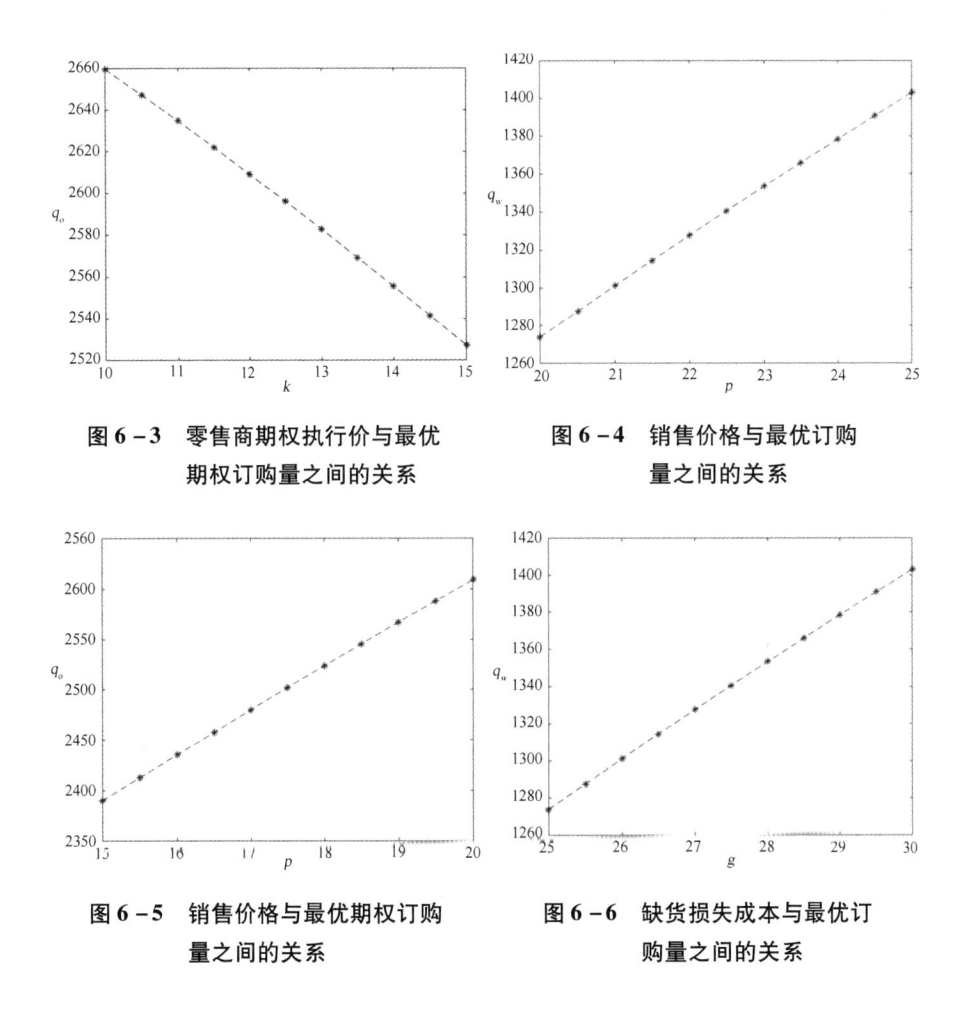

图6-8描述了股权融资比例、销售价格与商品订购量的关系。可以看出，在控制其他变量不变的情况下，零售商最优订购量与股权融资比例、销售价格之间存在一个正向关系，并且股权融资比例对商品最优订购量的影响更大。

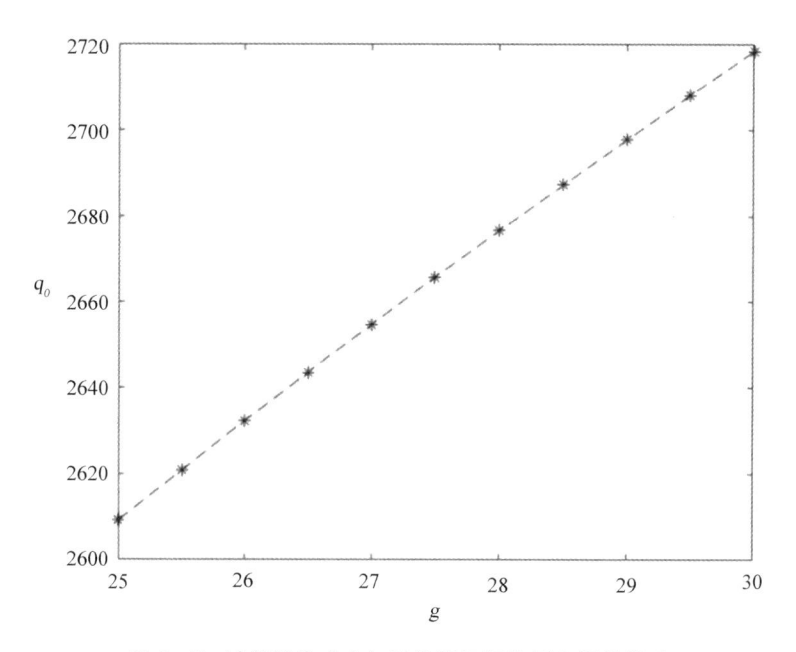

图 6-7 缺货损失成本与最优期权订购量之间的关系

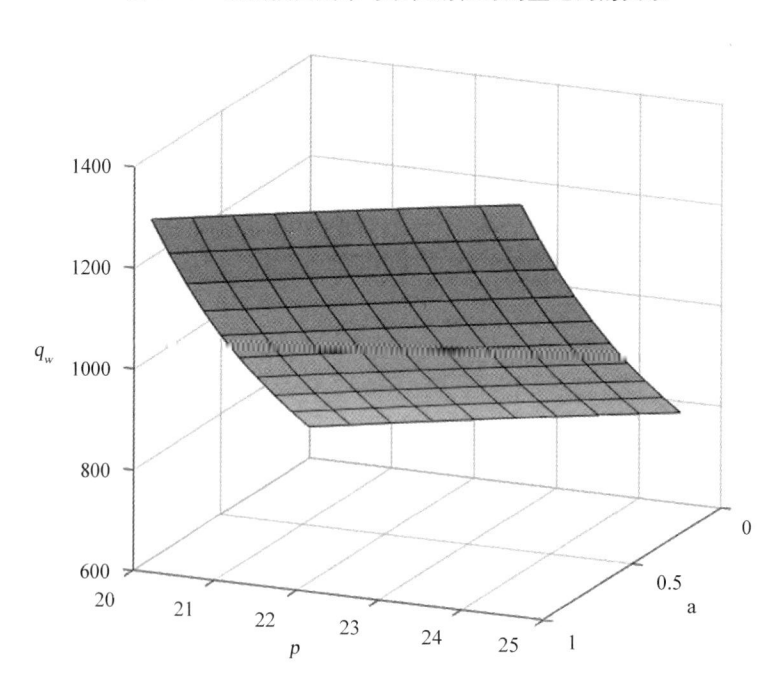

图 6-8 股权融资比例、销售价格与最优订购量之间的关系

图 6-9 描述了股权融资比例、批发价格与商品订购量的关系。可以看出，在其他参数保持不变的情况下，随着股权融资比例的增大和批发价格的减小，零售商的订购量会明显增加。由图 6-8 和图 6-9 可知，在股权融资比例一定时，与销售价格相比，批发价格对商品订购量的影响更大。

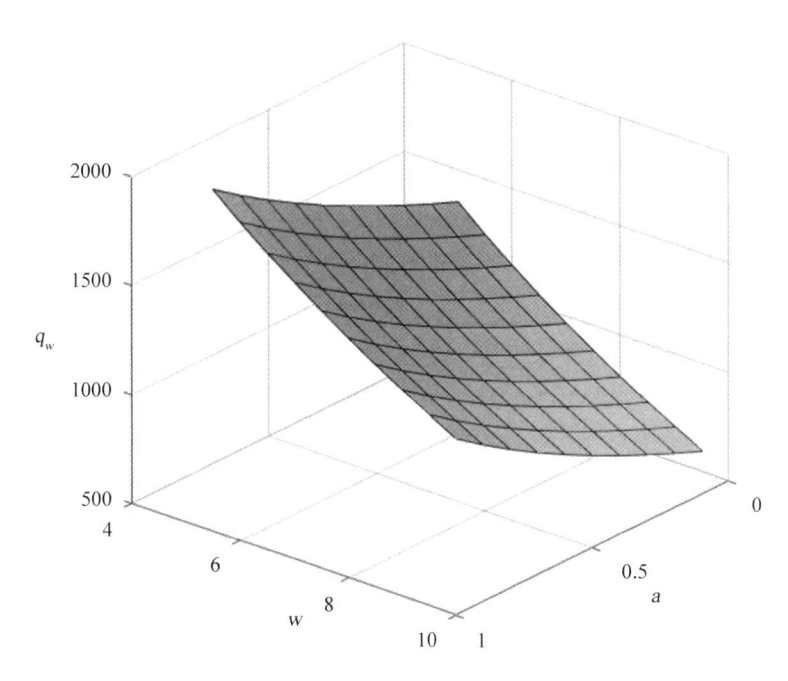

图 6-9　股权融资比例、批发价格与商品订购量的关系

第四节　本章小结

在随机市场需求情形下，本书考虑融资结构、期权合同、缺货等因素，研究零售商最优订购策略问题，分别构建最优期权合约模型和最优决策订购模型，并利用最优化理论证明了零售商最优订购量和最优期权订购量的存在性和唯一性。随后，从理论上分析了股权融资比例、销售价格、批发价格和缺货损失成本对商品订购量的影响。最后，利用数值示例验证模型的有效性。研究发现，行权价与零售商最优期权订购量呈负相关；缺货损失成本与最优期权订购量呈正相关；零售商最优期权订购量与销售价

格之间的关系不确定,既可能是正向的,也可能是负向的;销售价格和缺货损失成本与零售商最优订购量存在正相关的关系;随着批发价格增加,最优订购量会减少;零售商最优订购量随股权融资比例增加而可能增加,也可能减少。

第七章 极端市场需求风险下中小企业订购策略研究

上文已经对线性市场需求下的企业融资，以及随机市场需求下的企业订购问题进行了有效研究，并且得到了相应的最优策略。然而，受消费者、企业以及外部市场环境等因素的共同影响，现实市场上的市场需求往往呈现出较大的波动性与随机性，特别是突发公共卫生等事件，会对市场需求产生极大影响，造成需求的剧烈波动，这种极端风险事件对中小企业的影响往往是非常关键的。缺乏对于此类事件的有效预测与处理，可能会给中小企业带来巨额损失。因此，本章将继续在随机市场需求下，特别是在极端市场需求风险下，研究中小企业订购策略问题。

第一节 问题描述

在复杂多变的市场环境中，市场需求具有极大的波动性与随机性，一旦出现突发事件，就会导致市场需求剧烈波动，产生的极端需求风险还可能给供应链相关企业带来巨大损失。比如，2018年4月，美国商务部发布禁令，禁止向中兴通讯出售元器件、软件、设备等敏感产品，导致中兴通讯公司股价大跌，随后临时停牌。中兴通讯2018年的财报显示，其营业收入同比下降21.41%，净利润同比下降252.88%；2020年新冠疫情暴发后，许多企业损失惨重，特别是中小型零售企业。同年2月3日，即中国A股春节后开市第一天，超过3000只股票跌停，上证指数收盘跌幅7.72%，深证成指、创业板指跌幅均超过6.8%。诸如此类，突发事件所造成的极端需求风险会给企业带来极大的负面影响，因此考虑极端需求风险对于企业运营决策的影响至关重要。本部分在极端需求背景下，综合考虑随机市场需求、极端需求风险规避、损失厌恶偏好、融资结构等因素，研究具有资金约束的损失厌恶零售企业的订购策略。

在极端需求风险规避方面，Rockafellar 和 Uryasev[①]最先将金融风险管理中的 CVaR 引入报童模型用以度量风险。Wu 等[②]分别运用 VaR 和 CVaR 研究风险厌恶报童的库存决策问题，发现风险厌恶报童的最优订购量受市场不确定性的影响。事实上，极端需求风险是一个极为特殊的存在，相比于一般情况，其发生概率很低，但是一旦发生，那么给供应链上下游企业所造成的影响是非常大的，不仅增加了零售商遭受损失的可能性，也对零售商的自有资金提出更高要求，使零售商更易陷入资金困境。目前，解决零售商资金难题的关键仍是自发融资，可供其选择的融资方式主要可分为股权融资、债权融资两大类。股权融资是指零售商通过出让部分股权以获得所需资本的一种融资方式，债权融资是指零售商通过举债筹集所需资本的一种融资方式。关于股权融资，Yang 和 Birge[③]指出，股权融资方式显著影响零售商订购决策，并且还能提高供应链整体绩效；马健等[④]在异质信念下构建公司股权债权融资模型，发现投资者对企业融资收益的预期大于管理者预期时，股权融资方式更为有利。

上述研究大多都是在决策者风险态度固定的前提下，研究其最优订购决策以及供应链整体绩效与协调问题。但是，作为企业的决策主体，人在决策过程中易受到环境、主观认识的局限性以及心理因素等方面的影响，导致其现实决策常常偏离理论最优结果。为了解释这些决策异常现象，使所得管理理论能够更好地指导相关企业的管理实践，相关方面学者开始在零售商订购策略研究中考虑零售商的损失厌恶偏好。Kahneman 和 Tversky[⑤]首先提出带有损失厌恶的零售商效用函数，并据此刻画损失厌恶表示风险偏好的不稳定性。Xu[⑥]根据不同的目标函数研究报童的最优订货量，发现报童的损失厌恶偏好特征影响其订购决策。

---

① Rockafellar T., Uryasev S., 2000: "Optimization of Conditional Value-at-Risk", *Journal of Risk*, Vol. 2, pp. 21~41.
② Wu C. H., Chen C. W., Hsieh C. C., 2012: "Competitive Pricing Decisions in a Two-echelon Supply Chain with Horizontal and Vertical Competition", *International Journal of Production Economics*, Vol. 135, No. 1, pp. 265~274.
③ Yang S. A., Birge J. R., 2018: "Trade Credit, Risk Sharing, and Inventory Financing Portfolios", *Management Science*, Vol. 64, No. 8, pp. 3667~3689.
④ 马健、刘志新、张力健：《投资者—管理者异质信念、公司融资决策及股价效应》，《管理评论》2012 年第 10 期。
⑤ Kahneman D., 1979: Tversky A., "Prospect Theory: An Analysis of Decision under Risk", *Econometrica*, Vol. 47, pp. 263~291.
⑥ Xu L., 2005: "Institutions, Ownership, and Finance: The Determinants of Profit Reinvestment among Chinese Firms", *Journal of Financial Economics*, Vol. 77, No. 1, pp. 117~146.

本部分在极端需求背景下，构建零售商订购模型，研究具有损失厌恶特征的资金约束零售商的订购策略。本部分的贡献体现在三个方面：第一，利用 CVaR 度量极端需求风险，在期望效用 CVaR 最大化的决策目标下分析风险规避零售商的最优订购决策。第二，基于随机市场需求下，零售商更易于出现资金约束的现实情况，本书假设零售商初始资金为零，以此将融资结构因素引入零售商订购模型，分析不同融资方式对其订购决策的影响作用。第三，考虑到大多数零售商在运营过程中都具有损失厌恶偏好特征，本书利用前景理论将损失厌恶程度引入零售商订购模型，分析其订购决策行为。

本章接下来的内容按以下顺序展开：第二部分，构建资金约束零售商订购决策模型，并分别在期望利润最大化、期望效用最大化、期望效用 CVaR 最大化的决策目标下对其进行分析；第三部分，对模型参数赋值，通过数值示例验证模型有效性。

第二节　模型构建与分析

本部分针对一个供应商和零售商组成的两级供应链，考虑不确定性市场需求、融资结构、损失厌恶偏好等因素，构建考虑不同优化目标下的资金约束零售商的订购模型，并利用最优化理论与方法得到了最优解。在本书框架下，假设零售商初始资金为零。零售商期初利用股权融资、债权融资或者股权债权混合融资方式获得资金支持，用以支付进货成本；期末，零售商利用销售收入来支付融资本息。若无法全额支付还款，零售商破产。具体模型如图 7-1 所示。

本书假定市场需求是一个随机变量，且分布函数未知。对于给定的零售商订购量，当市场需求小于订购量时，零售商商品供过于求，供应商按照事先约定回购剩余商品，此时零售商有可能获得利润，也有可能面临损失；当市场需求大于订购量时，零售商商品供不应求，此时考虑市场上部分或者全部未得到满足的需求在销售周期内可以累积，即消费者愿意等待零售商补货，零售商因此获得利润。

本章中涉及的具体变量如下：p 为销售价格；c 为进货价格；c_0 为补货价格；p_0 为回购价格（为满足经济意义，令 $p>c_0>c>p_0$）；w 为需求可累积比例（$w\in[0,1]$）；φ 为股权融资比例（$\varphi\in[0,1)$）；$1-\varphi$ 为债权融资比例；r 为债权融资利率；q 为零售商决策订购量；x 为随机

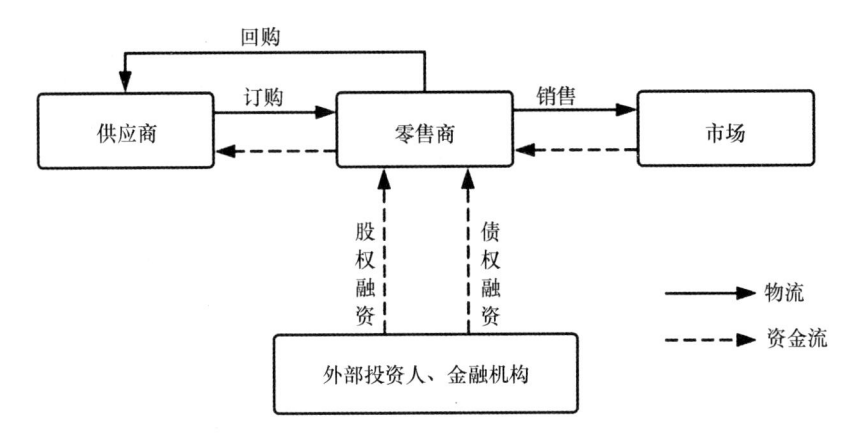

图 7-1 资金约束零售商融资与运营

市场需求（$\int_0^{+\infty} f(x)\mathrm{d}x = 1$，$F(x) = \int_0^x f(t)\mathrm{d}t, x > 0$）。

根据模型描述，零售商利润组成与其决策订购量和市场需求之间的相对大小密切相关，当市场需求小于订购量，即零售商商品供过于求时，零售商的利润由销售收入、债权融资本息、回购货款三部分组成；当市场需求大于订购量，即零售商商品供不应求时，零售商利润由销售收入、债权融资本息、补货收入三部分构成。

另外，由于零售商存在资金约束，模型假定零售商在销售期初既可以选择股权融资方式，也可以选择债权融资方式，还可以选择股权债权混合融资方式筹集所需资金，本书模型用股权融资比例 φ 表示零售商的融资结构，当 $\varphi = 0$ 时，表示零售商进行完全的债权融资，当 φ 趋近于 1 时，表示零售商更多地进行股权融资，值得说明的是，对于存在严重资金缺口的零售商而言，完全的股权融资基本是不可能实现的，即有 $\varphi \in [0, 1)$。

综上可知，在销售期末，零售商不仅要偿还债权融资本息，还要给予外部股权投资人比例为 φ 的利润分红，即零售商利润函数表示为：

$$\begin{aligned} H &= (1-\varphi)[p\min(q,x) - (1-\varphi)cq(1+r) + \\ &\quad p_0(q-x)^+ + w(p-c_o)(x-q)^+] \\ &= \begin{cases} (1-\varphi)[px - (1-\varphi)cq(1+r) + p_0(q-x)], & x \leq q \\ (1-\varphi)[pq - (1-\varphi)cq(1+r) + w(p-c_o)(x-q)], & x > q \end{cases} \end{aligned}$$

(7.1)

为便于后续讨论，当零售商商品供过于求时，即 $x \leq q$ 时，可令：

$$H_1 = (1-\varphi)[px - (1-\varphi)cq(1+r) + p_0(q-x)] \quad (7.2)$$
$$= (1-\varphi)[(p-p_0)x + [p_0 - (1-\varphi)c(1+r)]q]$$

当零售商商品供不应求时,即 $x > q$ 时,可令:

$$H_2 = (1-\varphi)[pq - (1-\varphi)cq(1+r) + w(p-c_o)(x-q)]$$
$$= (1-\varphi)[w(p-c_o)x + (p - (1-\varphi)c(1+r) - w(p-c_o))q] \quad (7.3)$$

本书在综合考虑融资结构、损失厌恶偏好、极端需求风险的情形下建立起资金约束零售商的最优订购策略模型,求得模型最优解并对最优解命题进行分析。为了更好地解释零售商订购行为偏好,使理论最优解尽可能趋近于实际最优解,本书分别假定零售商决策目标为期望利润最大化、期望效用最大化、期望效用 CVaR 最大化,在此基础上对本书所建模型进行求解和分析。

一 期望利润最大化目标

传统订购模型大都假定零售商决策目标为期望利润最大化。为保证本书研究的普适性与连贯性,本书首先也在期望利润最大化目标下进行模型构建和分析,以此为基础,零售商期望利润可表示为:

$$E(H) = \int_0^q H_1 f(x) dx + \int_q^{+\infty} H_2 f(x) dx \quad (7.4)$$

命题 1 在期望利润最大化的优化目标下,零售商期望利润函数 $E(H)$ 是一个关于最优订购量 q 的凹函数,存在最优解 q_1^*,且唯一。

证明:根据零售商期望利润函数式 (7.4),对其求一阶偏导,并令其等于零,可得:

$$\frac{\partial E(H)}{\partial q} = (1-\varphi)[p - (1-\varphi)c(1+r) - w(p-c_o) - \int_0^q (p - p_0 - w(p-c_o))f(x)dx] = 0 \quad (7.5)$$

为简化运算,根据式 (7.5),可令:

$$K_1 = p - (1-\varphi)c(1+r) - w(p-c_o) \quad (7.6)$$
$$K_2 = p_0 - (1-\varphi)c(1+r) \quad (7.7)$$
$$K_3 = K_1 - K_2 = p - p_0 - w(p-c_o) \quad (7.8)$$

由本章的基本假设 $p > c_0 > c > p_0$,并且 $0 \leqslant w \leqslant 1$,所以可以知道 $K_3 = K_1 - K_2 = p - p_0 - w(p-c_o) > 0$,即 $K_1 > K_2$;另外,对于 K_1、K_2 而言,$(1-\varphi)c(1+r)$ 表示资金约束零售商进行股权、债权混合融资之后,

在股权融资比例、债权融资利率因素的共同作用下，零售商所面对的实际进货成本发生变化，但是从实际出发，这种变化并不会改变进货成本、补货成本和单位回购价之间的相互关系，即始终满足于 $c_0 > (1-\varphi)c(1+r) > p_0$，由此可知，$K_1 > 0$，$K_2 < 0$，即 $K_3 > K_1 > 0 > K_2$。结合式（7.6）至式（7.8），可将式（7.5）简化为：$\frac{\partial E(H)}{\partial q} = (1-\varphi)[K_1 - K_3 F(q)] = 0$，此时可以得到驻点：$q_1^* = F^{-1}\left(\frac{K_1}{K_3}\right)$。

又因为有基本假设 $\varphi \in [0, 1)$，即可得零售商期望利润函数表达式（7.4）的二阶偏导：

$$\frac{\partial^2 E(H)}{\partial q^2} = -(1-\varphi)K_3 f(q) < 0 \tag{7.9}$$

因此，零售商期望利润函数 $E(H)$ 是其订购量 q 的凹函数，期望利润函数 $E(H)$ 存在唯一最优解，将此唯一最优解记为 q_1^*，且可知 q_1^* 始终满足于条件：

$$K_1 - K_3 F(q_1^*) = 0 \tag{7.10}$$

所得驻点是最优解，也就是零售商最优订购量 q_1^* 可表示为：

$$q_1^* = F^{-1}\left(\frac{K_1}{K_3}\right) \tag{7.11}$$

因此，在期望利润最大化的决策目标下，根据函数基本性质可知，零售商的期望利润函数 $E(H)$ 是关于其决策订购量 q 的凹函数，在期望利润函数一阶偏导为零时，可得零售商期望利润函数的唯一最优解 q_1^*，该最优解使零售商利润达到最大。证毕。

通过分析，本章首先得到在期望利润最大化的决策目标下，零售商唯一最优订购量的具体表达式，将此唯一最优订购量代入原模型，也可得到具体情况下零售商的最大利润，进而得到零售商的最优订购策略。

命题2 在期望利润最大化的优化目标下，零售商最优订购量 q_1^* 与其股权融资比例成正比、与债权融资利率成反比，即：$\frac{\partial q_1^*}{\partial \varphi} > 0$，$\frac{\partial q_1^*}{\partial r} < 0$。

证明：在期望利润最大化的决策目标下，式（7.10）表示零售商的最优订购量 q_1^* 是关于股权融资比例、债权融资利率等变量的隐函数，因此，可以利用隐函数求导法将式（7.10）对股权融资比例求一阶偏导，即：

$$\frac{\partial q_1^*}{\partial \varphi} = \frac{c(1+r)}{(1-\varphi)K_3 f(q)} > 0 \tag{7.12}$$

同理可得，式（7.10）对债权融资利率的一阶偏导表达式为：

$$\frac{\partial q_1^*}{\partial r} = \frac{-c(1-\varphi)}{(1-\varphi)K_3 f(q)} < 0 \tag{7.13}$$

结合函数性质，由式（7.12）和式（7.13）可知，在期望利润最大化的决策目标下，零售商最优订购量与其股权融资比例成正比、与债权融资利率成反比。

在实际经营中，股权融资比例 φ 越高，表明资金约束零售商在期初时从银行借贷的数额越少，所需支付的利息也就越少；而债权融资利率 r 越低，表明资金约束零售商的债务融资成本越小，因此，股权融资比例、债权融资利率可作为零售商运营成本的一个指标，随着股权融资比例的增大、债权融资利率的减小，零售商的运营成本逐渐减小，在这种情形下，零售商为节省成本就会倾向于增加订购。

命题3 在期望利润最大化的优化目标下，零售商最优订购量 q_1^* 随着销售价格、补货价格、回购价格的增大而增大，随着需求可累积比例、进货价格的增大而减小，即：$\frac{\partial q_1^*}{\partial w} < 0$，$\frac{\partial q_1^*}{\partial p} > 0$，$\frac{\partial q_1^*}{\partial c} < 0$，$\frac{\partial q_1^*}{\partial c_0} > 0$，$\frac{\partial q_1^*}{\partial p_0} > 0$。

证明：由命题1可知，在期望利润最大化的决策目标下，零售商的最优订购量 q_1^* 是需求可累积比例、销售价格、进货价格、补货价格、回购价格等变量的隐函数，因此，为分析需求可累积比例等变量与零售商最优订购量之间的关系，可以根据式（7.10）对需求可累积变量进行隐函数求导，即：

$$\frac{\partial q_1^*}{\partial w} = \frac{(p-c_0)[1-F(q)]}{(1-\varphi)K_3 f(q)} \tag{7.14}$$

根据 $0 < F(q) < 1$，$K_3 > 0$，且 $\varphi \in [0,1)$，即有 $\frac{\partial q_1^*}{\partial w} < 0$，由此可知，在期望利润最大化的决策目标下，零售商最优订购量随着需求可累积比例的增大而减小，同理可证：$\frac{\partial q_1^*}{\partial p} > 0$，$\frac{\partial q_1^*}{\partial c} < 0$，$\frac{\partial q_1^*}{\partial c_0} > 0$，$\frac{\partial q_1^*}{\partial p_0} > 0$，即在其他条件不变时，在期望利润最大化的决策目标下，零售商最优订购量随着销售价格、补货价格、回购价格的增大而增大，随着进货价格的增大而减小。证毕。

由命题3可知，在期望利润最大化的决策目标下，零售商最优订购量与需求可累积比例成反比，当 $w=0$ 时，该模型转变为不考虑市场需求可累积的订购策略模型，令此种情况下零售商最优订购量为 q^*，即可得知：

$q^* \geq q_1^*$。这是因为,基于本书所建模型,市场需求可累积比例的存在意味着,零售商实际损失主要来自过量订购导致商品供过于求,而过量需求由于可累积并不造成损失,因此,零售商倾向于在期初时少量订购,随后再根据市场需求情况决定是否应急补货。

另外,基于本书所建模型,销售价格、进货成本、补货成本和回购价格都是零售商营业利润的重要影响变量,销售价格越高、进货成本越低表示其销售收入越高,零售商愿意增加订购;补货成本越高表示商品供不应求,成本越高,零售商愿意在首次订购时增加其订购量;回购价格越高表示商品供过于求,成本越低,零售商愿意增加订购。

二 期望效用最大化目标

随着研究的不断深入,部分学者发现期望利润最大化目标下的最优订购量与零售商实际订购量之间差异较大。为了解释这种差异,更好地探讨零售商订购策略,带有损失厌恶偏好的效用函数得到广泛应用,期望效用最大化的决策目标逐渐成为相关订购策略研究的基础假设。

在随机市场需求下,本书利用前景理论刻画零售商的损失厌恶特征,其效用函数可以表示为:

$$U = \begin{cases} H, & H \geq H_0 \\ \lambda H, & H < H_0 \end{cases} \quad (7.15)$$

其中,H 表示利润;H_0 表示损失厌恶零售商的盈亏临界点,为了讨论方便,一般假设损失厌恶者盈亏临界值为零,即 $H_0 = 0$;λ 表示零售商的损失厌恶程度,且 $\lambda \geq 1$。

由式 (7.15) 可以看出,前景理论意味着,在一定的参照水平之下,同等程度的盈利和损失给损失厌恶零售商带来的效用是不对等的,因此,构建损失厌恶零售商效用函数的第一步,就是在所假定的参照水平下,求得损失厌恶零售商的需求临界点。根据零售商利润函数,当 $x \leq q$ 时,令 $H_1 = 0$,可以得到损失厌恶零售商的利润零点 x_0,即需求临界点,将其表示为:$x_0 = q \left(\dfrac{p_0 - (1-\varphi) c (1+r)}{p_0 - p} \right)$,为便于讨论,可令 $M = \dfrac{p_0 - (1-\varphi) c (1+r)}{p_0 - p}$,即有 $x_0 = Mq$。根据基础假设,易于得知 $0 < M < 1$,即 $x_0 < q$,所以本部分根据市场需求与零售商订购量之间的相对大小关系,可分三种情况讨论零售商利润的正负:(1) 当市场需求 x 满足 $0 \leq x \leq x_0$ 时,$H_1 \leq 0$,零售商面临亏损;(2) 当市场需求满足 $x_0 < x \leq q$ 时,

$H_1 > 0$,零售商获得利润;(3)当 $x > q$ 时,由于过量市场需求有一部分可以累积,零售商总是可以通过二次订货获得超额收入,显然 $H_2 > 0$,零售商利润始终为正。

综上所述,损失厌恶零售商的期望效用函数可以表示为:

$$E[U(H)] = \lambda \int_0^{x_0} H_1 f(x) dx + \int_{x_0}^{q} H_1 f(x) dx + \int_q^{+\infty} H_2 f(x) dx \quad (7.16)$$

命题 4 在期望效用最大化的决策目标下,零售商期望效用函数 $E[U(H)]$ 是关于订购量 q 的凹函数,存在唯一最优订购量 q_2^* 使零售商期望效用达到最大。

证明:在期望效用最大化的决策目标下,根据式(7.16)可求得损失厌恶零售商期望效用函数对于其订购量的二阶偏导表达式为:

$$\frac{\partial^2 E[U(H)]}{\partial q^2} = (1-\varphi)[(\lambda-1)K_2 M f(x_0) - K_3 f(q)] \quad (7.17)$$

其中,$0 < M < 1$,$\lambda \geq 1$,$\varphi \in [0, 1)$,且由命题 1 可知 $K_2 < 0$,$K_3 > 0$,即可得知 $\frac{\partial^2 E[U(H)]}{\partial q^2} < 0$。所以由函数基本性质可知,在期望效用最大化的决策目标下,损失厌恶零售商的期望效用函数 $E[U(H)]$ 是关于订购量 q 的凹函数,存在极值,即在其对订购量的一阶偏导为零处取得最大值,同样地,由式(7.16)求一阶导,并令其等于零,可得:

$$\frac{\partial E[U(H)]}{\partial q} = (1-\varphi)[K_1 + (\lambda-1)K_2 F(x_0) - K_3 F(q)] = 0 \quad (7.18)$$

此时损失厌恶零售商的期望效用函数存在唯一最优解,可将其记为 q_2^*,即 q_2^* 始终满足于条件:

$$K_1 + (\lambda-1)K_2 F(x_0^*) - K_3 F(q_2^*) = 0 \quad (7.19)$$

因此,在期望效用最大化的决策目标下,零售商期望效用函数 $E[U(H)]$ 是关于订购量 q 的凹函数,存在唯一最优订购量 q_2^* 使零售商期望效用达到最大。证毕。

对式(7.19)求解即可得到损失厌恶零售商的最优订购量 q_2^*,将最优订购量 q_2^* 代入期望效用函数式(7.16)就可得到损失厌恶零售商的最大期望效用值。由于式(7.19)较为复杂,所以难以计算最优解 q_2^* 的具体解析式。因此,本书利用一个隐函数 $g_1(\cdot)$ 来描述股权融资比例、债权融资利率、损失厌恶程度、需求可累积比例等变量和最优订购量的关系：

$$q_2^* = g_1(\varphi, r, \lambda, w, p, c, c_0, p_0) \tag{7.20}$$

虽然在市场需求分布函数未知情形下，本书没有给出最优订购量的具体解析式。但是，在现实应用中，只要确定市场需求分布函数，就可以利用式（7.19）得到损失厌恶零售商具体的最优订购量，并进一步由式（7.16）得到损失厌恶零售商最大期望效用。从这一点来看，正好说明本书所构建模型具有很好的普适性，可以为不同市场需求分布下损失厌恶零售商的实际订购行为提供一定的决策参考。

命题5 在期望效用最大化的决策目标下，零售商最优订购量 q_2^* 始终满足于：$\dfrac{\partial g_1^*(\varphi)}{\partial \varphi} > 0$，$\dfrac{\partial g_1^*(r)}{\partial r} < 0$，$\dfrac{\partial g_1^*(\lambda)}{\partial \lambda} < 0$。

证明：由式（7.20）可知，在期望效用最大化的决策目标下，损失厌恶零售商的最优订购量是关于股权融资比例、债权融资利率、损失厌恶程度等变量的隐函数，即 $q_2^* = g_1(\varphi, r, \lambda, w, p, c, c_0, p_0)$，因此，可以利用隐函数求导法分析零售商最优订购量与其股权融资比例的关系。将式（7.20）对股权融资比例求一阶偏导可得：

$$\frac{\partial g_1^*(\varphi)}{\partial \varphi} =$$

$$\frac{-c(1+r) - (\lambda-1)\left[c(1+r)F(x_0) + K_2 f(x_0)\dfrac{c(1+r)}{p_0 - p}\right]}{(1-\varphi)[(\lambda-1)K_2 M f(x_0) - K_3 f(q)]} \tag{7.21}$$

其中，$p > c_0 > c > p_0 > 0$，$K_2 < 0$，且 $\dfrac{\partial^2 E[U(H)]}{\partial q^2} < 0$，即可得知 $\dfrac{\partial g_1^*(\varphi)}{\partial \varphi} > 0$，同理可证 $\dfrac{\partial g_1^*(r)}{\partial r} < 0$，$\dfrac{\partial g_1^*(\lambda)}{\partial \lambda} < 0$。因此，在期望效用最大化的决策目标下，零售商最优订购量随着股权融资比例的增大而增大，随着债权融资利率、损失厌恶程度的增大而减小。证毕。

在期望效用最大化的决策目标下，零售商订购量与股权融资比例呈正向变动关系、与债权融资利率呈反向变动关系，由此可知，无论资金约束零售商在实际运营过程中更加关心自身利润还是自身效用，其最优订购量与股权融资比例、债权融资利率之间的相互关系都是不变的，股权融资和债权融资方式依旧是通过影响零售商的运营成本，进而影响其订购策略。

由命题5可知，零售商的最优订购量与其损失厌恶程度呈负相关，当 $\lambda = 1$ 时，表示本模型研究对象转变为不具有损失厌恶偏好特征的损失中性零售商,式(7.19)转变为 $K_1 - K_3 F(q) = 0$,此时根据命题1可知损失中性零售商的最优订购量为 q_1^*,由此可知,$q_1^* \geq q_2^*$。这是因为,损失厌恶零售商在面对同等程度的收益和损失时,通常会认为损失更加令他们难以接受,而基于本书所建模型而言,少量订货导致市场商品供不应求时,零售商仍可通过二次订货以获得利润,大量订货导致市场商品供过于求时,多余的商品只能以较低的价格返回供应商处,此时可能会产生损失。因此,带有损失厌恶偏好的零售商通过权衡必然会选择少量订货,且零售商的损失厌恶程度越大,其订购量将越小。

命题6 在期望效用最大化的决策目标下,零售商最优订购量 q_2^* 始终满足于:$\frac{\partial g_1^*(w)}{\partial w} < 0$,$\frac{\partial g_1^*(p)}{\partial p} > 0$,$\frac{\partial g_1^*(c)}{\partial c} < 0$,$\frac{\partial g_1^*(c_0)}{\partial c_0} > 0$,$\frac{\partial g_1^*(p_0)}{\partial p_0} > 0$。

证明:由式(7.20)可知,在期望效用最大化的决策目标下,损失厌恶零售商的最优订购量是关于需求可累积比例、销售价格、进货价格、补货价格、回购价格等变量的隐函数,即 $q_2^* = g_1(\varphi, r, \lambda, w, p, c, c_0, p_0)$,因此,可以利用隐函数求导法分析零售商最优订购量与其需求可累积比例的关系。将式(7.20)对需求可累积比例求一阶偏导可得:

$$\frac{\partial g_1^*(w)}{\partial w} = \frac{(p - c_0)[1 - F(q)]}{\frac{\partial^2 E[U(H)]}{\partial q^2}} \tag{7.22}$$

因为由基本假设 $p > c_0$,$0 < F(q) < 1$,且 $\frac{\partial^2 E[U(H)]}{\partial q^2} < 0$,即有 $\frac{\partial g_1^*(w)}{\partial w} < 0$。同理可证,$\frac{\partial g_1^*(p)}{\partial p} > 0$,$\frac{\partial g_1^*(c)}{\partial c} < 0$,$\frac{\partial g_1^*(c_0)}{\partial c_0} > 0$,$\frac{\partial g_1^*(p_0)}{\partial p_0} > 0$。由此可知,在期望效用最大化的决策目标下,损失厌恶零售商的最优订购量随着需求可累积比例、进货成本的增大而减小,随着销售价格、补货成本、回购价格的增大而增大。证毕。

结合命题3和命题6可知,零售商的损失厌恶偏好只影响其最优订购量的大小,并不影响最优订购量与需求可累积比例、销售价格、进货成本、补货成本、回购价格之间的相互关系。在期望效用最大化的决策目标下,零售商的最优订购量依旧与需求可累积比例、进货成本呈负相关,与销售价格、补货成本、回购价格呈正相关。

三 期望效用 CVaR 最大化目标

上文分别在期望利润最大化、期望效用最大化的决策目标下探讨考虑融资结构的零售商最优订购策略，并对其进行比较分析，从中可以得知，相较于期望利润最大化的决策目标而言，期望效用最大化目标因考虑了零售商的损失厌恶偏好而更具有说服力。

但是，在零售商最优订购策略的研究中仅考虑其对高效用的追求是不够的。市场环境具有复杂性，在随机市场需求的假定下，极端事件不容忽视，一旦极端事件发生，必然会导致市场需求剧烈波动，产生极端需求，而对于追求效用最大化的零售商而言，极端需求的存在极大程度上会带来效用损失，存在较大的潜在风险，本部分引入 CVaR 法来度量这种极端需求风险。在考虑融资结构的零售商最优订购模型中，损失厌恶零售商的效用 VaR 可表示为：

$$VaR_\alpha [U(H)] = \sup\{y \in R \mid Pr\{U(H) \geq y\} \geq \alpha\} \quad (7.23)$$

其中，α 为置信度水平，又称为风险厌恶因子，其取值为 $\alpha \in [0, 1)$，α 越大，零售商风险厌恶程度越高；$VaR_\alpha [U(H)]$ 表示在一定的置信度水平下，损失厌恶零售商的最大效用。本部分以 $VaR_\alpha [U(H)]$ 作为一个目标效用，即可知损失厌恶零售商的效用 CVaR 表达式为：

$$CVaR_\alpha [U(H)] = E[U(H) \mid U(H) \leq VaR_\alpha [U(H)]]$$
$$(7.24)$$

式（7.24）表示通过期望效用 CVaR 最大化的方法可以得到一个最优订购量，使在特定 $VaR_\alpha [U(H)]$ 水平下损失厌恶零售商的期望效用达到最大值。利用效用 CVaR 既考虑风险又兼顾期望效用，既反映损失厌恶决策者追求高效用的愿望，又反映其对风险的控制。

命题 7 在期望效用 CVaR 最大化的决策目标下，存在唯一最优订购量 q_3^* 使损失厌恶零售商期望效用在特定水平下达到最大值。

证明：根据命题 2，可将损失厌恶零售商的效用函数表示为：

$$U(H) = \begin{cases} \lambda H_1 = \lambda(1-\varphi)[(p-p_0)x + (p_0 - (1-\varphi)c(1+r))q], & 0 \leq x \leq x_0 \\ H_1 = (1-\varphi)[(p-p_0)x + (p_0 - (1-\varphi)c(1+r))q], & x_0 \leq x \leq q \\ H_2 = (1-\varphi)[w(p-c_o)x + (p-(1-\varphi)c(1+r) - w(p-c_o))q], & x \geq q \end{cases}$$
$$(7.25)$$

结合式（7.23）至式（7.25）构造辅助函数，表示在给定的条件和置信度水平下，效用低于某个给定 $VaR_\alpha [U(H)]$ 水平的平均值，即：

$$h(q,v) = v - \frac{1}{1-\alpha}E[v - U(H)]^+$$
$$= v - \frac{1}{1-\alpha}\Big[\int_0^{x_0}(v-\lambda H_1)^+ f(x)\mathrm{d}x + \int_{x_0}^q (v - H_1)^+ f(x)\mathrm{d}x\Big] -$$
$$\frac{1}{1-\alpha}\Big[\int_q^{+\infty}(v-H_2)^+ f(x)\mathrm{d}x\Big]$$

(7.26)

为了后续便于讨论,在此处可令 $R_1 = v - \lambda H_1$, $R_2 = v - H_1$, $R_3 = v - H_2$, 即有 $R_1 > R_2 > R_3$。又因为辅助函数 $h(q, v)$ 是关于参数 q、v 的共凹函数,即损失厌恶零售商在期望效用 CVaR 最大化目标下的优化问题可表示为: $\max\limits_{q \geqslant 0}[\max\limits_{v \in R} h(q,v)]$。所以,为求解得到此决策目标下零售商的最优订购量,首先对于任意 q,计算 $\max\limits_{v \in R} h(q,v)$ 问题的最优解 v^*。

(1) 当 $v < \lambda(1-\varphi)[p_0 - (1-\varphi)c(1+r)]q$ 时,易于得知 $0 > R_1 > R_2 > R_3$, 即此时辅助函数 $h(q,v)$ 可表示为:

$$h(q,v) = v \quad (7.27)$$

由此可得, $\frac{\partial h(q,v)}{\partial v} = 1 > 0$, 不符合辅助函数是关于参数 v 的凹函数的先决条件,将其排除。

(2) 当 $\lambda(1-\varphi)[p_0 - (1-\varphi)c(1+r)]q \leqslant v < 0$ 时,易于得知 $R_1 > 0 > R_2 > R_3$, 即此时辅助函数 $h(q,v)$ 可表示为:

$$h(q,v) = v - \frac{1}{1-\alpha}\int_0^{\frac{v-\lambda(1-\varphi)[p_0-(1-\varphi)c(1+r)]q}{\lambda(1-\varphi)(p-p_0)}}(v-\lambda H_1)f(x)\mathrm{d}x \quad (7.28)$$

将式 (7.28) 对参数 v 求其偏导,可得:

$$\frac{\partial h(q,v)}{\partial v} = 1 - \frac{1}{1-\alpha}F\Big[\frac{v-\lambda(1-\varphi)[p_0-(1-\varphi)c(1+r)]q}{\lambda(1-\varphi)(p-p_0)}\Big]$$

(7.29)

又因为 $\frac{\partial h(q,v)}{\partial v}\Big|_{v=\lambda(1-\varphi)[p_0-(1-\varphi)c(1+r)]q} = 1 > 0$, 根据辅助函数 $h(q,v)$ 的基本性质可以得知,若 $\frac{\partial h(q,v)}{\partial v}\Big|_{v=0} = 1 - \frac{1}{1-\alpha}F\Big[\frac{\lambda(1-\varphi)[(1-\varphi)c(1+r)-p_0]q}{\lambda(1-\varphi)(p-p_0)}\Big] \leqslant 0$, 即辅助函数 $h(q,v)$ 是关于参数 v 的凹函数,即存在唯一最优解 v_1^* 使 $h(q,v)$ 取得最大值。通过计算可得:

$$v_1^* = \lambda(1-\varphi)(p-p_0)F^{-1}(1-\alpha) + \\ \lambda(1-\varphi)[p_0-(1-\varphi)c(1+r)]q \qquad (7.30)$$

$$q \geqslant \frac{p-p_0}{[(1-\varphi)c(1+r)-p_0]}F^{-1}(1-\alpha) \qquad (7.31)$$

（3）当 $0 \leqslant v \leqslant (1-\varphi)[p-(1-\varphi)c(1+r)]q$ 时，易于得知 $R_1 > R_2 > 0 > R_3$，即此时辅助函数 $h(q,v)$ 可表示为：

$$h(q,v) = v - \frac{1}{1-\alpha} \\ \left[\int_0^{x_0}(v-\lambda H_1)f(x)\mathrm{d}x + \int_{x_0}^{\frac{v-(1-\varphi)[p_0-(1-\varphi)c(1+r)]q}{\lambda(1-\varphi)(p-p_0)}}(v-H_1)f(x)\mathrm{d}x\right]$$
$$(7.32)$$

将式（7.32）对参数 v 求其偏导，可得：

$$\frac{\partial h(q,v)}{\partial v} = 1 - \frac{1}{1-\alpha}F\left[\frac{v-(1-\varphi)[p_0-(1-\varphi)c(1+r)]q}{(1-\varphi)(p-p_0)}\right]$$
$$(7.33)$$

根据辅助函数 $h(q,v)$ 基本性质可以得知，若 $\left.\frac{\partial h(q,v)}{\partial v}\right|_{v=0} = 1 - \frac{1}{1-\alpha}F\left[\frac{(1-\varphi)[(1-\varphi)c(1+r)-p_0]q}{(1-\varphi)(p-p_0)}\right] \geqslant 0$，根据上文的结果可知，$\left.\frac{\partial h(q,v)}{\partial v}\right|_{v=(1-\varphi)[p-(1-\varphi)c(1+r)]q} = 1 - \frac{1}{1-\alpha}F(q) \leqslant 0$，即此时 $h(q,v)$ 是关于参数 v 的凹函数，存在唯一最优解 v_2^* 使 $h(q,v)$ 取得最大值。通过计算可得：

$$v_2^* = (1-\varphi)(p-p_0)F^{-1}(1-\alpha) \\ + (1-\varphi)[p_0-(1-\varphi)c(1+r)]q \qquad (7.34)$$

$$F^{-1}(1-\alpha) \leqslant q \leqslant \frac{p-p_0}{[(1-\varphi)c(1+r)-p_0]}F^{-1}(1-\alpha) \qquad (7.35)$$

（4）当 $v \geqslant (1-\varphi)[p-(1-\varphi)c(1+r)]q$ 时，易于得知 $R_1 > R_2 > R_3 > 0$，即此时辅助函数 $h(q,v)$ 可以表示为：

$$h(q,v) = v - \frac{1}{1-\alpha}\left[\int_0^{x_0}(v-\lambda H_1)f(x)\mathrm{d}x + \int_{x_0}^{q}(v-H_1)f(x)\mathrm{d}x\right] - \\ \frac{1}{1-\alpha}\left[\int_q^{\frac{v-(1-\varphi)[p-(1-\varphi)c(1+r)-w(p-c_0)]q}{(1-\varphi)w(p-c_0)}}(v-H_2)f(x)\mathrm{d}x\right]$$

$$(7.36)$$

将式 (7.36) 对参数 v 求其偏导,可得:

$$\frac{\partial h(q,v)}{\partial v} = 1 - \frac{1}{1-\alpha}F\left[\frac{v-(1-\varphi)[p-(1-\varphi)c(1+r)-w(p-c_0)]q}{(1-\varphi)w(p-c_0)}\right] \quad (7.37)$$

根据辅助函数 $h(q,v)$ 基本性质可以得知,若 $\frac{\partial h(q,v)}{\partial v}\Big/v = (1-\varphi)[p-(1-\varphi)c(1+r)]q = 1 - \frac{1}{1-\alpha}F(q) \geq 0$,即此时 $h(q,v)$ 是关于参数 v 的凹函数,存在唯一最优解 v_3^* 使 $h(q,v)$ 取得最大值。通过计算可得:

$$v_3^* = (1-\varphi)w(p-c_0)F^{-1}(1-\alpha) + (1-\varphi)[p-(1-\varphi)c(1+r)-w(p-c_0)]q \quad (7.38)$$

$$q \leq F^{-1}(1-\alpha) \quad (7.39)$$

综合以上关于变量 v 的分类讨论及计算可得:

$$v^* = \begin{cases} \lambda(1-\varphi)(p-p_0)F^{-1}(1-\alpha) + \lambda(1-\varphi)[p_0-(1-\varphi)c(1+r)]q, & q \geq \frac{1}{M}F^{-1}(1-\alpha) \\ (1-\varphi)(p-p_0)F^{-1}(1-\alpha) + (1-\varphi)[p_0-(1-\varphi)c(1+r)]q, & F^{-1}(1-\alpha) \leq q \leq \frac{1}{M}F^{-1}(1-\alpha) \\ (1-\varphi)w(p-c_0)F^{-1}(1-\alpha) + (1-\varphi)[p-(1-\varphi)c(1+r)-w(p-c_0)]q, & q \leq F^{-1}(1-\alpha) \end{cases} \quad (7.40)$$

其中,$M = \frac{(1-\varphi)c(1+r)-p_0}{p-p_0}$。结合上述对 v^* 的求解,损失厌恶零售商的最优订购求解问题可转变为求解 $\max_{q \geq 0} h(q,v^*)$,即 $\max_{q \geq 0}[\max_{v \in R} h(q,v)] = \max_{q \geq 0} h(q,v^*)$,因此,可在此基础上,继续对 q 进行讨论:

(1) 当 $q \geq \frac{1}{M}F^{-1}(1-\alpha)$ 时,将 v_1^* 带入辅助函数 $h(q,v_1^*)$ 可得:

$$h(q,v_1^*) = v_1^* - \frac{1}{1-\alpha}\int_0^{F^{-1}(1-\alpha)}(v_1^* - \lambda H_1)f(x)\mathrm{d}x \quad (7.41)$$

据此可得 $\frac{\partial h(q,v_1^*)}{\partial q} = \lambda(1-\varphi)[p_0-(1-\varphi)c(1+r)] < 0$,即不符合 $h(q,v)$ 是关于 q 的凹函数的先决条件,将其排除。

(2) 当 $F^{-1}(1-\alpha) \leq q \leq \frac{1}{M}F^{-1}(1-\alpha)$ 时,将 v_2^* 代入辅助函数 $h(q, v_2^*)$ 可得:

$$h(q,v_2^*) = v_2^* - \frac{1}{1-\alpha}\left[\int_0^{x_0}(v_2^* - \lambda H_1)f(x)\mathrm{d}x + \int_{x_0}^{F^{-1}(1-\alpha)}(v_2^* - H_1)f(x)\mathrm{d}x\right]$$

(7.42)

据此可知,$\frac{\partial h(q, v_2^*)}{\partial q} = (1-\varphi)[p_0 - (1-\varphi)c(1+r)][1 + \frac{\lambda-1}{1-\alpha}F(x_0)] < 0$,即不符合 $h(q, v)$ 是关于 q 的凹函数的先决条件,将其排除。

(3) 当 $q \leq F^{-1}(1-\alpha)$ 时,将 v_3^* 代入辅助函数 $h(q, v_3^*)$ 可得:

$$h(q,v_3^*) = v_3^* - \frac{1}{1-\alpha}\left[\int_0^{x_0}(v_3^* - \lambda H_1)f(x)\mathrm{d}x + \int_{x_0}^{q}(v_3^* - H_1)f(x) + \frac{1}{1-\alpha}\left[\int_q^{F^{-1}(1-\alpha)}(v_3^* - H_2)f(x)\mathrm{d}x\right]\right.$$

(7.43)

将式 (7.43) 对参数 q 求偏导,可得:

$$\frac{\partial h(q, v_3^*)}{\partial q} = (1-\varphi)[p - (1-\varphi)c(1+r) - w(p-c_0)] - \frac{1-\varphi}{1-\alpha}[(\lambda-1)((1-\varphi)c(1+r) - p_0)F(x_0)] + \frac{1-\varphi}{1-\alpha}[(p-p_0-w(p-c_0))F(q)]$$

(7.44)

根据命题1中的变量替换,可将式 (7.44) 化简为:

$$\frac{\partial h(q, v_3^*)}{\partial q} = (1-\varphi)\left[K_1 - \frac{1}{1-\alpha}(-(\lambda-1)K_2F(x_0) + K_3F(q))\right]$$

(7.45)

又因为 $\frac{\partial^2 h(q, v_3^*)}{\partial q^2} = \frac{1-\varphi}{1-\alpha}(\lambda-1)K_2f(x_0)M - K_3f(q) < 0$,即由函数性质可知,当 $\frac{\partial h(q, v_3^*)}{\partial q} = 0$ 时,$h(q, v_3^*)$ 是关于参数 q 的凹函数,此时存在唯一最优解使 $h(q, v_3^*)$ 取得最大值,可令最优解为

q_3^*，即 q_3^* 始终满足于条件：

$$(1-\alpha)K_1 + (\lambda-1)K_2 F(x_0^*) - K_3 F(q_3^*) = 0 \quad (7.46)$$

因此，在期望效用 CVaR 最大化的决策目标下，存在唯一最优订购量 q_3^* 使损失厌恶零售商期望效用在特定水平下达到最大值。证毕。

与命题 4 类似，对式（7.46）进行求解即可得到在期望效用 CVaR 决策目标下，损失厌恶零售商的最优订购量 q_3^*，进一步可得到损失厌恶零售商在给定条件下的最大期望效用值。同样地，在此处也可以利用一个隐函数 $g_2(\cdot)$ 来描述股权融资比例、债权融资利率、损失厌恶程度、需求可累积比例等变量和该最优订购量的关系：

$$q_3^* = g_2(\varphi, r, \lambda, \alpha, w, p, c, c_0, p_0) \quad (7.47)$$

本部分虽然没有给出在期望效用 CVaR 决策目标下，损失厌恶零售商最优订购量 q_3^* 的具体解析式，但是，在现实应用中，只要确定了市场需求分布函数及各参数值，就可以利用式（7.47）得到损失厌恶零售商具体的最优订购量，并进一步得到损失厌恶零售商在给定条件下的最大期望效用。这一点再次说明本书所构建模型具有很好的普适性，可以为不同市场需求分布下、不同决策目标下的损失厌恶零售商订购决策提供一定的参考。

命题 8 在期望效用 CVaR 最大化的决策目标下，零售商最优订购量 q_3^* 始终满足于：$\dfrac{\partial g_2^*(\varphi)}{\partial \varphi} > 0$，$\dfrac{\partial g_2^*(r)}{\partial r} < 0$，$\dfrac{\partial g_2^*(\lambda)}{\partial \lambda} < 0$，$\dfrac{\partial g_2^*(\alpha)}{\partial \alpha} < 0$。

证明：由式（7.47）可知，在期望效用 CVaR 最大化的决策目标下，零售商最优订购量 q_3^* 是关于股权融资比例、债权融资利率、损失厌恶程度、置信度水平等变量的隐函数，即 $q_3^* = g_2(\varphi, r, \lambda, \alpha, w, p, c, c_0, p_0)$，因此，可以利用隐函数求导法来分析零售商最优订购量与其股权融资比例的关系，将式（7.47）对股权融资比例 φ 求一阶偏导可得：

$$\frac{\partial g_2^*(\varphi)}{\partial \varphi} = \frac{-(1-\alpha)c(1+r) - (\lambda-1)\left[c(1+r)F(x_0) + K_2 \dfrac{c(1+r)}{p_0-p} f(x_0)\right]}{\dfrac{1-\varphi}{1-\alpha}(\lambda-1)K_2 f(x_0) M - K_3 f(q)} > 0$$

$$(7.48)$$

又因为 $\dfrac{1-\varphi}{1-\alpha}(\lambda-1)K_2 f(x_0) M - K_3 f(q) = \dfrac{\partial^2 h(q, v_3^*)}{\partial q^2} < 0$，且 $\lambda \geq 1$，$\alpha \in [0, 1)$，$K_2 < 0$，即有 $\dfrac{\partial g_2^*(\varphi)}{\partial \varphi} > 0$。同理可证 $\dfrac{\partial g_2^*(r)}{\partial r} < 0$，

$\frac{\partial g_2^*(\lambda)}{\partial \lambda}<0$，$\frac{\partial g_2^*(\alpha)}{\partial \alpha}<0$。由此可知，在期望效用 CVaR 最大化的决策目标下，零售商最优订购量总是随着股权融资比例的增大而增大，随着债权融资利率、损失厌恶系数、置信度水平的增大而减小。证毕。

命题 8 表明，无论零售商是否在意市场需求变动所带来的潜在风险，其最优订购量与融资结构、损失厌恶程度之间的相互关系都是不变的，股权融资、债权融资方式仍旧是通过影响零售商的运营成本，间接影响零售商的订购决策；零售商损失厌恶偏好的存在仍旧直接促使其减少订购。

另外，在期望效用 CVaR 最大化的决策目标下，零售商订购量与置信度水平呈反向变动关系。令 $\alpha=0$，即表示该模型不考虑零售商对极端需求风险的厌恶特征，此时式（7.46）转变为式（7.19），在此种情况下，零售商的最优订购量为命题 4 中的 q_2^*，由此可以得知：$q_2^* \geq q_3^*$。这是因为，基于本书所建模型，在随机市场需求假定下，极端需求风险会使零售商效用发生较大波动，大部分零售商对这种效用变化都比较敏感，表现出对极端需求风险的厌恶，且这种风险厌恶程度越强烈，零售商所愿意订购的货物也就越少。

结合命题 5 和命题 8 即可得知，三种不同的决策目标下所得的模型最优解之间存在一个固定的相互关系，即 $q_1^* \geq q_2^* \geq q_3^*$，证明了在零售商订购策略研究中综合考虑零售商心理偏好的必要性。

命题 9 在期望效用 CVaR 最大化的决策目标下，零售商最优订购量 q_3^* 始终满足于：$\frac{\partial g_2^*(w)}{\partial w} \leq 0$，$\frac{\partial g_2^*(p)}{\partial p} \geq 0$，$\frac{\partial g_2^*(c)}{\partial c} \leq 0$，$\frac{\partial g_2^*(c_0)}{\partial c_0} \geq 0$，$\frac{\partial g_2^*(p_0)}{\partial p_0} \geq 0$。

证明：由式（7.46）可知，在期望效用 CVaR 最大化的决策目标下，零售商最优订购量 q_3^* 是关于需求可累积比例、销售价格、进货成本、补货成本和回购价格等变量的隐函数，因此，可以利用隐函数求导法来分析零售商最优订购量与需求可累积比例的关系，将式（7.48）对需求可累积比例 w 求一阶偏导可得：

$$\frac{\partial g_2^*(w)}{\partial w}=\frac{(p-c_0)[(1-\alpha)-F(q)]}{\frac{1-\varphi}{1-\alpha}(\lambda-1)K_2 f(x_0)M-K_3 f(q)} \tag{7.49}$$

由命题 3 可知，辅助函数 $h(q, v_3^*)$ 仅在 $q \leq F^{-1}(1-\alpha)$ 条件下存在唯一最优解，此时显然以下关系成立 $(1-\alpha)-F(q) \geq 0$，又因为

$\frac{1-\varphi}{1-\alpha}(\lambda-1)K_2f(x_0)M-K_3f(q)=\frac{\partial^2 h(q,v_3^*)}{\partial q^2}<0$，由此可以得知：$\frac{\partial g_2^*(w)}{\partial w}\leq 0$。同理可证：$\frac{\partial g_2^*(p)}{\partial p}\geq 0$，$\frac{\partial g_2^*(c)}{\partial c}\leq 0$，$\frac{\partial g_2^*(c_0)}{\partial c_0}\geq 0$，$\frac{\partial g_2^*(p_0)}{\partial p_0}\geq 0$，即在期望效用 CVaR 最大化的决策目标下，零售商最优订购量总是随着需求可累积比例、进货价格的增大而减小，随着销售价格、补货价格、回购价格的增大而增大。证毕。

命题 9 主要是为了证明，在期望效用 CVaR 最大化的决策目标下，需求可累积比例、商品销售价格、进货成本、补货成本和回购价格这几个零售商运营成本的主要影响变量对其订购量的影响作用，得到和传统订购策略研究相似的结论，在期望效用 CVaR 最大化的决策目标下，零售商的订购量仍然与回购价格、销售价格、补货成本呈正向变动关系与进货成本呈反向变动关系。

第三节　数值示例分析

本节将利用数值实验来验证上文所得结论。参考邱国斌[①]、杜文意等[②]、燕汝贞等[③]、Xu 等[④]的参数设置，并结合本书内容，参数取值如下：$p=10$，$c=5$，$c_0=7$，$p_0=2$，$w=0.8$，$\varphi=0.4$，$r=0.03$，$\lambda=2$，$\alpha=0.1$。

此时，假设市场需求 x 的密度函数为：

$$f(x)=\begin{cases}\rho_0(x+u)^{-\eta}, & x>0\\ 0, & x\leq 0\end{cases} \quad (7.50)$$

其中，$\eta<1$。结合本书模型，在此可令 $u=10000$，$\rho_0=0.1$，$\eta=0.7$。

---

① 邱国斌：《考虑参照点的损失厌恶企业订货决策研究》，《系统科学学报》2018 年第 1 期。
② 杜文意、刘晓婧、唐小我：《基于融资需求的损失厌恶零售商订货策略及供应链协调》，《中国管理科学》2019 年第 3 期。
③ 燕汝贞、李冉、高伟等：《供应链融资结构视角下的零售商订购策略研究》，《中国管理科学》2019 年第 8 期。
④ Xu X. S., Wang H., Dang C., et al., 2017: "The Loss-averse Newsvendor Model with Backordering", *International Journal of Production Economics*, Vol. 188, pp. 1~10.

结合以上参数，并根据上文考虑融资结构的损失厌恶零售商订购策略模型，可以得到股权融资比例、债权融资利率、损失厌恶程度、需求可累积比例、置信度水平、销售价格等变量与零售商订购量之间的关系。

图 7-2 表示股权融资比例与零售商订购量之间的关系，图 7-3 表示债权融资利率与零售商订购量之间的关系，其中，曲线 q_1、q_2、q_3 分别表示在期望利润最大化、期望效用最大化、期望效用 CVaR 最大化的决策目标下零售商的最优订购量。在三种不同的决策目标下，零售商订购量总是随着股权融资比例的增大而增大、随着债权融资利率的增大而减小。这是因为，股权融资比例增大表示零售商债权融资比例减小、融资成本降低，零售商倾向于增大其订购量，而债权融资利率的增大直接导致零售商融资成本增加，零售商倾向于减小其订购量。

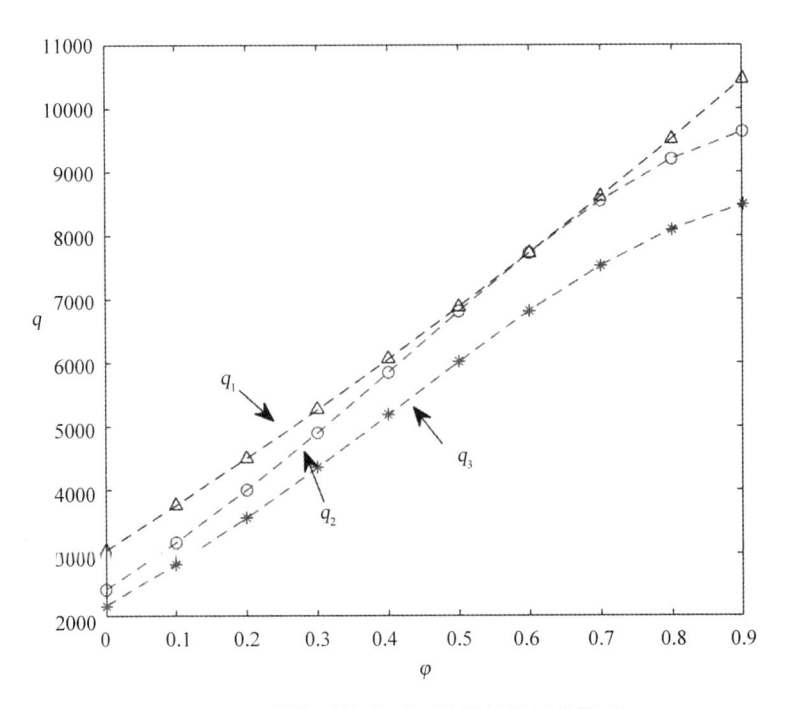

图 7-2　股权融资比例与最优订购量的关系

另外，由于期望效用最大化、期望效用 CVaR 最大化的决策目标是期望利润最大化决策目标的延伸，在期望利润最大化的基础之上，期望效用最大化引进损失厌恶程度因素，考虑到零售商的损失厌恶特性，此时零售商会为了避免损失而减小订购量，进一步，期望效用 CVaR 最大化引进置信度水平因素，既反映了损失厌恶零售商追求高效用的愿望，又反映了其对风险的控制,此时零售商为规避风险将进一步减小其订购量。因此,三种不同决策目标下的最优订购量总是满足于条件:$q_1^* \geqslant q_2^* \geqslant q_3^*$。

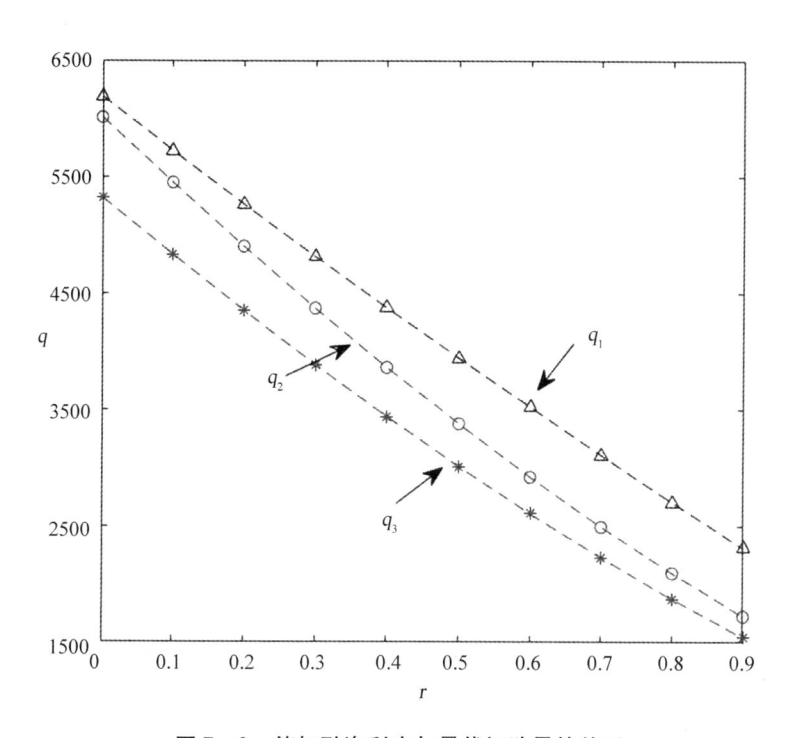

图 7-3　债权融资利率与最优订购量的关系

图 7-4 表示在期望效用最大化和期望效用 CVaR 最大化的决策目标下,零售商损失厌恶程度与其订购量之间的关系,即零售商订购量总是随着损失厌恶程度的增大而减小。这是因为损失厌恶是指当决策者面对同样的收益和损失时,对于损失的敏感性要远大于收益,基于本书所建模型,零售商面临的损失总是来源于过量订购,于是损失厌恶零售商为减少不必要的损失就会尽可能地减少订购。零售商损失厌恶特征会放大损失对于企业带来的不利影响,由此可知,在实际库存决策中,零售商应该尽量理性看待企业的收益和损失,避免由于损失厌恶导致的经济损失和非理性决策。

图 7-5 表示在期望效用 CVaR 最大化的决策目标下,置信度水平与零售商订购量之间的关系,即零售商订购量总是随着置信度水平的增大而减小。这是因为,置信度水平越高,意味着损失厌恶零售商对极端需求风险带来的效用损失越敏感,在此种情况下,零售商为了控制风险就会倾向于少量订购,当置信度水平为零时,表示损失厌恶零售商在做订购决策时

并不在意此类风险，因此选择以期望效用最大化为决策目标而大量订购，当置信度水平趋近于 1 时，表示损失厌恶零售商无法接受极端需求风险，因而选择少量订货甚至不订货。

图 7-4　损失厌恶程度与最优订购量的关系

图 7-5　置信度水平与最优订购量的关系

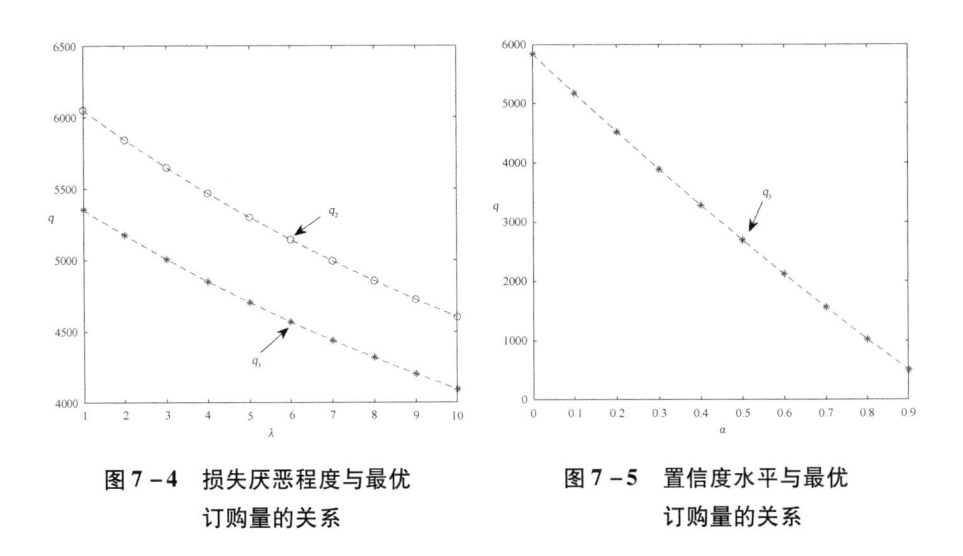

图 7-6 表示在不同的决策目标下，市场需求可累积比例与零售商订购量之间的关系，即零售商订购量总是随着市场需求可累积比例的增大而减小。这是因为市场需求可累积比例的存在意味着，部分或全部未得到满足的过量市场需求通过累积的方式仍能给零售商带来收益。换言之，在此种情况下，对于零售商而言，少量订购所带来的损失小于大量订购所带来的损失，因此零售商倾向于少量订购，且需求可累积比例越大，少量订购成本就越小，零售商的订购量也就越小。

图 7-7 表示在期望效用 CVaR 最大化的决策目标下，商品补货成本、回购价格与零售商订购量之间的关系，在其他条件不变时，$c_0 \in [5, 10]$、$p_0 \in [0, 5]$，曲线 c_0、p_0 分别表示补货成本、回购价格变化所引起的零售商订购量变化。零售商订购量总是随着补货成本、回购价格的增大而增大，命题 9 得到验证。在其他条件不变的情况下，补货成本和回购价格是零售商营业利润的重要影响变量，回购价格越高、补货成本越低表示零售商利润越高，在此种情况下，零售商倾向于增加其订购量。

图 7-8 表示在期望效用 CVaR 最大化的决策目标下，零售商股权融资比例、损失厌恶程度与其订购量之间的关系，即零售商最优订购量随着股权融资比例的增大而增大、随着损失厌恶系数的增大而减小。

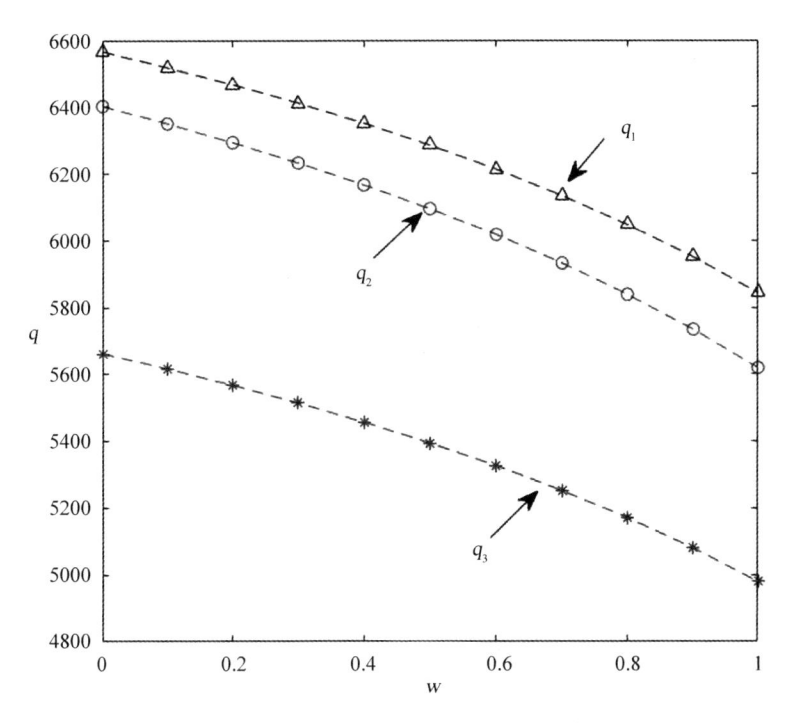

图 7-6 需求可累积比例与最优订购量的关系

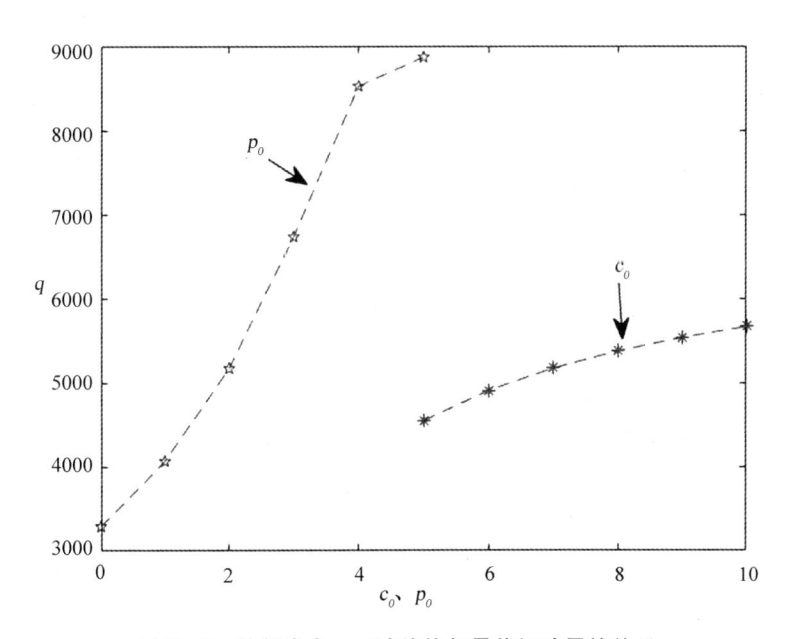

图 7-7 补货成本、回购价格与最优订购量的关系

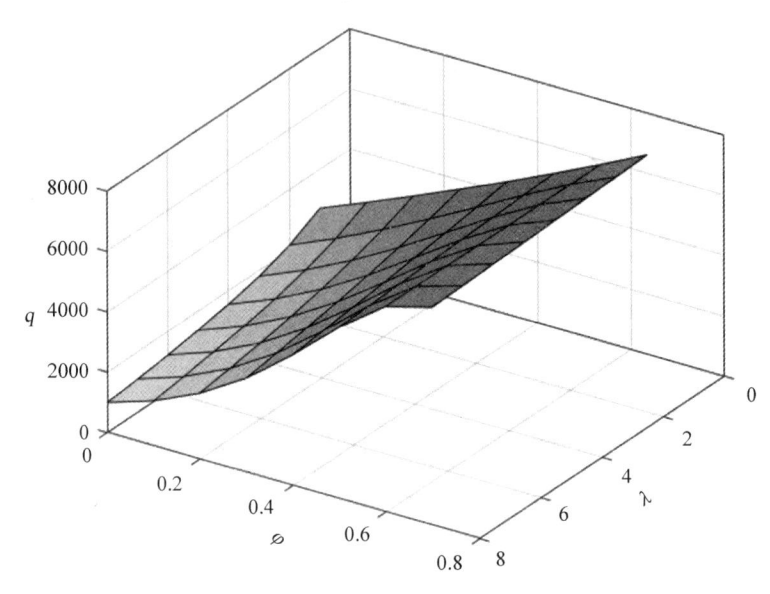

图 7-8 股权融资比例、损失厌恶程度与最优订购量的关系

图 7-9 表示在期望效用 CVaR 最大化的决策目标下，零售商债权融资利率、损失厌恶程度与其订购量之间的关系，即零售商最优订购量随着债权融资利率、损失厌恶系数的增大而减小。相比于损失厌恶程度，股权融资比例、债权融资利率对零售商订购量的影响作用更为显著，因此无论是在相关理论研究中还是在实际运营过程中，关注资金约束零售商的融资决策问题都是很有必要的。

图 7-10 表示在期望效用 CVaR 最大化的决策目标下，股权融资比例、债权融资利率与零售商订购量之间的关系，即零售商订购量与股权融资比例呈正向变动关系、与债权融资利率呈反向变动关系，且相对于债权融资利率而言，股权融资比例对零售商订购量的影响作用更为显著。一般情况下，债权融资利率越高，零售商的债权融资成本越大，零售商越倾向于通过股权融资方式筹集所需资金，零售商股权融资比例也就越大，因此在零售商融资过程中，其股权融资比例与债权融资利率之间存在一种同向变动关系。另外，因为股权融资比例直接影响零售商在销售期末的利润分红，进而会对零售商的订购决策产生较大影响，即融资结构因素显著影响零售商订购决策。

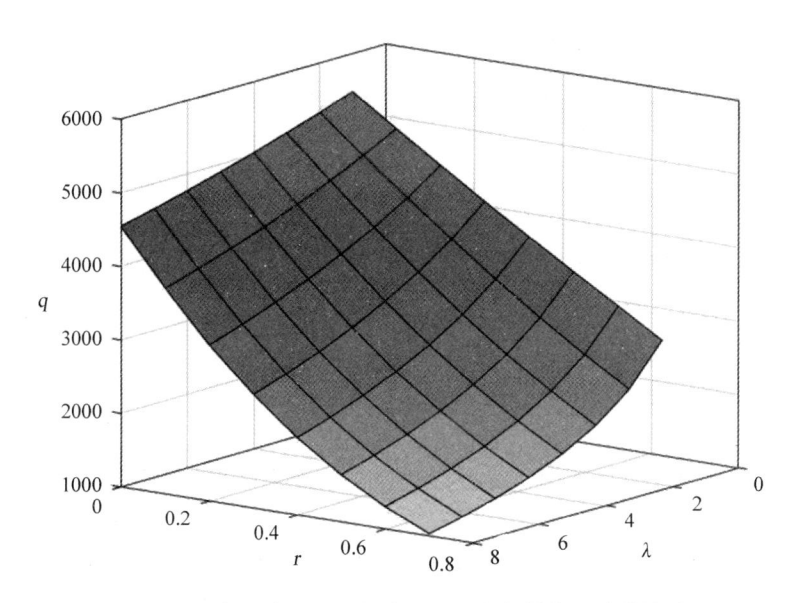

图 7-9 债权融资利率、损失厌恶程度与最优订购量的关系

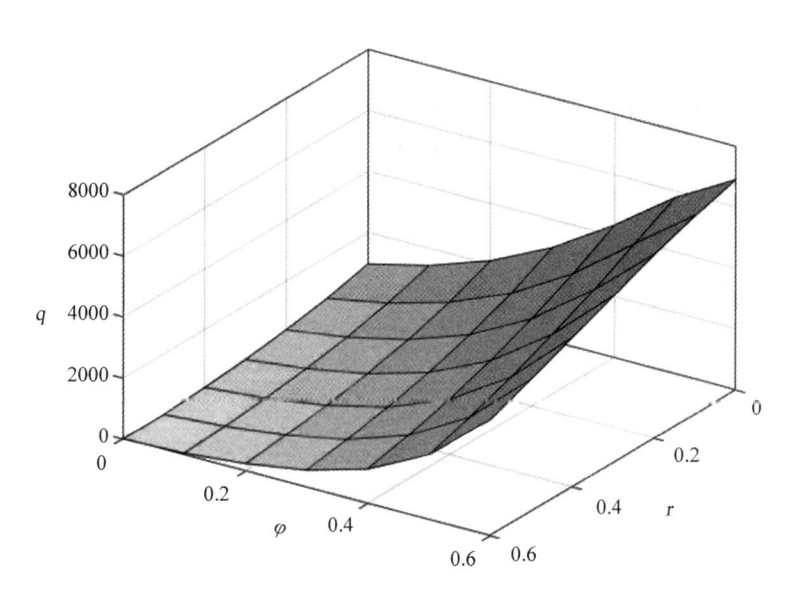

图 7-10 股权融资比例、债权融资利率与最优订购量的关系

第四节 本章小结

本章考虑极端需求风险、融资结构和损失厌恶偏好等因素下零售商的

最优订购决策问题。现有研究表明，在极端需求风险背景下零售商的决策目标会发生一定变化。零售商不仅追求自身利润或效用最大化，还会有风险规避行为。对于资金约束的零售商，股权融资和债权融资方式均可供其选择，且各有优劣，同时损失厌恶零售商与损失中性零售商的订购策略存在差异。因此，本书在极端需求风险情形下，引入考虑随机需求、融资结构、损失厌恶偏好、极端需求风险等因素，通过构建期望利润、期望效用、期望效用 CVaR 最大化等目标函数研究零售商最优订购决策问题，并分析了股权融资比例、债权融资利率、需求可累积比例、损失厌恶程度等参数对零售商最优订购量的影响。

研究发现，融资结构因素显著影响零售商订购决策行为，且其影响程度高于债权融资利率、损失厌恶程度对零售商订购决策的影响。零售商最优订购量随着股权融资比例的增大而增大，随着债权融资利率的增大而减小。并且，相较于债权融资利率而言，股权融资比例对零售商最优订购量的影响作用更为显著。零售商最优订购量与损失厌恶程度、置信度水平呈反向变动关系，这使三种不同决策目标下零售商的最优订购量之间存在确定的相互关系，即期望利润最大化目标下的零售商最优订购量最大，期望效用 CVaR 最大化目标下的零售商最优订购量最小，期望效用最大化目标下的零售商最优订购量居于二者之间。

第八章 特殊分布市场需求下中小企业融资与订购策略研究

市场需求已是影响企业运营的最重要因素之一，对企业的融资与订购策略均会产生较大影响。上文也分别在线性市场需求和随机市场需求下，研究了中小企业的融资与订购问题，并得到具体的最优策略。本章将分析特殊需求下的企业融资与订购策略问题，这将有助于企业在面对复杂市场环境下做出更为有利的融资与订购决策；此处的特殊需求就是指两点分布，此分部是概率论中最重要的分布之一，能将一些复杂问题有效简化进行处理，而且也可以较好地用来刻画特定情形下的消费市场，比如，在某些时期市场需求的变化在短时期内都可以简化为：更好和更差、更好和不变、更差和不变等状态之间的转换。因此，研究两点分布市场需求下的中小企业融资与订购策略具有较好的现实意义。

第一节 问题描述

融资是绝大多数中小企业不可避免的一个重要问题。如何选择最恰当的融资模式，以便可以达到企业价值最大化和股东财富最大化的目标，这一直是供应链金融领域的一个热点前沿问题。企业在面临融资需求选择融资模式时，需要考虑治理水平、公司质押物、未来潜在风险等多个因素，其本质就是求成本最小化和利润最大化问题。

根据公司金融领域著名的啄食融资理论，企业一般的融资模式选择顺序为：首先是内部盈余资金，其次是外部债权融资，最后是外部股权融资。在不考虑其他因素影响下，当企业面临融资需求时，企业第一选择是内部盈余资金，只有在企业内部盈余资金不足时才会考虑外部融资，而外部融资首先考虑的也是债权融资，这是因为债权融资模式简单易行，成本比较低，效率也比较高，但是很多中小企业是处于一个无抵押，并且信用也不足的状态，此时企业只能选择股权融资或其他融资方式。事实上，很多研究发现，如果是从促进科研创新投入的角度，上市公司选择股权融资方式更好。当然，企业融资方式的选择会受到很多因素的制约，如现金流量充足的上市企业就会更倾向于股权融资；在具有较好的外部市场环境，且面临扩张期的企业选择股权融资方式也更为有利。

现有关于融资与订购方面的研究，大都是在考虑资金充沛或者债权融资、股权融资的角度，很少综合考虑股权和债权融资方式。事实上，融资方式的选择具有多样性，企业可以从最大化收益的角度，选择部分债权融资和股权融资。因此，本章将针对供应商和零售商组成的二级供应链，在特殊分布市场需求下，从融资结构的角度分析中小企业最优融资策略，以及最优订购策略问题。

第二节 特殊分布需求下的中小企业融资决策

在特殊分布市场需求下，本部分考虑由一个供应商与一个零售商组成的两级供应链系统，同时在供应链外部存在一个银行与一个金融中介。供应商的进货成本为 c，零售商从供应商手中以批发价格 w 进货，再以销售价格 p 买入市场中。由于假设零售商的期初运营资金为零，所以在期初可以债权与股权结合的方式进行融资，期末用销售收入归还贷款以及给股东分红。

零售商在进行融资决策时，可在三种融资方案中选择，具体如下：一是 TCF 融资模式，代表只有供应商对零售商提供贸易信贷和股权融资，且贸易信贷不计利息；二是 BGF 融资模式，代表只有银行对零售商提供债权与股权融资，期末供应商以回购价格 b 回购零售商未卖出的产品；三是 CGF 融资模式，代表银行提供债权融资，金融中介提供股权融资以及债权融资担保，在期末零售商将按照 $(1-\theta)$ 比例将部分销售收入作为担保费支付给金融中介，金融中介与零售商一起承担风险。以零售商的最低销售收入与最大债权融资量的相对大小为依据将供应商、零售商和银行利润分为两种情况，讨论资金约束下零售商的均衡订购量、供应商的均衡批发价格以及银行的均衡利率，随后零售商做出融资决策。具体如 8.1 所示。

本部分假设市场需求服从一个特殊分布，也就是两点分布。两点分布是概率论中最重要的分布之一，在理论与实践中都有广泛应用，可以较好

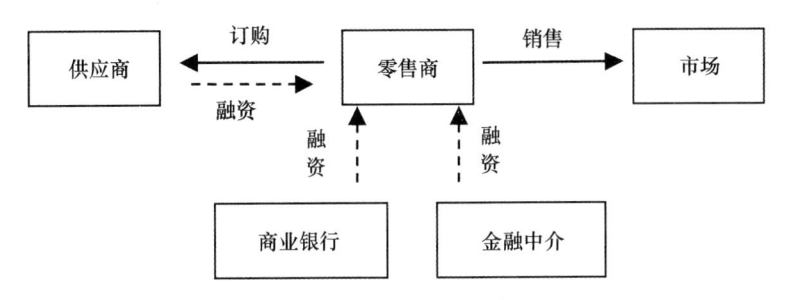

```
供应商  ←—订购——  零售商  ——销售→  市场
      - -融资- →
           ↑融资        ↑融资
      商业银行        金融中介
```

图 8-1 考虑第三方金融中介的企业融资决策问题

地用来刻画特定情形下的消费市场，如在很多消费市场上市场需求的变化在短时期内都可以简化为，在变得更好和更差、更好和不变、更差和不变等状态之间的转换。因此，既是为了简化模型，也是为了更好地刻画某些特殊情形下的市场需求，本部分假设市场需求满足以下两点分布，即：

$$D = \begin{cases} H & \alpha \\ L & 1-\alpha \end{cases} \tag{8.1}$$

其中，$H > L > 0$，$\alpha \in [0, 1]$。H 代表高需求量，L 代表低需求量，该公式表示在可能性为 α 的情况下市场的实际需求量为高需求量 H，在可能性为 $1-\alpha$ 的情况下市场的实际需求量为低需求量 L。在开始售卖后才能够确认市场实际需求。同时 α 也可以代表市场有利程度。所以，零售商订购量 $q \in [L, H]$。零售商的产品销售价格为 1，不考虑供应商的固定成本；供应商不提供折扣；该交易为单周期，所以也不考虑零售商的缺货成本和库存成本；零售商的期初运营资金为零。

具体变量及参数如下：q 为零售商的订购量，$q \in [L, H]$；w 为产品批发价，$0 < c \leq w \leq 1$；α 为产品的市场竞争力，$\alpha \in [0, 1]$；c 为供应商的产品成本，$0 < c \leq w$；θ 为在 TCF 融资模式下零售商的收益分享率，$(1-\theta)$ 为零售商给金融中介的担保费率，$\theta \in (0, 1)$；b 为在 BGF 融资模式下供应商提供给零售商的回购价格，$0 < b < w$；λ 为在 CGF 融资模式下零售商提供给金融中介的风险分享率，$\lambda \in (0, 1)$；r 为银行提供给零售商的债权融资利率，$r \in (0, 1)$；β 为零售商股权融资在总融资金额中的比重，$\beta \in [0, 1]$。

一 TCF 融资模式

在 TCF 融资模式下，也就是只有供应商对零售商提供贸易信贷和股权融资,且贸易信贷不计利息。此时,供应商在期初不仅对零售商提供不计利息的贸易信贷,同时提供股权融资,期末零售商用销售收入支付贷款和股利分红。零售商若未能偿还全部贷款,则由供应商承担剩余所有损失。零售商的预期利润如下:

$$\pi_r^{TCF} = \begin{cases} [\alpha q + (1-\alpha)L - wq(1-\beta)](1-\beta), & if\ L \geq (1-\beta)wH \\ \alpha q[1-w(1-\beta)](1-\beta), & if\ L \leq (1-\beta)wH \end{cases}$$

(8.2)

命题1 在有资金约束的情况下,零售商的订货量与供应商提供的批发价格有关,因为批发价格与 w_1^{TCF} 和 w_2^{TCF} 的相对大小将会决定订货量。当批发价格位于较高或较低时,零售商偏好加大订货量;当批发价格处于中间值上下时,零售商则会选择降低订货水平。

证明:为了简化计算,不失一般性,令:$w_1^{TCF} = \dfrac{L}{(1-\beta)H}$,$w_2^{TCF} = \dfrac{\alpha}{1-\beta}$。

(1) 当 $L \geq (1-\beta)wH$,即 $w \leq w_1^{TCF}$,有 $\dfrac{d\pi_r^{TCF}}{dq} = [\alpha - w(1-\beta)](1-\beta)$,一阶导数的正负性取决于 α 和 $w(1-\beta)$ 的相对大小。若 $w \leq w_2^{TCF}$,表明 π_r^{TCF} 与 q 成正比。此时,若 $w \leq w_1^{TCF} \leq w_2^{TCF}$,即 $\alpha \geq \dfrac{L}{H}$,零售商此时的最优订货量为 $q^* = H$,此时显然有:$\pi_r^{TCF} = [\alpha H + (1-\alpha)L - wH(1-\beta)](1-\beta)$。若 $w \leq w_2^{TCF} \leq w_1^{TCF}$,即 $\alpha < \dfrac{L}{H}$,零售商此时的最优订货量为 $q^* = H$,此 $\pi_r^{TCF} = [\alpha H + (1-\alpha)L - wH(1-\beta)](1-\beta)$。如果 $w \in [w_2^{TCF}, w_1^{TCF}]$,表明 π_r^{TCF} 与 q 成反比。零售商此时的最优订货量为 $q^* = L$,此时 $\pi_r^{TCF} = [L - wH(1-\beta)](1-\beta)$。

(2) 当 $w > w_1^{TCF}$,有 $\dfrac{d\pi_r^{TCF}}{dq} = \alpha[1 - w(1-\beta)]$。因此零售商此时的最优订货量为 $q^* = H$,此时 $\pi_r^{TCF} = \alpha[H - (1-\beta)wH](1-\beta)$,命题1成立,证毕。

下面将分析供应商的最优批发价格。对于供应商来说,期初,供应商进货承担相应成本,并对零售商提供全额货款的信贷融资,在期末收到零售商的贷款还款和股利分红。零售商若未能偿还全部贷款,则由供应商自己承担剩余所有损失。供应商的预期利润如下:

$$\pi_s^{TCF} = \begin{cases} wq(1-\beta) - cq + [\alpha q + (1-\alpha)L - wq(1-\beta)]\beta, & if\ L \geq (1-\beta)wH \\ \alpha wq(1-\beta) + (1-\alpha)L - cq + \alpha q[1 - (1-\beta)w]\beta, & if\ L \leq (1-\beta)wH \end{cases}$$

(8.3)

命题 2 当市场需求确定时,供应商提供的最优批发价格与商场偏好程度和 $\frac{L}{H}$ 的相对大小有关。当市场偏好程度高于 $\frac{L}{H}$ 时,供应商的批发价格由股权融资比例和市场需求量决定;当市场偏好程度低于 $\frac{L}{H}$ 时,则由股权融资比例和市场偏好程度决定。批发价格与股权融资比例成正比。

证明:(1)当零售商批发价格满足某一条件时,即 $w \leq w_1^{TCF}$,可以得到如下关系: $\frac{d\pi_s^{TCF}}{dw} = q(1-\beta)^2 > 0$。此时,如果 $w \leq \min\{w_1^{TCF}, w_2^{TCF}\}$,那么 $w^* = \min\{w_1^{TCF}, w_2^{TCF}\}$, $\pi_s^{TCF} = w^* H(1-\beta) - cH + [\alpha H + (1-\alpha)L - w^* H(1-\beta)]\beta$, $q^* = H$。反之,如果零售商批发价格满足如下条件 $w \in [w_2^{TCF}, w_1^{TCF}]$,那么其最优批发价为: $w^* = w_1^{TCF}$, $q^* = L$, $\pi_s^{TCF} = (1-\beta)\frac{L^2}{H} + (\beta - c)L$。

(2)当 $w > w_1^{TCF}$,有 $\frac{d\pi_s^{TCF}}{dw} = \alpha q(1-\beta)^2 \geq 0$。又 $q > 0$,故 $\frac{d\pi_s^{TCF}}{dw} \geq 0$,则 $w^* = 1$, $\pi_s^{TCF} = \alpha H(1-\beta+\beta^2) + (1-\alpha)L - cH$, $\pi_r^{TCF} = \alpha\beta H(1-\beta)$。

通过比较不同情况下的供应商利润可以发现,情形(1)的供应商利润必定优于情形(2)的供应商利润,所以供应商作为理性经济人,在追求最大利润的驱使下不会选择此情况的批发价格;情形(2)的供应商利润虽然优于其他情况下的供应商利润,但是此时批发价格等于销售价格,意味着零售商无利润可赚。在这种情况下,零售商的预期利润为 $\alpha\beta H(1-\beta) < H(1-\beta)$,说明零售商无法完全支付债务而面临破产风险,所以零售商不会接受该情况下的批发价格。因此,情形(1)是供应商的最优批发价格决策,命题 2 成立。证毕。

二 BGF 融资模式

在 BGF 融资模式下,只有商业银行对零售商提供债权与股权融资,债权融资以利率 r 计算利息,期末供应商回购零售商未卖出的剩余产品,零售商再以最终销售收入支付贷款和股利分红。零售商若未能偿还全部贷款,则由银行承担所有损失。零售商的预期利润如下:

$$\pi_r^{BGF} = \begin{cases} [\alpha q + (1-\alpha)[L + b(q-L)] - wq(1-\beta)(1+r)](1-\beta) \\ \quad \text{if } L + b(H-L) \geq wH(1-\beta)(1+r) \\ \alpha q[1 - w(1-\beta)(1+r)](1-\beta) \\ \quad \text{if } L + b(H-L) \leq wH(1-\beta)(1+r) \end{cases}$$

(8.4)

命题3 当受资金约束的零售商选择BGF时，当纳入利息的批发价格小于或大于 $w(1+r)_1^{BGF}$ 和 $w(1+r)_2^{BGF}$ 两者时，零售商偏好高水平的订购量；当批发价格处于 $w(1+r)_1^{BGF}$ 和 $w(1+r)_2^{BGF}$ 之间时，则会选择低水平的订购量作为最优订购决策。

证明：令 $w(1+r)_1^{BGF} = \dfrac{L + b(H-L)}{H(1-\beta)}$，$w(1+r)_2^{BGF} = \dfrac{\alpha + (1-\alpha)b}{1-\beta}$。

（1）当 $L + b(H-L) \geq wH(1-\beta)(1+r)$，即 $w(1+r) \leq w(1+r)_1^{BGF}$，此时 $\dfrac{d\pi_r^{BGF}}{dq} = [\alpha + (1-\alpha)b - w(1-\beta)(1+r)](1-\beta)$，一阶导数的正负性取决于 $\alpha + (1-\alpha)b$ 和 $w(1-\beta)(1+r)$ 的相对大小。

若 $\alpha + (1-\alpha)b \geq w(1-\beta)(1+r)$，且 $w(1+r) \leq \min\{w(1+r)_1^{BGF}, w(1+r)_2^{BGF}\}$，此时可知零售商最优订购量为：$q^* = H$，因此最优利润为：

$\pi_r^{BGF} = [\alpha H + (1-\alpha)[L + b(H-L)] - wH(1-\beta)(1+r)](1-\beta)$；

如果 $w(1+r) \in [w(1+r)_2^{BGF}, w(1+r)_1^{BGF}]$，此时有 $q^* = L$，可得最优利润为 $\pi_r^{BGF} = [L - wL(1-\beta)(1+r)](1-\beta)$。

（2）当 $w(1+r) > w(1+r)_1^{BGF}$，此时 $\dfrac{d\pi_r^{BGF}}{dq} = \alpha[1 - w(1-\beta)(1+r)](1-\beta)$。

$w(1-\beta)(1+r)$ 表示的是零售商债权融资部分的本金和利息，显然只有在其小于1时零售商才会接受此债权融资，即 $w(1-\beta)(1+r)$ 恒小于1，则 $\dfrac{d\pi_r^{BGF}}{dq} > 0$，表明 π_r^{BGF} 与 q 成正比。此时有 $q = H$，可得 $\pi_s^{BGF} = \alpha H[1 - w(1-\beta)(1+r)](1-\beta)$，命题3成立，证毕。

对于供应商来说，供应商在期初向零售商提供货物并获得全部的货款。期末，由于回购合同的存在，会以比批发价格低的价格水平回购零售商的剩余货物，需承担一部分的市场风险。供应商的预期利润如下：

$$\pi_s^{BGF} = (w-c)q - b(1-\alpha)(q-L) \tag{8.5}$$

命题 4 由于在 BGF 融资模式下,供应商选择 $w^*(1+r) = w(1+r)_1^{BGF}$ 为最优批发价格,此时有 $q^* = L$, $\pi_s^{BGF} = (w^* - c)L$。显然,在利率不变的情况下,批发价格与股权融资结构和回购价格成正比。

证明: $\dfrac{\mathrm{d}\pi_s^{BGF}}{dw} = q > 0$。

(1) 当 $w(1+r) \leqslant w(1+r)_1^{BGF}$,若 $w(1+r) \leqslant \min\{w(1+r)_1^{BGF}, w(1+r)_2^{BGF}\}$,则 $w^*(1+r) = \min\{w(1+r)_1^{BGF}, w(1+r)_2^{BGF}\}$,此时有 $q^* = H$, $\pi_s^{BGF} = (w^* - c)H - b(1-\alpha)(H-L)$;若 $w(1+r) \in [w(1+r)_2^{BGF}, w(1+r)_1^{BGF}]$,则 $w^*(1+r) = w(1+r)_1^{BGF}$,此时有 $q^* = L$, $\pi_s^{BGF} = (w^* - c)L$。

(2) 当 $w(1+r) > w(1+r)_1^{BGF}$,则 $w^*(1+r) = 1$,此时有 $q^* = H$, $\pi_s^{BGF} = (w^* - c)H - b(1-\alpha)(H-L)$。

由于 $w^*(1+r)$ 是小于 1 的,所以最优批发价格 $w^*(1+r) = w(1+r)_1^{BGF}$ 小于 1,即 $\beta < 1 - \dfrac{L + b(H-L)}{H}$。若 $\beta \geqslant 1 - \dfrac{L + b(H-L)}{H}$,则 $w^*(1+r) = 1$,命题 4 成立。证毕。

对于商业银行来说,在期初银行向零售商同时提供债权融资和股权融资,在期末收到零售商的贷款还款和股利分红。零售商若未能偿还全部贷款,则由银行自己承担剩余所有损失。银行的预期利润如下:

$$\pi_b^{BGF} = \begin{cases} wq(1-\beta)r + [\alpha q + (1-\alpha)[L+b(q-L)] - wq(1-\beta)(1+r)]\beta \\ \quad \text{if } L + b(H-L) \geqslant wH(1-\beta)(1+r) \\ -wq + \alpha wq(1-\beta)(1+r) + (1-\alpha)[L+b(q-L)] + \alpha q[1-w(1-\beta)(1+r)]\beta \\ \quad \text{if } L + b(H-L) \leqslant wH(1-\beta)(1+r) \end{cases}$$

(8.6)

命题 5 在该模式下,批发价格和利率作为相互影响的整体被其他因素决定,说明在 BGF 模式下,供应商与银行之间需要对批发价格和利率进行协商才能保证双方利润最大化且交易的顺利进行。若处于不合作状态,则必有一方达不到均衡且引起取消交易的行为。若保持批发价不变,则利率与股权融资比例、利率与回购价格之间皆成正比。批发价格和利率之间存在反比关系。

证明:参考上述供应商的情况,可知在 $\beta < 1 - \dfrac{L + b(H-L)}{H}$ 的条件下,有 $w^*(1+r) = w(1+r)_1^{BGF}$,此时 $w^*(1+r) = w(1+r)_1^{BGF} < 1$ 成立,即 $r^* = \dfrac{1}{w^*} - 1$。于是可得,在该模式下,r 与 w 相互作用成为一个整体,同

时决定最优取值,即 $w^*(1+r^*)=w(1+r)_1^{BGF}$,命题 5 成立,证毕。

三 CGF 融资模式

在 CGF 融资模式下,期初在金融中介的担保下由银行提供债权融资和金融中介提供股权融资,零售商支付给金融中介一定的担保费,使金融中介与零售商一起承担风险。期末零售商用销售收入支付贷款和股利分红。零售商若未能偿还全部贷款,则由金融中介偿还部分后银行承担剩余损失。零售商的预期利润如下:

$$\pi_r^{CGF}=\begin{cases}[\theta\alpha q+\theta(1-\alpha)(1-\beta)L-wqM], & if\ \theta L\geqslant wHM \\ \alpha q(\theta-wM)(1-\beta), & if\ \theta L<wHM\end{cases} \quad (8.7)$$

其中,$M=(1-\beta)(1+r)$。

命题 6 在市场需求确定的情况下,批发价格会对零售商的订购量决策产生影响。若批发价格小于或大于 $w(1+r)_1^{CGF}$ 和 $w(1+r)_2^{CGF}$ 两者,则零售商会选择高水平的订购量;若批发价格位于 $w(1+r)_1^{CGF}$ 和 $w(1+r)_2^{CGF}$ 两者之间,零售商偏好降低订购量。

证明:令:$w(1+r)_1^{CGF}=\dfrac{\theta L}{H(1-\beta)}$,$w(1+r)_2^{CGF}=\dfrac{\theta a}{1-\beta}$,

(1) 当 $\theta L\geqslant wH(1-\beta)(1+r)$,即 $w(1+r)\leqslant w(1+r)_1^{CGF}$,此时 $\dfrac{d\pi_r^{CGF}}{dq}=[\theta\alpha-w(1-\beta)(1+r)](1-\beta)$,一阶导数的正负性取决于 θL 和 $w(1-\beta)(1+r)$。若 $w(1+r)\leqslant \min\{w(1+r)_1^{CGF},w(1+r)_2^{CGF}\}$,则 $\dfrac{d\pi_r^{CGF}}{dq}\geqslant 0$,$q^*=H$,$\pi_r^{CGF}=[\theta[\alpha H+(1-\alpha)L]-wH(1-\beta)(1+r)](1-\beta)$。显然,如果批发价满足以下条件,$w(1+r)\in[w(1+r)_1^{CGF},w(1+r)_2^{CGF}]$,那么就会使 $\dfrac{d\pi_r^{CGF}}{dq}<0$,$q^*=L$,$\pi_r^{CGF}=[\theta L-wL(1-\beta)(1+r)](1-\beta)$。

(2) 当 $w(1+r)>w(1+r)_1^{CGF}$,此时 $\dfrac{d\pi_r^{CGF}}{dq}=\alpha[\theta-w(1-\beta)(1+r)](1-\beta)$。通过上式可以看出,只有在 θ 大于 $w(1-\beta)(1+r)$ 时,金融中介才愿为零售商的债权融资提供担保,所以 $\dfrac{d\pi_r^{CGF}}{dq}=\alpha[\theta-w(1-\beta)(1+r)](1-\beta)>0$,则 $q^*=H$,$\pi_r^{CGF}=\theta\alpha L-\alpha wL(1-\beta)(1+r)$,命题 6 成立。证毕。

对于供应商来说，在 CGF 融资模式下，供应商向零售商提供货物并获得全部的货款。供应商的预期利润如下：

$$\pi_s^{CGF} = (w-c)q \tag{8.8}$$

命题 7 在 CGF 融资模式下，零售商确定高水平订购量，于是供应商的批发价格决策只需要考虑市场偏好程度，即预期市场需求与实际市场需求之间的相对大小。当市场偏好价格大于 $\frac{L}{H}$ 时，纳入利率的最终批发价格由股权融资比例和收益共享比例决定，此时批发价格与股权融资比例和收益分享率成正比；当市场偏好程度小于 $\frac{L}{H}$ 时，批发价格由市场偏好程度、股权融资比例和收益分享率三者共同决定，此时批发价格与三者均存在一个正比关系。

证明：$\frac{d\pi_s^{CGF}}{dw} = q > 0$。

（1）当 $w(1+r) \leqslant w(1+r)_1^{CGF}$，若 $w(1+r) \leqslant \min\{w(1+r)_1^{CGF}, w(1+r)_2^{CGF}\}$ 则 $w^*(1+r) = \min\{w(1+r)_1^{CGF}, w(1+r)_2^{CGF}\}$，此时有 $q^* = H$，$\pi_s^{CGF} = (w^*-c)H$。若 $w(1+r) \in [w(1+r)_2^{CGF}, w(1+r)_1^{CGF}]$，则 $w^*(1+r) = w(1+r)_1^{CGF}$，此时有 $q^* = L$，$\pi_s^{CGF} = (w^*-c)H$。

（2）当 $w(1+r) > w(1+r)_1^{CGF}$，则 $w^*(1+r) = 1$，此时有 $q^* = H$，$\pi_s^{CGF} = (w^*-c)H$。

通过比较不同情况下的供应商利润可以发现，由于考虑了利息的批发价格等于销售价格，所以零售商并不会接受此批发价格，因此在该融资模式下，供应商只会选择最优批发价格，命题 7 成立，证毕。

命题 8 若 $wH(1-\beta)(1+r) > \theta L$，则金融中介愿意承担的最高风险分享率应为：$\lambda^* = \dfrac{\text{收益分享率}}{(1-\alpha) \times \text{贷款未偿还部分}}$。

证明：当零售商的收入不足以还清债款时，即 $wH(1-\beta)(1+r) > \theta L$。对于金融中介来说，需要承担的债务部分需小于所分享的零售商销售额，这样才愿意为零售商的债权融资部分进行担保，可确定风险分享率的最高值，则命题 8 成立，证毕。

对于银行来说，在期初，银行向零售商提供债权融资，在期末收到零售商的贷款还款。零售商若未能偿还全部贷款，除开供应链外部的金融中介通过担保合同承担的部分信用风险，则由银行自己承担剩余所有损失。

当 $\theta L \geq wH(1-\beta)(1+r)$ 时,银行的预期利润为 $wq(1-\beta)r$。

当 $\theta L < wH(1-\beta)(1+r)$ 时,银行的预期利润为:

$$\pi_b^{CGF} = -wq(1-\beta) + wq[\alpha + \lambda(1-\alpha)](1-\beta)(1+r) + (1-\lambda)(1-\alpha)\theta L \tag{8.9}$$

命题 9 银行的利率受 $(r+1)_1^{CGF}$ 和 $(r+1)_2^{CGF}$ 的相对大小影响,当 $(r+1)_1^{CGF}$ 小于 $(r+1)_2^{CGF}$ 且利率也小于这两者时,利率由收益分享率、批发价格和股权融资比例决定。此外,由市场偏好程度和股权融资比例决定最优借款利率。同时可以看出,利率与市场偏好程度、股权融资比例和收益分享率成正比,与风险分享率成反比。

证明:令 $(r+1)_1^{CGF} = \dfrac{\theta L}{wH(1-\beta)}$,$(r+1)_2^{CGF} = \dfrac{1}{(1-\alpha)\lambda(1-\beta)}$,

(1) 如果满足以下条件 $\theta L \geq wH(1-\beta)(1+r)$,也就是 $(r+1) \leq (r+1)_1^{CGF}$,那么有 $\dfrac{d\pi_b^{CGF}}{dr} = wq(1-\beta) > 0$,银行利呈与利率成正比。但在该模式下,存在某一可能满足条件情形 $\lambda(1-\alpha)(1+r)(1-\beta) < 1$,也就是 $(1+r) < (r+1)_2^{CGF}$。如果以下关系成立 $(1+r) \leq (r+1)_1^{CGF} < (r+1)_2^{CGF}$,那么可以得到如下结论:$r^* = (r+1)_1^{CGF} - 1$,$\pi_b^{CGF} = \theta L - wH(1-\beta)$。

反之,如果存在以下关系 $(1+r) < (r+1)_2^{CGF} \leq (r+1)_1^{CGF}$,那么 $r^* = (r+1)_2^{CGF} - 1$,$\pi_b^{CGF} = wH\left[\dfrac{1}{(1-\alpha)\lambda} - (1-\beta)\right]$。

(2) 如果利率满足如下条件 $(1+r) \in [(r+1)_1^{CGF}, (r+1)_2^{CGF}]$,那么此时求一阶导可得:$\dfrac{d\pi_b^{CGF}}{dr} = [\alpha + \lambda(1-\alpha)]wq(1-\beta) > 0$,则 $r^* = (r+1)_2^{CGF} - 1$,$\pi_b^{CGF} = \dfrac{wH}{1-\alpha}\left(\dfrac{\alpha}{\lambda} + 1 - \alpha\right) - wH(1-\beta) - (1-\lambda)(1-\alpha)\theta L$,命题 9 成立,证毕。

四 数例分析

该部分通过数值示例分析,研究股权融资比例等因素对企业融资策略的影响以及部分变量与零售商利润的关系。借鉴 Huang 等[①]的基本参数设

---

① Jing Huang, Wensheng Yang, Yiliu Tu, 2020: "Financing Mode Decision in a Supply Chain with Financial Constraint", *International Journal of Production Economics*, Vol. 220 (C).

置方法，结合本部分实际研究问题，假设模型基本参数为：$\alpha = 0.7$，$c = 0.5$，$\theta = 0.7$，$b = 0.2$，$\lambda = 0.5$，$H = 1000$，$L = 500$，$\beta = 0.5$。

关于股权融资比例对零售商融资决策的影响问题，表8-1描述了股权融资比例β对于零售商融资决策的影响。随着股权融资比例的增加，三种模式下的零售商利润皆呈上升趋势。具有资金约束的零售商在进行融资决策时，最优选择为供应链内部融资，即TCF融资模式。如果无法达到最优选择，则考虑第二选择，由银行提供债权融资和金融中介提高股权融资的担保融资服务，即CGF融资模式。若TCF、CGF融资模式皆不可行，则考虑银行提供债权、股权融资和供应商提供回购合约的融资服务，即BGF融资模式。当零售商面临的市场需求量较大时，在TCF下零售商的利润远高于其他两种模式下的零售商利润，说明零售商在面临资金约束时，内外部融资中会优先选择内部融资，在外部融资中会偏好向金融中介寻求股权融资和担保服务。另外，股权融资比例不影响零售商融资决策。

表8-1　　　　　　　　股权融资比例β与零售商利润的关系

股权融资比例	0	0.1	0.2	0.3	0.4	0.5	0.6	0.7	0.8	0.9	1
TCF下的零售商利润（1）	350	315	280	245	210	175	140	105	70	35	0
TCF下的零售商利润（2）	150	135	120	105	90	75	60	45	30	15	0
BGF下的零售商利润	200	180	160	140	120	100	80	60	40	20	0
CGF下的零售商利润（1）	245	220.5	196	171.5	147	122.5	98	73.5	49	24.5	0
CGF下的零售商利润（2）	105	94.5	84	73.5	63	52.5	42	31.5	21	10.5	0

关于股权融资比例对供应链利润的影响。由于在实际融资市场中，银行利率通常取决于政府经济政策、资本市场和银行风险控制策略等因素，供应链成员对于银行利率的影响力很小，因此在研究供应链决策时，假设银行借款利率为固定值，即5%。

表8-2描述了股权融资比例对供应链利润的影响。随着股权融资比例的增加，TCF下的供应链利润保持不变，BGF与CGF下的供应链利润呈上升趋势。在股权融资比例较低时，具有资金约束的零售商会优先考虑供应链内部融资，即TCF融资模式。但随后股权融资比例增加到一定程度时，BGF和CGF模式下的供应链利润会超过TCF下的固定的供应链利

润，并且 CGF 下的供应链利润增长得更快且更多，所以零售商更偏好从银行进行债券融资，并且由金融中介提供股权融资和担保。

表 8-2　　股权融资比例 β 与供应链利润的关系

股权融资比例	0	0.1	0.2	0.3	0.4	0.5	0.6	0.7	0.8	0.9	1
TCF 下的供应链利润（1）	850	850	850	850	850	850	850	850	850	850	0
TCF 下的供应链利润（2）	350	350	350	350	350	350	350	350	350	350	0
BGF 下的供应链利润	236	247	267	298	346	421	544	762	1219	2627	*
CGF 下的供应链利润（1）	78	91	113	148	203	289	431	685	1216	2858	*
CGF 下的供应链利润（2）	72	113	167	240	341	486	709	1087	1854	4177	*

在数例分析的基础上，分别研究股权融资比例、回购价格和收益留存率对各融资模式下零售商利润的影响，以及在不同股权融资比例下零售商的融资决策变化。

图 8-2 至图 8-6 分别描述了在三种融资模式下零售商利润对于股权融资比例的敏感性。随着股权融资比例的增加，三种模式下的零售商的利润皆逐渐减少。当零售商增加股权融资比例时，虽然融资成本会降低，但是股东分红所占比重会越来越大，以抵消甚至超过融资成本减少所带来的利润增量，从而零售商的利润会减少。

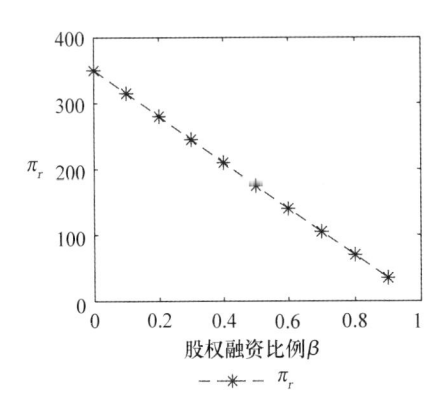

图 8-2　零售商可全额还款时股权融资比例对零售商利润的影响（TGF 模式）

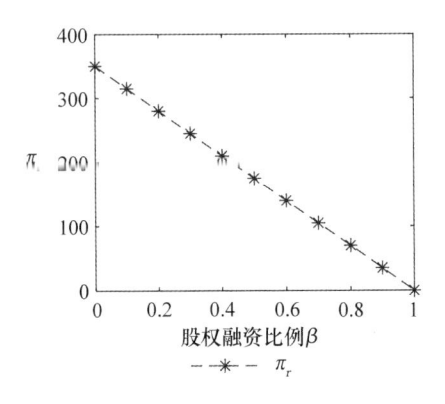

图 8-3　零售商无法全额还款时股权融资比例对零售商利润的影响（TGF 模式）

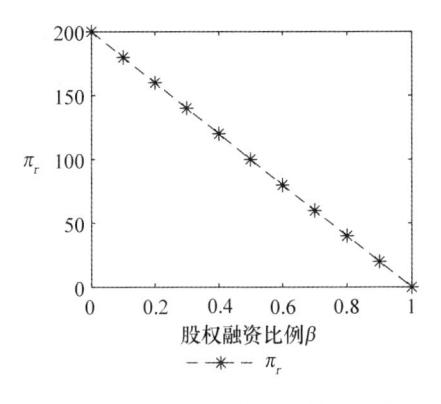

图 8-4　零售商可全额还款时股权融资比例对零售商利润的影响（BGF 模式）

图 8-5　零售商可全额还款时股权融资比例对零售商利润的影响（CGF 模式）

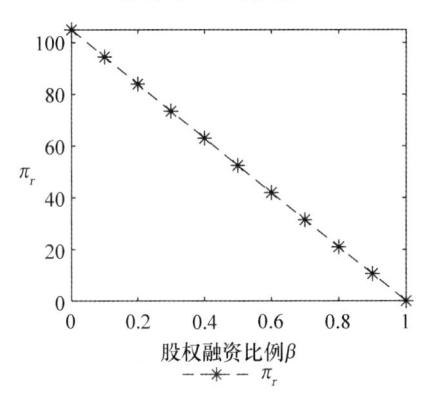

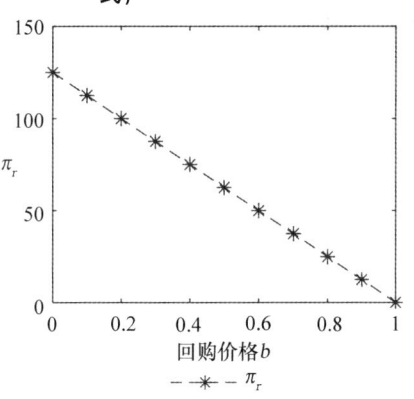

图 8-6　零售商无法全额还款时股权融资比例对零售商利润的影响（CCF 模式）

图 8-7　BGF 模式下回购价格对零售商利润的影响

关于零售商利润对回购价格的敏感性，图 8-7 描述了在 BGF 融资模式下零售商利润对于回购价格的敏感性。随着供应商回购价格的升高，零售商利润也会减少。这是因为在 BGF 模式下，回购价格的上升会导致最优批发价格和最优利率的上升，从而增加零售商的进货成本和融资成本，零售商的利润也就减少了。

图 8-8 和图 8-9 描述了在 CGF 融资模式下零售商利润对于收益分享率的敏感性。在 CGF 融资模式下，随着收益分享率的上升，零售商的利润上升。这是因为收益分享率的上升，意味着零售商提供给金融中介的担保费成本减少，从而零售商的利润会相应地增加。

192 金融供给侧结构性改革下的中小企业融资与订购策略

综上所述，本章针对一个供应商和一个资金受限零售商组成的二级供应链，在考虑融资结构因素情形下，研究随机市场需求下的零售商最优融资策略和最优订购策略。研究发现，在不同融资模式下，零售商最优订购量受到供应商批发价格的显著影响；零售商在内外部均可以融资时会优先选择内部融资，若内部融资受阻，则在外部融资中会偏向金融中介寻求股权融资和担保服务，另外股权融资比例不影响零售商的融资决策。

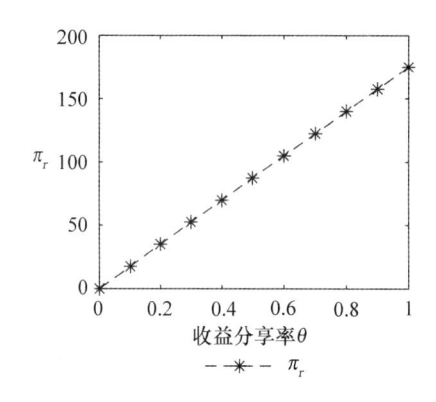

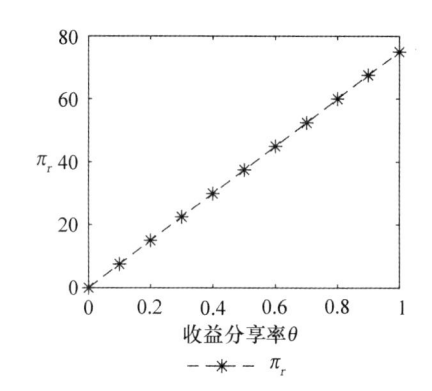

图 8-8　零售商可全额还款时分享收益率对零售商利润的影响（CGF 模式）

图 8-9　零售商无法全额还款时分享收益率对利润的影响（CGF 模式）

在 TCF 模式下，供应商承担所有信用风险，最优批发价与股权融资比例、市场偏好程度成正比；在 BGF 模式下，供应商提供回购会承担部分市场风险，银行承担所有信用风险，此时供应商最优批发价格和银行最优利率，与股权融资结构和回购价格成正比；在 CGF 模式下，金融中介和商业银行共同承担信用风险，金融中介是否提供融资服务只取决于风险分享率的大小，此时供应商最优批发价格决策与市场偏好程度、股权融资比例和收益分享率成正比，而银行的最优利率则是与市场偏好程度、股权融资比例和收益分享率成正比，与风险分享率成反比。

第三节　特殊分布需求下的中小企业订购策略研究

在特殊分布市场需求下，本部分研究一个供应商和一个资金约束零售商构成的两级供应链，考虑到零售商可能出现无法支付货款的情况，通过引入股权、债权等融资结构因素,在传统报童模型基础上构建了股权债权融资模型,分析零售商如何利用外部投资者的持股融资和银行借贷等方式来确定最优订购策略,以便可以更好地优化自身的利润水平。

由于零售商自有资金为零,期初具有资金约束的零售商会利用延期支付的方式从供应商处以价格 c 获得商品,再以价格 p_1 在市场上进行销售,期末利用所得的销售收入支付应付货款。由于市场需求具有不确定性,零售商可能面临供不应求和供过于求的情形,具体而言在供不应求时零售商会承受单位缺货损失成本 b;在供过于求情形时零售商会将剩余商品以价格 p_2 退回给供应商,并承担一定的单位库存成本 h。特别地,若零售商期末的销售收入无法支付全部应付货款,可以选择向外部投资者和金融机构以股债混合方式借款,此时债权融资利率为 r_1;如果销售收入能够支付全部应付货款,那么剩余的收入可以对外以收益率 r_2 进行投资。外部股债融资模型如图 8-10 所示。

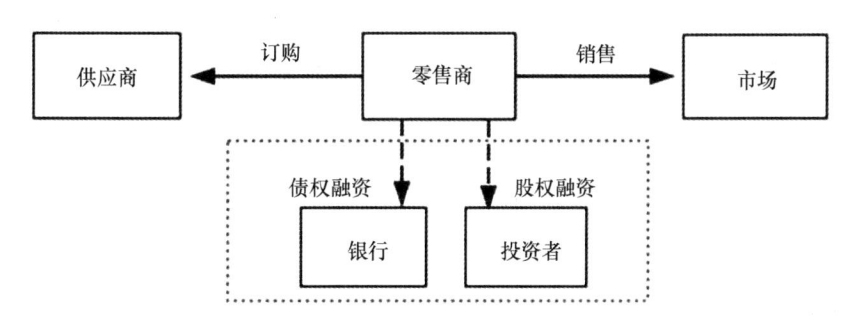

图 8-10 外部股债融资模型

外部债权和股权融资模型中的主要变量说明:p_1 表示零售商在消费市场上的销售价格,c 表示零售商的进货成本,p_2 表示供应商的回购价格,h 表示零售商的单位库存成本,T 表示零售商的还款周期,b 表示零售商的缺货成本,β 是销售价格与成本价格的比例系数,r_1 代表债权融资的利率,r_2 代表投资的收益率,α 是股权融资比例,并且满足 $[0, 1)$,q 是零售商的订购量。此外,零售商的总利润是 $G(q)$,零售商期望总成本是 $C(q)$,市场需求函数的密度函数是 $f(x)$,其中 x 为市场需求变量。

一 外部投资者单向持股零售商的融资模型

在零售商的进货—销售过程中,可能会出现以下 4 种情况:供过于求,所得利润无法支付全部进货成本;供过于求,所得利润可以支付全部进货成本；供不应求，所得利润无法支付全部进货成本；供不应求，所得利润可以支付全部进货成本。在现实生活中，一般不会出现第一种情况，这种情况意味着无论消费市场如何变化，零售商都是亏损状态，这种企业一般会很快被淘汰。所以，本部分主要分析的是另外三种情况。

如果消费市场上出现供过于求，市场需求量 x 满足 $0 < x < \beta q$（$0 < \beta < 1$），并且销售收入无法支付全部货款。此时，零售商需要进行融资，假设债权股权融资比例为 α，债权融资利率是 r_1。那么，此时零售商的预期总成本可以表示为：

$$\int_0^{\beta q} [(c + h - p_2)(q - x) + (1 - \alpha)(1 + r_1)(cq - p_1 x)] f(x) \mathrm{d}x +$$

$$\int_{\beta q}^{q} (c + h - p_2)(q - x) f(x) \mathrm{d}x - \int_{\beta q}^{q} p_2 r_2 T(x - \beta q) f(x) \mathrm{d}x \quad (8.10)$$

如果消费市场上出现供不应求，消费市场的需求量 x 满足 $q < x < +\infty$，并且销售收入可以支付全部货款。在此情形下，零售商虽然可以获得较好的收益，但是由于产品供不应求，所以将会给零售商带来额外的成本，也就是缺货损失费用。在此情形下，零售商的预期成本为：

$$\int_q^{+\infty} (p_1 - c)(x - q) \times f(x) \mathrm{d}x + b \int_q^{+\infty} (x - q) \times f(x) \mathrm{d}x -$$

$$\int_q^{+\infty} p_1 T r_2 (q - \beta q) \times f(x) \mathrm{d}x \quad (8.11)$$

综上所述，在随机市场需求下资金约束零售商的总预期成本可以表示为：

$$C(q) = \int_0^{\beta q} [(c + h - p_2)(q - x) + (1 - a)(1 + r_1)(cq - p_1 x)] \times f(x) \mathrm{d}x +$$

$$\int_{\beta q}^{q} [(c + h - p_2)(q - x) - p_1 T r_2 (x - bq)] \times f(x) \mathrm{d}x -$$

$$\int_q^{+\infty} p_1 T r_2 (q - bq) \times f(x) \mathrm{d}x + \int_q^{+\infty} (p_1 - c)(x - q) \times f(x) \mathrm{d}x +$$

$$\int_q^{+\infty} b(x - q) \times f(x) \mathrm{d}x + cq \quad (8.12)$$

由于本部分假设零售商初始资金为零，因此零售商的利润为：

$$G(q) = (1 - \alpha) \left[p_1 \int_0^q f(x) x \mathrm{d}x + p_1 q \int_q^{+\infty} f(x) \mathrm{d}x - C(q) \right]$$

$$= (1 - \alpha) \int_0^q [(p_1 + c + h + (1 - \alpha) T p_1 (1 + r_1) - p_2) x] f(x) \mathrm{d}x -$$

$$(1 - \alpha) \int_0^q [(c + h + (1 - \alpha) T p_1 (1 + r_1) - p_2) q] f(x) \mathrm{d}x -$$

第八章 特殊分布市场需求下中小企业融资与订购策略研究

$$(1-\alpha)cq + (1-\alpha)\int_q^{+\infty}[p_1 + q(p_1 - c + b) + Tr_2p_1q(1-\beta) - (p_1 - c + b)x)]f(x)dx \tag{8.13}$$

命题 10 面向随机市场需求时，资金约束零售商的利润 $G(q)$ 是关于订购量 q 的凹函数，在最优订购量 $q^* = F^{-1}\left(\dfrac{D1}{D2}\right)$ 时，可使 $G(q^*) = \max\{G(q)\}$ 成立，即使零售商取得最优利润，其中 $\dfrac{D_1}{D_2} = \dfrac{2p_1 + b + p_1Tr_2(1-\beta) - 2c}{2p_1 + b + h + p_1T(1-\alpha)(1+r_1) - p_2}$。

证明：将式（8.13）对订购量 q 求一阶导，令其等于零，即：$\dfrac{\partial G(q)}{\partial q} = 0$。

$$\begin{aligned}\dfrac{\partial G(q)}{\partial q} =\ & \alpha p_1\int_q^{+\infty}f(x)dx - \alpha(c+h-p_2)\int_0^q f(x)dx - \alpha^2 T(1+r_1)c\int_0^{\beta q}f(x)dx + \\ & \alpha b\int_q^{+\infty}f(x)dx + \alpha p_1Tr_2(1-\beta)\int_q^{+\infty}f(x)dx - \alpha p_1Tr_2(1-\beta)qf(q) + \\ & \alpha(p_1 - c)\int_q^{+\infty}f(x)dx - \alpha c + \alpha p_1 Tr_2\Big[qf(x) - \beta\int_{\beta q}^q f(x)dx - \beta qf(q)\Big]\end{aligned}$$
$$\tag{8.14}$$

由于 $(1-\alpha)(1+r_1) = r_2$，$\beta p_1 = c$，且 $\int_q^{+\infty}f(x)dx = 1 - \int_0^q f(x)dx$，所以可以得到：

$$\begin{aligned}\dfrac{\partial G(q)}{\partial q} =\ & (1-\alpha)[2p_1 + b + p_1Tr_2(1-\beta) - 2c] - \\ & (1-\alpha)[2p_1 + b + h + p_1T(1-\alpha)(1+r_1) - p_2]\int_0^q f(x)dx\end{aligned}$$
$$\tag{8.15}$$

为简化后文模型的计算过程，令 $D_1 = 2p_1 + b + p_1Tr_2(1-\beta) - 2c$，$D_2 = 2p_1 + b + h + p_1T(1-\alpha)(1+r_1) - p_2$，易知 $D_1 > 0$，$D_2 > 0$，那么可得：

$$\dfrac{\partial G(q)}{\partial q} = (1-\alpha)\Big[D_1 - D_2\int_0^q f(x)dx\Big] \tag{8.16}$$

计算其一阶偏导等于零，根据 $\dfrac{\partial G(q)}{\partial q} = 0$ 可得驻点，$q^* = F^{-1}\left(\dfrac{D1}{D2}\right)$。

对式（8.13）求二阶导，可得 $\dfrac{\partial^2 G(q)}{\partial q^2} = -D_2\int_0^q f(x)dx$，由于 $D_2 > 0$

且 $\int_0^q f(x)\mathrm{d}x > 0$，所以可得二阶偏导小于零，即 $\dfrac{\partial^2 G(q)}{\partial q^2} < 0$，因此该模型存在唯一最优解。此时根据 $\dfrac{\partial G(q)}{\partial q} = 0$，即 $D_1 - D_2\int_0^q f(x)\mathrm{d}x = 0$，化简可得 $F(q) = \int_0^q f(x)\mathrm{d}x = \dfrac{D1}{D2}$，由 $p_1 > p_2 > c$ 可知，$0 < D_1 < D_2$，因此，一阶偏导等于零得到的驻点，就是零售商的最优订购量，即：

$$q^* = F^{-1}\left(\dfrac{D1}{D2}\right) \tag{8.17}$$

令 $K_1 = c + h + (1-\alpha)Tp_1(1+r_1) - p_2$，$K_2 = p_1 - c + b + Tr_2p_1(1-\beta)$，$K_3 = p_1 - c + b$，可将式（8.17）化简为：

$$\begin{aligned}G(q) = &(1-\alpha)\left(\int_0^q ((p_1+K_1)x - K_1 q)f(x)\mathrm{d}x\right) + \\ &(1-\alpha)\int_q^{+\infty}\left[(p_1+K_2)q - K_3 x\right]f(x)\mathrm{d}x - cq\end{aligned} \tag{8.18}$$

因此，零售商的最优利润为：

$$\begin{aligned}G(q^*) = &(1-\alpha)\int_0^{F^{-1}\left(\frac{D1}{D2}\right)}\left((p_1+K_1)x - K_1 F^{-1}\left(\dfrac{D1}{D2}\right)\right)\times f(x)\mathrm{d}x + \\ &(1-\alpha)\int_{F^{-1}\left(\frac{D1}{D2}\right)}^{+\infty}\left((p_1+K_2)F^{-1}\left(\dfrac{D1}{D2}\right) - K_3 x\right)\times f(x)\mathrm{d}x - \\ &(1-\alpha)cF^{-1}\left(\dfrac{D1}{D2}\right)\end{aligned}$$

$$\tag{8.19}$$

通过以上分析可知，零售商利润函数是一个关于订购量的凹函数。证毕。

命题 11 当 $\delta < F(q) < 1$ 时，零售商股权融资比例 φ 与最优订购量 q^* 呈负相关；当 $0 < F(q) < \delta$ 时，零售商股权融资比例 φ 与最优订购量 q^* 呈正相关；当 $F(q) = \delta$ 时，零售商股权融资比例 φ 是一个常数，对最优订购量没有影响，其中 δ 为临界值。

证明：设 $g(q) = \dfrac{\partial G(q)}{\partial q}$，且 $g(q^*) = 0$，则可得：

$$\begin{aligned}g(q) = &(1-\alpha)\left[2p_1 + b + p_1 Tr_2(1-\beta) - 2c\right] - \\ &(1-\alpha)\left[2p_1 + b + h + p_1 T(1-\alpha)(1+r_1) - p_2\right]\int_0^q f(x)\mathrm{d}x\end{aligned}$$

$$\tag{8.20}$$

第八章 特殊分布市场需求下中小企业融资与订购策略研究

对式（8.20）求一阶导可得：

$$\frac{\partial g(q)}{\partial \varphi} = -[2p_1 + b + p_1 T r_2(1-\beta) - 2c] + (1-\alpha)p_1 T(1+r_1)\int_0^q f(x)\mathrm{d}x +$$

$$[2p_1 + b + h + p_1 T(1-\alpha)(1+r_1) - p_2]\int_0^q f(x)\mathrm{d}x \quad (8.21)$$

为了方便后文的计算，不妨令 $D_3 = (1-\alpha)p_1 T(1+r_1)$，并且还有 $D_1 = 2p_1 + b + p_1 T r_2(1-\beta) - 2c$，$D_2 = 2p_1 + b + h + p_1 T(1-\alpha)(1+r_1) - p_2$，即 $\frac{\partial g(q)}{\partial \alpha} = -D_1 + (D_2 + D_3)\int_0^q f(x)\mathrm{d}x$，且使 $\delta = \frac{D_1}{D_2 + D_3}$。

情况 1：当 $\frac{\partial g(q)}{\partial \alpha} < 0$，即 $0 < F(q) < \delta$ 时，由 $g(q^*) = 0$ 可知，若 $\alpha < \alpha^\tau$，则 $g(q, \alpha^\tau) < 0$，又由于 $\frac{\partial^2 G(q)}{\partial q^2} < 0$，即 $\frac{\partial g(q)}{\partial q} < 0$，那么存在 $q^* < q$，使 $g(q^*, \alpha^\tau) = 0$，所以 q^* 与 α 呈负相关，即零售商最优订购量 q^* 随着股权融资比例 α 的增加而降低。

情况 2：当 $\frac{\partial g(q)}{\partial \alpha} > 0$ 时，也就是 $\delta < F(q) < 1$。根据以上分析可知，若 $\alpha < \alpha^\tau$，那么会存在以下关系式：$g(q, \alpha^\tau) > 0$。由于 $\frac{\partial^2 G(q)}{\partial q^2} < 0$，所以可知存在一个最优解 $q^* > q$，使 $g(q^*, \alpha^\tau) = 0$，因此可知零售商股权融资比例 α 与最优订购量 q^* 呈正相关。

情况 3：当 $\frac{\partial g(q)}{\partial \alpha} = 0$，即 $F(q) = \frac{D_1}{D_2 + D_3}$ 时，q^* 与 α 没有关系，即最优订购量 q^* 对零售商股权融资比例 α 没有影响。证毕。

命题 12　当 $0 < F(q) < [2 + T r_2(1-\beta)] / [2 + T(1-\alpha)(1+r_1)]$ 时，零售商最优订购量 q^* 与销售价格 p_1 呈正相关；当 $[2 + T r_2(1-\beta)] / [2 + T(1-\alpha)(1+r_1)] < F(q) < 1$ 时，最优订购量 q^* 与销售价格 p_1 呈负相关。

证明：令 $g(q) = \frac{\partial G(q)}{\partial q}$，那么存在一个 q^*，使 $g(q^*) = 0$。对其求一阶导，可得：

$$\frac{\partial g(q)}{\partial p_1} = (1-\alpha)[2 + T r_2(1-\beta)] - \quad (8.22)$$

$$(1-\alpha)[2 + T(1-\alpha)(1+r_1)]\int_0^q f(x)\mathrm{d}x$$

情况 1：当 $\dfrac{\partial g(q)}{\partial p_1} > 0$，即 $0 < F(q) < [2 + Tr_2(1-\beta)] / [2 + T(1-\alpha)(1+r_1)]$ 时，由 $g(q^*) = 0$ 可知，若 $p_1 < p_1^\tau$，则 $g(q, p_1^\tau) > 0$，存在 $q < q^*$，使得 $g(q^*, T^\tau) = 0$，所以 q^* 与 T 呈正相关，即零售商最优订购量 q^* 随着销售价格 p_1 的增加而增加。

情况 2：当 $\dfrac{\partial g(q)}{\partial p_1} < 0$，也就是在 $[2 + Tr_2(1-\beta)] / [2 + T(1-\alpha)(1+r_1)] < F(q) < 1$ 时，如果价格存在如下关系 $p_1 > p_1^\tau$，那么就会存在 $q > q^*$，使 $g(q^*, T^\tau) = 0$，因此零售商最优订购量 q^* 与销售价格 p_1 之间存在一个负相关关系。证毕。

二 数值示例

为了进一步验证该模型的正确性，本部分将利用数值示例方式进行分析。参考燕汝贞等[①]的参数设置，结合本模型研究实际，模型基本参数设置为：零售商的单位库存成本 $h = 35$，供应商的回购价格 $p_2 = 100$，零售商还款周期 $T = 1$，零售商的缺货成本 $b = 30$，股权融资比例 $\alpha = 0.6$，零售商的销售价格 $p_1 = 100$，零售商的进货成本 $c = 30$。此外，顾海兵等[②]提出，尽管银行的基准利率为 6%，但企业贷款还需付出一定的隐性成本，此时企业的实际贷款利率的范围为 15%—16%，由此假设零售商外部融资的利率 $r_1 = 0.16$，又由于外部投资的收益率 $r_2 = a(1+r_1)$，所以 $r_2 = 0.464$。由于本部分假设市场需求是一个随机函数，为更直观地分析各因素与利润的关系，接下来将分别从市场需求服从均匀分布和指数分布两种情况展开讨论。

当随机市场需求服从此假设的均匀分布时，市场需求的密度函数为 $f(x) = 1/(B-A)$，根据相关文献数值示例经验，假设 $A = 0$，$B = 3500$，此时就可以计算得到零售商的最优订购量为 $q^* = 3371.5$，最优利润 $G(q^*) = 26262$。

图 8-11 反映了不同债权融资利率下的股权融资比例与零售商利润的关系。在债权融资利率保持不变时，随着零售商股权融资比例的增加，零售商的利润呈现先增加后降低的趋势。这说明对于资金匮乏的零售商而

---

① 燕汝贞、李冉、高伟等：《供应链融资结构视角下的零售商订购策略研究》，《中国管理科学》2019 年第 8 期。
② 顾海兵、石红艳、刘玮：《我国银行贷款利率的结构性分析》，《学术研究》2006 年第 3 期。

言,期初选择股权融资模式并将股权融资比例限定在某范围内一定程度上可以提高自身的利润,但如果过多地依靠股权融资,当股权融资比例达到较高的水平时,再进一步增加股权融资比例会导致零售商的利润下降。若股权融资比例稳定,那么债权融资利率与零售商利润成反比。容易知道,零售商债权融资利率的增加意味着需要付出的银行借贷成本的增加,而零售商总的融资成本就会随之上涨,此时零售商的利润就会出现减少的情况。同时可以发现,当股权融资比例达到较高水平时,债权融资利率的变化几乎不会给零售商的利润带来影响。这是因为零售商的股权融资和债权融资的份额是一定的,当股权融资比例越高时,债权融资比例会越低,就算债权融资利率发生变化,零售商的利润也不会发生明显的波动。

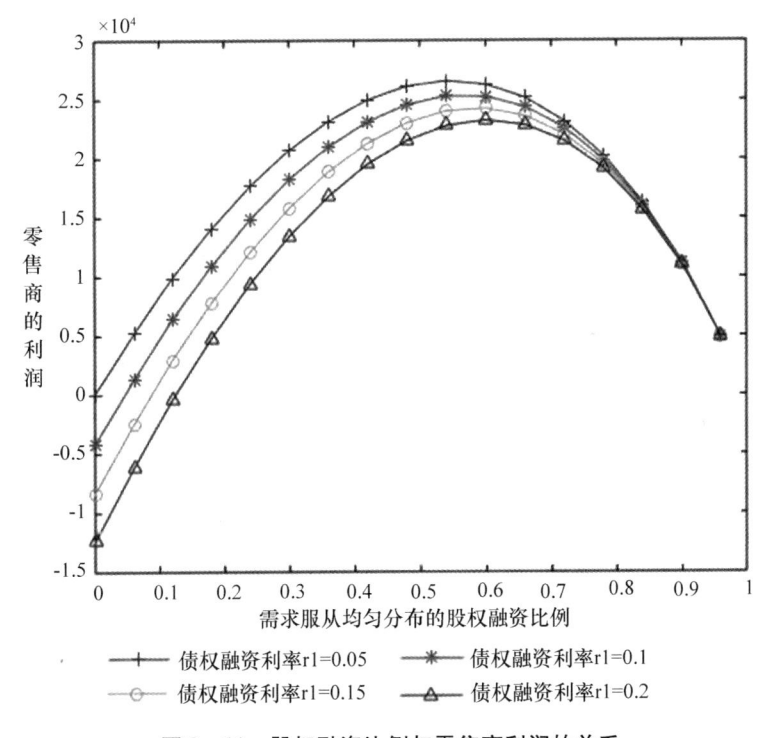

图 8-11 股权融资比例与零售商利润的关系

图 8-12 反映了不同债权融资利率下的股权融资比例与零售商订购量的关系。在保持债权融资利率不变时,零售商的订购量与股权融资比例呈现一种正相关关系,并且每变化单位股权融资比例所带来订购量的增幅在不断增加。这是因为零售商利用股权融资模式可以获得一定的资金支持,

而这种融资模式无须支付利息成本，但是期末需要将利润分红给外部投资者，零售商为减少自身利润的损失会选择增加订购量，从而增加销售收入。当保持零售商的股权融资比例不变时，增加债权融资利率，零售商的订购量会随之减少。并且对比不同曲线发现，差异化的债权融资利率对于零售商而言相互之间的区别性不太明显，也就是说零售商的订购量对于债权融资利率不太敏感，而对股权融资比例的变化较为敏感。说明零售商在制定订购决策时，要更多地关注股权融资比例因素。

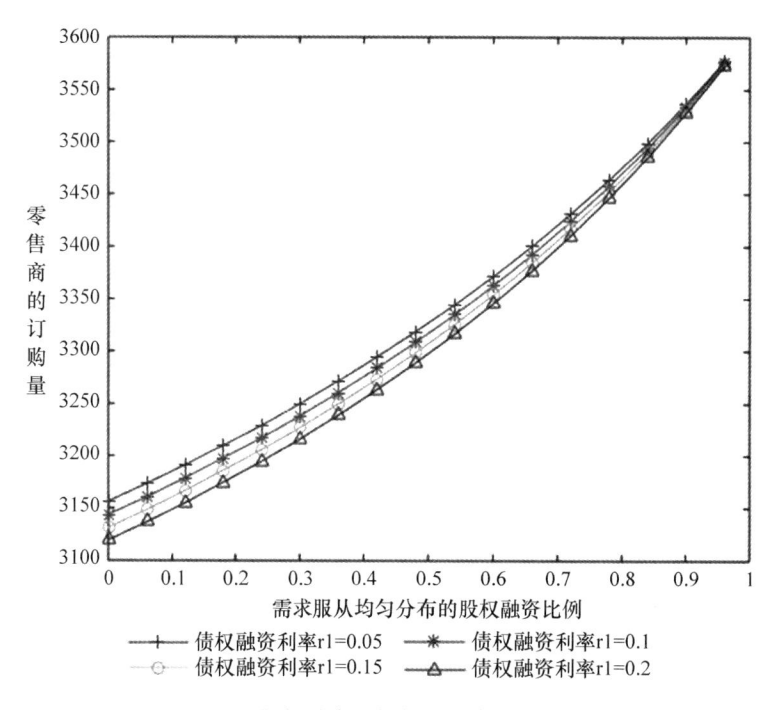

图 8-12 股权融资比例与零售商订购量的关系

图 8-13 反映了不同投资收益率下的债权融资利率与零售商利润的关系。当零售商的投资收益率不变时，随着债权融资利率的增加，零售商的利润呈现下降的趋势。这是因为零售商的债权融资利率与借贷成本密切相关，该融资利率越高，零售商需要支付给银行的成本也就越高，此时零售商的融资成本就会增加，利润损失的额度也就越高。所以，当零售商在选择债权融资模式时，通常会优先比较融资利率的大小，并最终选择利率较低的借贷方式。如果维持零售商债权融资利率不变，那么零售商在该投资收益率较低时，不同收益率下的利润曲线之间的差距较大，随着投资收益

率的增加，其所带来的利润差距会随之缩小。此处的投资收益率是指零售商支付商品货款后利用多余销售收入用于投资的一个收益率，该收益率越高则意味着零售商得到的收益也就越高。当然投资的收益率与多种因素密切相关，当零售商选择不同投资方式时需要特别注意收益与风险成正比的道理，谨慎选择合适的投资收益率。

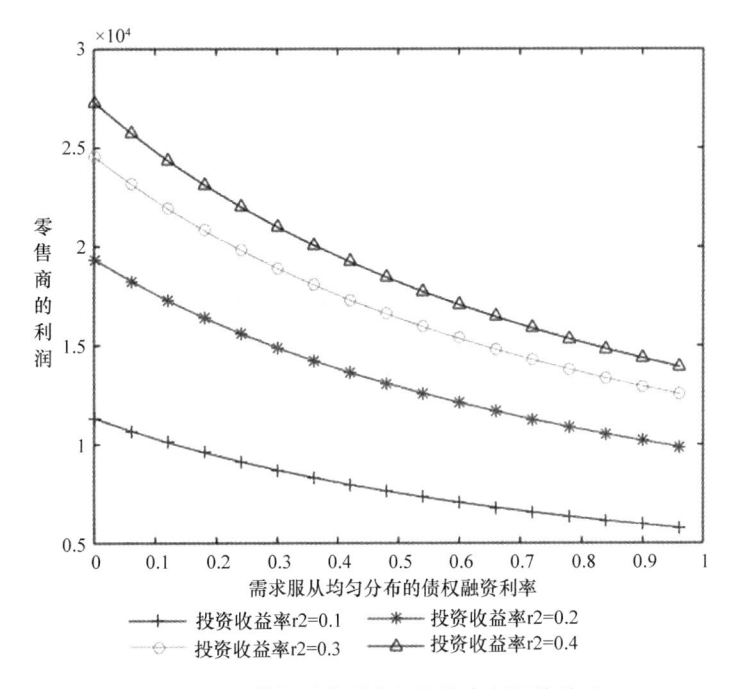

图 8-13 债权融资利率与零售商利润的关系

图 8-14 反映了不同进货成本下的价格成本比例系数与零售商利润的关系。当进货成本保持不变时，随着价格成本比例系数的增加，零售商的利润也会随之减少，特别是在进货成本价格较低时，零售商的利润会呈现先下降后增加的趋势。这是因为价格成本比例系数是零售商的进货成本和销售价格的比例系数，当进货成本一定时，销售价格随着零售商价格成本比例系数的增加而减少，这样一来，零售商获得的销售收入会进一步减少。对比不同进货成本下的利润曲线发现，在价格成本比例系数较低的情况下，零售商的利润会随着进货成本的减少而减少，而在该系数较高时情况则正好相反。说明零售商要想提高自身的利润水平，需要关注进货成本与销售价格之间的比例关系。若一味提高或者降低销售价格，对于某些价

格敏感的消费者而言,价格的任意波动会使其失去对商品价值的信任感,从而导致获得的商品利润出现大幅变化。

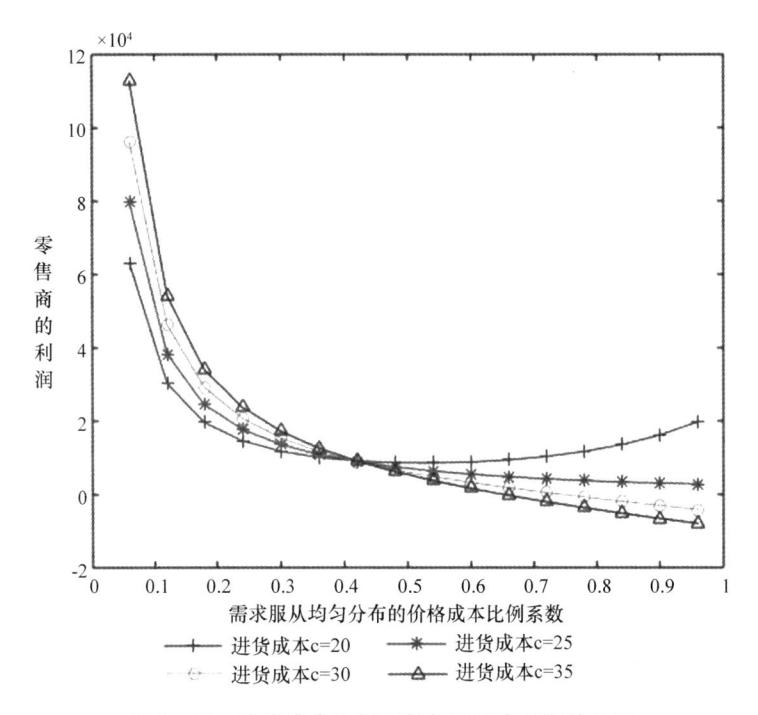

图 8 – 14　价格成本比例系数与零售商利润的关系

图 8 – 15 反映了不同进货成本下的价格成本比例系数与零售商订购量之间的对应关系。在保持其他因素不变的情形下,零售商的价格成本比例系数与订购量、利润之间的关系较为复杂。如果零售商的进货成本很低,那么零售商订购量与价格成本比例系数成正比,如果进货成本比较高,那么零售商订购量与价格成本比例系数成反比。零售商通常会在进货成本较低的情况下增加订购量以此来提高自身的销售收入,但是当进货成本较高而价格成本比例系数不断增加时,零售商的销售价格会相对减少,此时选择降低订购量是一个较为合理的方式。这表明在价格成本比例系数较高时,零售商要想提高自身的利润水平,需要选择一个较低的进货成本。

图 8 – 16 反映了不同销售价格下的进货成本与零售商利润的关系。在维持其他因素不变时,零售商进货成本与利润成反比。零售商在订购商品时,若进货成本较高则意味着需要支付的货款较高,对于资金约束的零售商而言,这会间接减少自身的利润。对比不同销售价格下的曲线发现,当

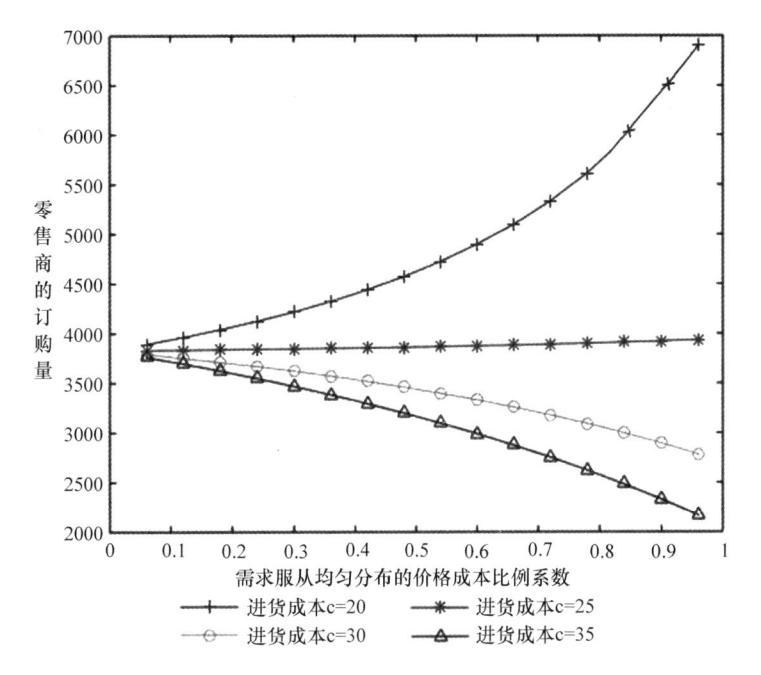

图 8-15　价格成本比例系数与零售商订购量的关系

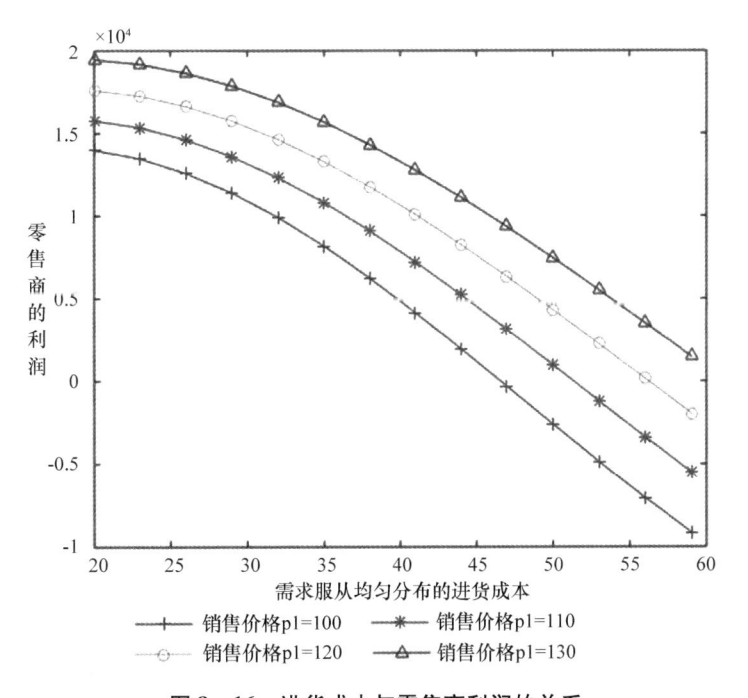

图 8-16　进货成本与零售商利润的关系

零售商的进货成本一定时,随着销售价格的增加,零售商的利润也会随之增加,并且不同销售价格下的利润曲线之间的差距类似。因为零售商销售价格越高,则意味着其获得的销售收入也越高,这样在进货成本不变的情况下,自身所获得的利润会相对增加。并且说明零售商要想弥补由于进货成本过高带来的损失,可以选择提高销售价格。但值得注意的是,零售商不可以随意制定销售价格,需要根据具体市场环境来综合考虑。

图 8-17 描述了投资收益率、债权融资利率与零售商利润的关系。在投资收益率一定时,随着债权融资利率的增加,零售商的利润会出现小幅下降,而在债权融资利率一定时,零售商的利润随着投资收益率的增加会呈现先增加后减少的趋势,当投资收益率处于中间值附近而债权融资利率较低时,零售商的利润会达到最高的水平;反之,当保持投资收益率一定的情况下,处于较低数值的债权融资利率会使零售商利润达到最低。并且,与债权融资利率因素相比,可以发现零售商的投资收益率更能影响零售商的利润水平。所以,当零售商拥有多余的销售收入时,要想提高利润水平就要合理地选择投资收益率。

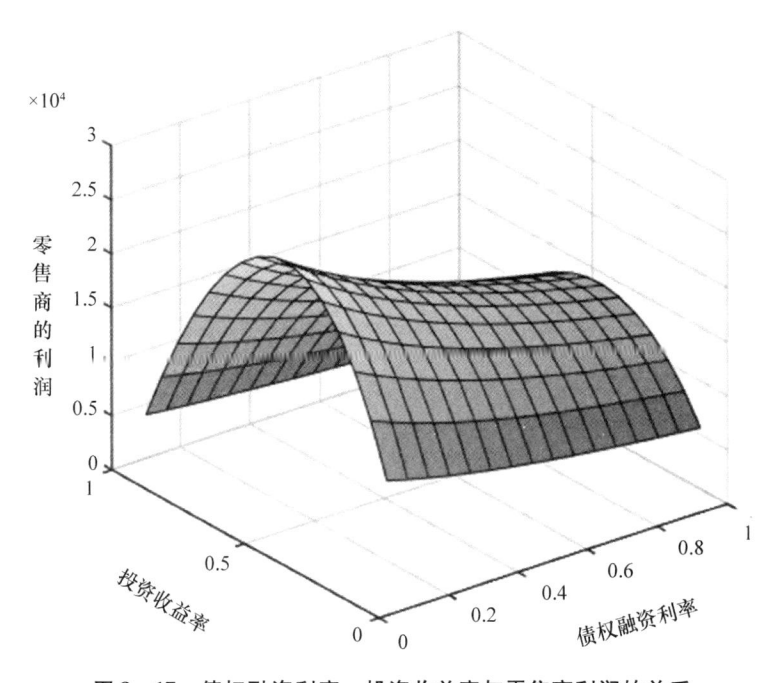

图 8-17 债权融资利率、投资收益率与零售商利润的关系

图 8-18 描述了投资收益率、债权融资利率与零售商订购量的关系。保持债权融资利率的大小不变,当增加零售商的投资收益率时,零售商会选择进一步增加订购量以获取更多的销售收入。这是因为当零售商拥有可以用来支付货款的足够收入时,随着销售收入的增加,零售商用以投资的资金则会越多,那么获得的利润也就越高。而在投资收益率一定时,债权融资利率的变化对零售商订购量的影响不是很明显。说明零售商在制定订购策略时,不仅需要关注外部债权融资利率的大小,还要合理地选择一个投资方式,以便能以较高的收益率获取更多的利润收入。

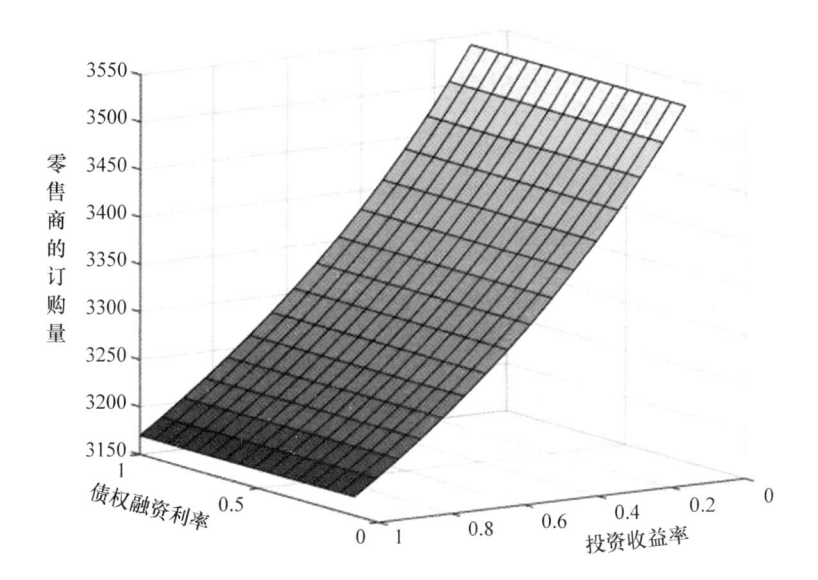

图 8-18 债权融资利率、投资收益率与零售商订购量的关系

图 8-19 描述了债权融资利率、股权融资比例与零售商利润的关系。在债权融资利率一定时,随着股权融资比例的增加,零售商的利润呈现先上升后下降的趋势。并且在债权融资利率较高而股权融资比例较低的情况下,零售商的利润达到最低水平,且在股权融资比例较低时无论债权融资利率如何变化,零售商的利润始终都处于一个较低的负值,在股权融资比例较高而债权融资利率较低时利润最高。这是因为零售商利用股权融资比例不存在利息成本,对于严重缺乏现金流的中小企业而言,与需要还本付息的债权融资方式相比,只需分红的股权融资方式更有助于提高零售商的利润水平。所以,当零售商扩大股权融资比例,即降低债权融资比例时,在一定程度上可以增加自身的利润。

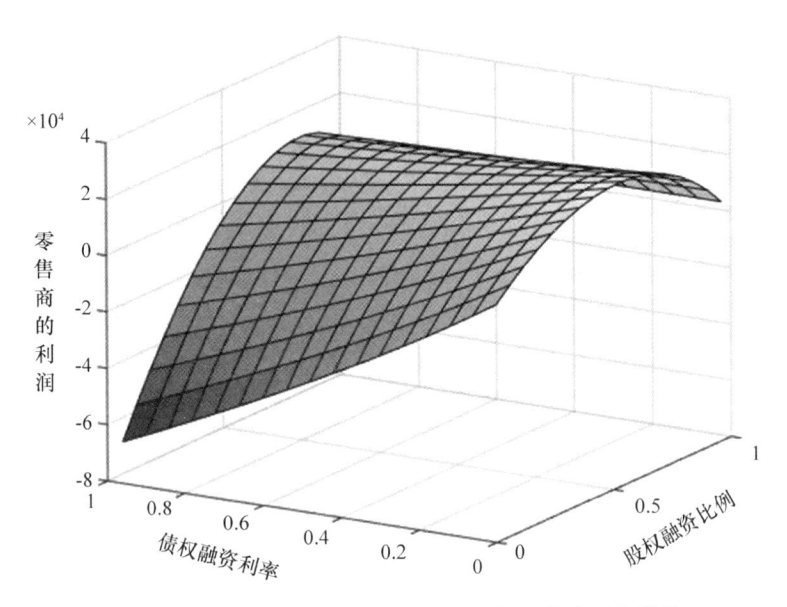

图 8-19　债权融资利率、股权融资比例与零售商利润的关系

图 8-20 反映了债权融资利率、股权融资比例对零售商订购量的影响程度。如果在保持债权融资利率等其他变量不变时，股权融资比例与零售商订购量成正比；而在保持股权融资比例等因素不变时，零售商订购量与

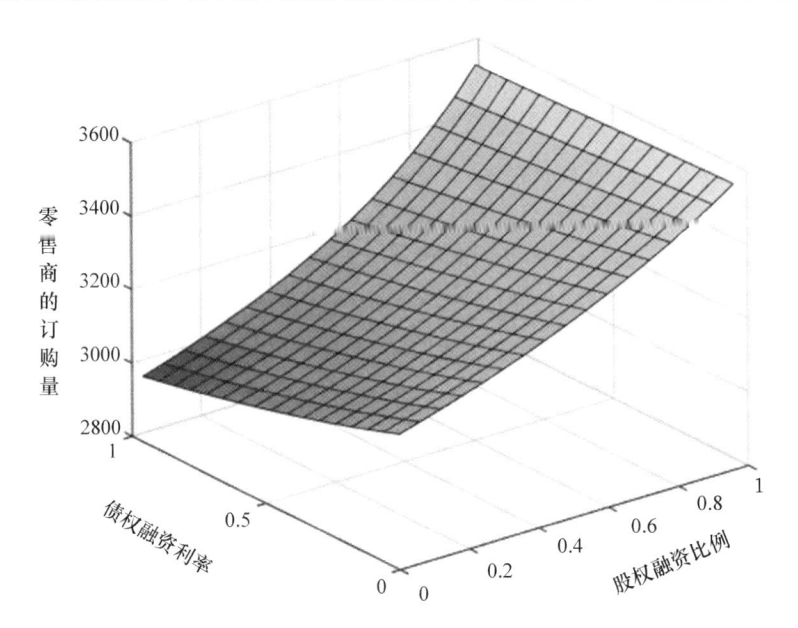

图 8-20　债权融资利率、股权融资比例与零售商订购量的关系

债权融资利率成反比。在债权融资利率处于较高水平而股权融资比例较低时，零售商的订购量最低，类似地，当债权融资利率较低而股权融资比例较高时，零售商的订购量达到最高的水平。这是因为零售商作为理性人，为了达到利润最大化的目标，在债权融资利率较高时，为了减少付出的融资成本，零售商会选择减少订购量。同时，还可以发现与股权融资因素相比，债权融资利率对零售商利润的影响更小。

第四节　本章小结

在特殊分布市场需求情形下，本章考虑融资结构等因素对零售商融资与订货策略的影响，构建了零售商最优融资与订购模型，并得到了最优融资与订购策略。此外，还利用敏感性分析方法研究融资结构等因素对零售商融资和订购策略的影响。相关研究结论在一定程度上可以丰富中小企业融资的理论研究，对零售商提高自身利润也具有重要的参考意义。

在两点分布市场需求下，零售商如果同时考虑外部股权融资和债权融资策略时，企业通过适度增加股权融资比例，将有助于降低融资成本、提高利润水平。当然，如果股权融资比例过大，那么就有可能会导致零售商失去对企业的控制权。

在两点分布市场需求下，零售商在得到最优融资与订购策略后，可以利用多余销售收入进行投资，当投资收益率是一个固定值时，零售商要想提高利润水平，就要降低债权融资利率以防止融资成本的增加；与此同时，若保持零售商的债权融资利率不变，适度提高投资收益率在一定程度上可以增加零售商的利润。

零售商在市场销售商品过程中，若进货成本保持不变，要想提高自身的利润，应尽量降低价格成本比例；若零售商面临多种进货渠道和成本时，在价格成本比例系数较低的情况下，要选择较高的进货成本，而在该系数较高时，选择较低的进货成本更加有利。当然，如果零售商想维持商品的销售价格不变，需要尽可能地压低进货成本。

通过对比不同因素可以发现，与债权融资利率相比，零售商最优利润、最优订购量对股权融资比例更为敏感，当扩大股权融资比例时，无论债权融资利率如何变化，都能在较大程度上影响零售商的利润水平。在保持债权融资利率不变时，零售商在扩大股权融资比例的同时需要增加订购量。

第九章　金融供给侧结构性改革下优化中小企业高质量发展的对策建议

中小企业作为国民经济和社会发展的生力军，社会主义市场经济的重要组成部分，其典型特征是实力弱、规模小、发展快、生命周期短、经营成本高、组织结构简单、抵御风险能力差、资金薄弱等，这些特征大都可以反映在融资难融资贵问题上。正如习近平总书记在 2018 年 11 月 1 日主持召开的民营企业座谈会上所指出，解决民营企业融资难融资贵问题，要优先解决民营企业特别是中小企业融资难甚至融不到资的问题，同时逐步降低融资的成本[①]。

为了实现中国经济社会高质量发展的目标，解决中小企业融资难题已刻不容缓，而金融供给侧结构性改革的实施，为此问题的解决提供了一个新的思路和契机。在金融供给侧结构改革背景下，普惠金融等各项创新型金融政策的实施，为中小企业的融资提供了更多可能的选择，这在很大程度上缓解了中小微企业的融资难问题。在此背景下，本书重点分析中小企业在面临多种融资方式时的融资策略问题，也就是融资贵问题。当然，对于其他具有资金约束的中大型企业而言，在面临不同融资与订购策略比较时，本模型相关研究结论也具有一定的参考价值。

本书主要以中小企业为研究对象，较为系统、全面地研究线性市场需求、随机市场需求以及特殊分布市场需求等情形下的中小企业融资与订购问题。首先，阐述本书的研究背景，以及国内外研究现状，并梳理和分析金融供给侧结构性改革对中小企业融资与订购策略的影响机理；其次，在经典线性需求下研究企业融资策略问题，还在经典线性需求下，考虑具有扩张属性的市场，引入市场扩张性系数，分析企业融资策略问题；再次，

---

① 新华网，http://www.xinhuanet.com/politics/2018-11/01/c_1123649488.htm；中华人民共和国中央人民政府网，https://www.gov.cn/xinwen/2018-11/01/content_5336540.htm。

第九章　金融供给侧结构性改革下优化中小企业高质量发展的对策建议

研究随机市场需求情形下的企业订购策略问题，还研究了在随机市场需求下考虑期权合同的企业订购策略问题；随后，在随机市场需求下，针对某些突发事件导致的市场需求剧烈波动情形，研究极端需求风险下企业订购策略问题；最后，考虑一类特殊的市场需求，也就是市场需求服从两点分布情形，研究此情形下企业融资与订购策略问题。

通过本书的相关理论分析，我们发现，融资模式、融资产品设计、金融体制、融资制度等都是影响企业融资与运营的重要因素，而国内在这些方面也都存在一定的待完善之处。因此，结合前文研究结论，本章将分别从线性市场需求下企业融资、随机市场需求下企业订购、特殊分布市场需求下企业融资与订购以及融资模式、金融体制与融资产品等方面提出相应的对策建议。事实上，本书相关研究都是以理论分析为主，在满足相关模型的假设条件下，利用相关数理模型分析企业融资与订购问题，也得到一定研究结论。基于此，在对策建议的第一部分至第三部分，也就是针对线性市场需求、随机市场需求，以及特殊分布市场需求提出了一定的融资与订购优化建议，具有较好的理论价值与意义；在对策建议的最后一部分，也就是促进中小企业发展的政策建议，这部分主要从融资模式、金融体制、融资渠道、融资产品等方面提出具体的对策建议，这部分对策建议具有较好的实践价值，也对未来相关政策制定提供一定的决策依据。

第一节　线性市场需求下企业融资优化建议

需求是指消费者在一个时期内，在各种可能价格下对某种商品或劳务愿意并且能够购买的数量。在现实生活中，需求会受到很多因素的影响，如商品价格、消费者偏好、消费者收入、替代品价格、外部环境等，所以需求其实是一个关于众多影响因素的多元函数。为了简化分析，在经典的经济分析中，很多学者常常假定在保持其他因素不变的情形下单独研究某一因素对需求的影响。而在众多影响需求的因素中，商品价格是最重要的一个影响要素。因此，很多学者也都是用一个线性需求函数来反映市场需求与商品价格之间的关系。本部分将针对线性市场需求下的相关研究结论提出以下对策建议。

在线性市场需求情形下，在由供应商和零售商组成的两阶段供应链中，中小企业（零售商）若采用供应链股权融资，也就是供应商单向持股中小企业，那么建议中小企业在保持需求价格敏感系数等其他因素不变情况下，尽量降低供应商持股比例。如果中小企业（零售商）采用供应链股权融资，并且是与供应商交叉持股方式，那么在保持其他因素不变情形下，供应商持股比例与批发价、销售价格成反比，与订购量成正比；中小企业（零售商）持股比例与批发价成正比，与订购量成反比。这也说明，在保持其他因素不变情形下，为了提高中小企业（零售商）的利润，供应商持股比例如果增加，那么中小企业（零售商）就要尽可能增加订购量；如果中小企业（零售商）持股比例增加，那么就要尽可能减少订购量。

在线性市场需求下，如果消费市场具有较好的成长性，并且资金约束中小企业（零售商）要开拓新市场，此时为了尽可能增加利润，企业可以采取股权融资方式。在保持其他因素不变情形下，市场成长性与股权融资比例成正比；银行无风险利率与股权融资比例成正比。因此，市场成长性越好，企业就需要增加股权融资比例；商业银行利率越高时，企业应该尽可能采用股权融资方式进行融资。

第二节　随机市场需求下企业订购优化建议

在现实生活中，资金约束零售商在选择融资方式时，既可以选择供应链内部商业信用融资模式，也可以选择股权融资或债权融资等供应链外部融资模式。当然，不同融资模式对零售商、供应商以及整个供应链都有重要影响。此外，零售商在选择最合理、最恰当的融资策略时，不仅要考虑外部市场环境因素，还要考虑上游供应商、自身融资结构等因素。在随机市场需求下，在一个供应商和零售商组成的二级供应链中，结合商业信用融资利率、债权融资比例、成本价格比例系数等因素，给出如下订购策略优化建议。

在随机市场需求情形下，中小企业应根据订购策略模型的研究结果，按照此最优订购策略进行订购；从一般情况来看，当随机市场需求分布函数的值大于某一临界值时，零售商最优订货量与债权融资比例存在一个负向关系；反之，最优订货量与债权融资比例存在一个正向关系。也就是说，中小企业可以根据自己所面临的具体市场需求情况，根据文中模型计算与此门槛值之间的关系，并根据以上结论采取针对性对策；此外，如果市场需求是服从均匀分布，那么当中小企业（零售商）采用供应链内部商业信用融资方式时，企业利润会随商业信用融资利率增加而减少；如果采用供应链外部债权或股权融资方式融资，那么最优利润将随着其债权融资比例的增加而增大，并且商业信用融资利率因素对零售商利润的影响更大。因此，企业在面临此情形时应该根据以上结论采取适当对策。

在随机市场需求情形下，如果考虑期权合同因素，那么期权合同的行权价与中小企业（零售商）最优期权订购量呈负相关；缺货损失成本与最优期权订购量呈正相关；销售价格和缺货损失成本与零售商最优订购量呈正相关；零售商最优订购量随股权融资比例增加而可能增加，也可能减少。在面对此情形时，企业可以根据现实市场需求真实情况、期权行权价、缺货成本、销售价格等因素，按照文中数理模型计算的最优订购量进行采购。当然，根据以上结论，如果在维持其他因素不变情形下，企业的最优订购量也可以跟随行权价、缺货成本、销售价格等单个因素的变动而调整。

在极端市场需求情形下，极端风险、融资结构以及企业的损失厌恶偏好等因素对其订购策略产生较大影响。在极端需求风险背景下，企业的最优决策目标可能不仅是追求自身利润或效用最大化，还会考虑风险规避等因素。根据相关研究结论，建议企业在制定订购策略时一定要重点考虑融资结构因素，因为融资结构因素对订购策略的影响程度，要明显高于债权融资利率、损失厌恶程度等因素；如果企业的股权融资比例较高，那么就应该适度增加订购量；此外，最优订购量与损失厌恶程度、置信度水平呈反向变动关系，所以在现实中企业往往要根据自己的具体决策目标选择来制定恰当的订货量；一般而言，期望利润最大化目标下的零售商最优订购量最大，期望效用 CVaR 最大化目标下的零售商最优订购量最小，期望效用最大化目标下的零售商最优订购量居于二者之间。

第三节 特殊分布需求下企业融资与订购优化建议

在第八章中所讨论的特殊分布主要是指两点分布。两点分布是概率论中最重要的分布之一，能将一些复杂问题有效简化进行处理，而且也可以较好地用来刻画特定情形下的消费市场，比如，在某些时期市场需求的变化在短时期内都可以简化为：更好和更差、更好和不变、更差和不变等状态之间的转换。在两点分布市场需求下研究企业融资与订购也具有较好的现实意义。根据相关研究结论，提出以下对策建议。

在特殊分布市场需求下，如果同时考虑外部股权融资和债权融资策略时，企业适度增加股权融资比例，将有助于降低融资成本、提高利润水平。但是，如果过度增加股权融资比例，那么就有可能会导致零售商失去对企业的控制权；若进货成本等其他因素保持不变，要想获得较高利润，企业可以选择减少价格成本比例系数；与债权融资利率相比，企业利润、订购量对于股权融资比例更为敏感，当扩大股权融资比例时，无论债权融资利率如何变化，都能在较大程度上影响企业利润水平，所以企业在进行股权融资时就需要重点关注融资比例问题；此外，不同进货成本下零售商的订购量与价格成本比例系数的关系也有所差异，当进货成本较低时，若价格成本比例系数不断上升，企业则需要增加订购量，而当进货成本较高时，企业最好降低订购量。

第四节　促进中小企业发展的政策建议

在中国，商业银行凭借较大的资金优势，在中小企业融资中拥有举足轻重的地位。但由于商业银行存在诸如"重大轻小"、贷款"向右走"、"二八法则"等行为，导致中小企业难以获得贷款。要想有效调动银行贷款，扩大中小企业贷款盈利空间，就需要在融资模式、金融体制、融资渠道、融资产品等方面持续优化与完善。

一　优化融资模式

在金融供给侧结构性改革背景下，金融供给侧持续发力，为国内很多中小企业融资模式，特别是科技型中小企业，提出了多种选择。

知识产权对企业特别是中小企业来说具有非常重要的地位，决定了中小企业的核心价值与竞争优势。为了从商业银行等金融机构获得资金，知识产权的权利人通常会通过将名下的专利、著作权、商标等产权出质获得资金，并按期偿还资金本息，这种融资模式叫作知识产权质押融资。在这个融资模式中，商业银行有权在企业不能清偿贷款时依法处置企业质押的知识产权，并将质押产权变卖所得的资金优先用来偿还债款。知识产权质押融资的实现依赖于知识产权的融资功能和担保功能，而融资功能和担保功能的基础又在于知识产权的可转让性和财产属性。目前，中国知识产权质押融资模式主要分为以下几点。

第一，市场主导模式。在这种融资模式中，政府扮演的角色是一个监督者和服务者，政府较少干预融资过程，既不需要提供任何补贴也不用承担任何风险,即完全以市场力量作为主导,顺应市场规律。并且,所有参与机构均以市场作为知识产权质押融资的风向标。政府只需要构建融资平台、完善相关的法律法规等以营造一个良好的融资环境,使知识产权质押融资得以正常运行。

第二,政府引导下的市场化模式。政府会主动采取财政支持等手段支持知识产权质押融资。在这个过程中政府会制定合适的政策法规、搭建完善的融资体系和专门的融资服务平台来保证知识产权质押融资有一个专业化的交易环境。不同于市场主导模式,在政府引导的市场模式中政府会提供财政专项资金,用来补偿金融机构和担保机构的融资风险以及企业融资利息。并且在特定时期,政府会以主动承担风险的方式,以政府信用作为担保来确保知识产权质押融资的顺利进行。

第三,政府主导模式。政府相关部门在这种融资模式中起到至关重要的作用,相关部门会设立政策性担保机构或者政府担保基金的形式承担主要的融资风险。

第四,政府行政命令模式。这是一种由政府强硬推动的融资方式。这种融资模式虽然没有市场因素的参与,在一定程度上背离了市场普遍规律,但是由于政府计划使融资环节较少、融资效率高,反而可以有效地缓解中小型企业融资的困境。但是,由于金融机构不能主动地处置企业知识产权和控制贷款风险,并承担着极大的不可控风险,严重阻碍了其参与融资活动。此外,在该模式下更加容易产生寻租行为,影响市场效率。

二 完善新型贷款模式

传统贷款模式极大促进了经济发展,缓解了企业融资难题,但是服务中小企业融资时还存在一些问题,建议在以下几个方面进行优化和完善。

第一,减少信息非对称程度。信息非对称普遍存在于金融机构与中小企业之间,导致金融机构无法充分了解企业,从而增加潜在信用风险。具体来说,由于信息非对称金融机构不容易识别优秀的潜力较大的中小企业,以及没有潜力且未来发展具有很大风险的中小企业。因此,建议建立完善的中小企业融资征信体系,搭建中小企业信用信息共享平台,促进各部门间的信息共享。对各部门、各单位的信用信息进行整合,形成大数据处理统一平台,实现对失信行为的协同监管。加强各部门之间协调合作以及征信数据的交换和共享,完善向社会开放的征信数据库,并健全中小企业信息披露和资信调查制度。银行以及信用评级机构等可以利用一些专业的信用组织收集处理中小企业信用,建立和完善信用管理制度,健全资信调查体系，同时借助地方征信平台扩充中小企业的信用档案。进一步，将一系列优先权作为奖励给予建立了信用档案的中小企业，如优先获得政府政策支持、优先列入商业银行对中小企业的客户培植计划、减少审批环节、扩大授信额度等，以此提升中小企业信贷业务的服务效率。

第二，降低交易成本。商业银行在贷款业务中承担较高的交易成本。而中小企业的信息非对称程度较高，要想较好掌握企业的运营情况和未来发展潜力，需花费较高的人力、物力、财力。由于较高交易成本的存在，商业银行为中小企业提供"零售服务"的动力不足。因此，建立金融机构间的信息共享机制，还可以有效地降低商业银行的交易成本，掌握同一中小企业在各家金融机构的贷款情况，避免由于信息分割造成多头授信或授信过度，有效减少企业的信息收集费用。

第三，有序逐步实施投贷联动模式。投资联动模式指的是在由政府、园区、风险投资三方合资成立园区平台发展基金的基础上，根据企业的成长阶段确定给予企业贷款金额的比例，而企业需根据股权投资和银行信贷分别支付利息。商业银行与风险投资机构之间签订相关协议，根据投资机构对企业评估和投资的结果，利用股权+债权融资的模式对企业进行投资以支持中小企业的创新发展。由于商业银行股权投资限制的放宽，商业银行开展综合化的步伐加快，以及监管模式的改变，为中国商业银行开展投贷联动创造了条件。投贷联动关键在于合理构建不同单位之间的联动，这种联动需要解决如何分摊投资风险，如何根据中小企业之间不同特点合理安排风险、收益、投资期限等要素，以及提升信用等级。投资联动业务可细分为内部投资和与第三方投资机构合作，其中内部模式可细分为子公司投资型和直接投资型，与第三方投资机构合作根据合作方式不同，可细分为紧密合作型和松散合作型。

目前，中国商业银行在投贷联动的过程中还存在几个问题：投贷联动业务合作机制尚不完善，双方在业务流程等方面的差异会产生较高协调成本；商业银行缺少个性化定制，投贷联动需要银行根据企业的信用评估等实际情况对产品的入股比例等方面进行个性化定制，而传统业务都是建立在标准化产品的基础上；商业银行的信贷评价体系待优化，很多中小企业目前都难以达到银行当下的信贷门槛，阻碍了投贷联动的快速发展；商业银行的信贷定价方法待改善；银行信贷服务与投贷联动业务不匹配；投贷联动业务的风控系统待健全，投贷联动业务不仅包括一般信贷风险，还包括对赌协议等新增风险。为此，商业银行需要建立一套完整的针对投资联动的流程体系，以处理投资连带过程中业务营销、尽职调查、业务运作、风险控制等，只有这样才能更好地推动投资联动业务的开展。为了有效缓解中小企业融资难题和降低融资成本，建议商业银行在以下几个方面进行完善。

一是选择合适的投贷联动运作模式。不同的运作模式存在适用性差异。其中，直接投资模式只适用于政策性银行，商业银行主要使用与第三方投资机构紧密合作和通过子公司投资两种模式。因为对于商业银行来说，不但受到制度限制，而且其他模式无法产生协同效应，获得的收益较低。

二是优化投贷联动业务合作机制。商业银行在与第三方投资机构紧密合作时，对第三方投资机构的依赖性较高，合作机构需要代持商业银行股权处理相关事务，同时还需要为中小企业融资提供连带责任担保，因此合作机构承担了较多的责任。鉴于此，商业银行在投资联动业务合作机构的选择上十分谨慎，需要建立专业的合作机构考核体系，针对第三方投资机构的投资经验等评估投贷联动业务的投资收益、风险等。同时为了有效防控企业之间风险传染和利益冲突的风险，需要建立规范的预防和应对机制，坚守风险底线和业务边界。

三是优化投贷联动业务。商业银行需要针对投资联动业务的谈判、客户管理等流程机制进行个性化定制。商业银行与投资机构之间要建立利益联系，同时银行为了及时从企业价值增值中取得收益，要求第三方投资机构的增信服务适应企业的信用结构。不过，投贷联动业务的关键在于对于企业的选择，企业的成长性越高，银行才更有可能获得更高的收益，所以银行需要与第三方投资机构一起建立相关的筛选流程与标准。筛选目标企业时具有一定技术优势的中小企业往往成为优先选择的目标。

四是优化投贷联动业务风控体系。投贷联动的利润来源不同于传统贷款，除了贷款利息，商业银行还能从企业价值增值中获得收益。影响银行贷款定价的因素有资金成本、利润、风险补偿等，更重要的是使用合理的方法预测企业价值增值后银行可获得的股权收益。银行不仅需要优化风险理念以适应投贷联动业务，更要把服务范围扩大到技术含量高的轻资产抵押。同时，处于不同行业的企业有不同风险标准，抓住企业关键风险点，一旦接近关键风险点应该及时处理以规避风险。

五是优化信贷风险补偿机制。科技信贷补偿机制牵涉的主体有科技型中小企业、商业银行和政府，决策对三个主体均有影响，均会导致三者博弈，只有实现博弈的均衡，三方的行为才会稳定，因此使用博弈论优化信贷补偿机制具有合理性。科技信贷补偿的首要问题是应对哪类企业进行信贷补偿,因为科技信贷补偿基金的有效性,政府在决定为科技型中小企业提供信贷补偿时应有选择性和灵活性,这就离不开信贷风险补偿机制的优化与完善。

六是优化高端专业人才队伍建设。对于商业银行来说,投贷联动业务具有较高的专业要求,所需专业人员不仅需要熟悉传统意义上的信贷业务,还需要在投资领域拥有丰富经验,并且能够充分了解目标企业经营规划和实际状况。这就要求商业银行借助一切手段培养和拥有资源复合型人才和专业性团队。

三 优化信贷风险补偿机制

科技信贷补偿的首要问题是应对哪类企业进行信贷补偿。对于哪类科技型企业可以提供信贷补偿,本部分构建简单的博弈模型进行分析。在信贷补偿上,政府和科技型中小企业是资金供给与需求的关系,政府的博弈策略是提供和不提供,科技型中小企业的策略是发展与不发展。不妨用 A_1 和 A_2 表示政府支持与否时科技型中小企业的发展收益,科技型中小企业自有资金投入和技术创新的劳动投入分别为 C 和 D,银行存款利息为 r,则科技型中小企业发展成本和政府提供信贷补偿的成本便为 $C+D$ 和 r。同时,记 α 和 $1-\alpha$ 为科技型中小企业和政府的收益分配比例,假设科技型中小企业获得资金选择发展的概率为 p,政府提供信贷补偿的概率为 q。那么,科技型中小企业和政府的复制动态方程分别为:

$$F_1(p) = p(1-p)[\alpha(A_1-A_2)q + \alpha A_2 - C - D] \quad (9.1)$$

$$F_2(q) = q(1-q)[(1-\alpha)(A_1-A_2)p + \alpha A_2 - r] \quad (9.2)$$

分析式(9.1)和式(9.2)可知,当 $r<(1-\alpha)(A_1-A_2)$ 时,政府为科技型中小企业提供信贷补偿支持可以获得更多的收益,即收益大于成本。同时,当 $p<r/(1-\alpha)(A_1-A_2)$ 时,政府的演化稳定策略为 $q=0$;反之,当 $p>r/(1-\alpha)(A_1-A_2)$ 时,政府的演化稳定策略为 $q=1$。因此,政府支持科技型中小企业时应该选择发展动力强和对收益分配符合相关条件的科技型中小企业,即同时满足公式 $p>r/(1-\alpha)(A_1-A_2)$ 和 $r<(1-\alpha)(A_1-A_2)$ 所示的企业。

在确定可以提供信贷补偿支持企业之后,信贷补偿机制优化的第二个问题便是如何对企业进行信贷补偿。政府、企业和银行三者之间会有博弈,科技型中小企业向银行申请贷款时,银行通过信贷评价审核决定是否提供信贷。假设科技型企业用于投资新技术研发等的资金为 $C+L$,其中 L 为银行给科技型中小企业提供的信贷。显然,若贷款利息为 R,则企业

第九章　金融供给侧结构性改革下优化中小企业高质量发展的对策建议

的贷款成本为，银行的资金成本为 Lr。假设银行评估出科技型中小企业新投资成功的平均概率为 $\rho \in (0,1)$，若企业成功时收益率为 α，失败时收益为 0，那么科技型中小企业新投资的预期收益则为 $(C+L)\alpha\rho$。政府对银行为科技型中小企业信贷的风险补偿，设补偿系数为 λ，则政府给予放贷银行的风险补贴为 λL。根据上述记号，易知科技型中小企业和银行之间的支付矩阵如表 9-1 所示。

表 9-1　　信贷补偿下科技型中小企业与银行的支付得益

	如期还款	逾期违约
提供信贷	$(\rho L(1+R) - Lr + \lambda L,$ $\rho[L(\alpha-R) + C] - LR)$	$(-Lr + \lambda L,$ $\rho[L(1+\alpha) + C] - LR)$
拒绝信贷	(0, 0)	(0, 0)

由表 9-1 可知，如果用 P 和 Q 分别表示科技型中小企业逾期违约和提供信贷的概率，则企业选择逾期违约、如期还款以及混合选择这两种策略下的得益 u_{11}、u_{12} 和 u_1 为式 (9.3)。同理，银行采用提供信贷和拒绝信贷以及混合选择这两种策略下的得益 u_{21}、u_{22} 和 u_2 可用式 (9.4) 表示。在式 (9.3) 和式 (9.4) 的基础上，可以得到科技型中小企业采取逾期违约策略和商业银行采取提供信贷策略概率的基因复制动态方程，见式 (9.5)。

$$\begin{cases} u_{11} = Q\{\rho[L(1+\alpha) + C] - LR\} \\ u_{12} = Q\{\rho[L(\alpha-R) + C] - LR\} \\ u_1 = Pu_{11} + (1-P)u_{12} \end{cases} \quad (9.3)$$

$$\begin{cases} u_{21} = P(-Lr + \lambda L) + (1-P)[\rho L(1+R) - Lr + \lambda L] \\ u_{22} = 0 \\ u_2 = Qu_{21} + (1-Q)u_{22} \end{cases} \quad (9.4)$$

$$\begin{cases} dP/dt = P(1-P)Q\rho L(1-R) \\ dQ/dt = Q(1-Q)\{P(-Lr+\lambda L) + (1-P)[\rho L(1+R) - Lr + \lambda L]\} \end{cases}$$
$$(9.5)$$

分析式 (9.5) 可知，当 $P \in \{0,1\}$ 或者 $Q=0$ 时，科技型中小企业采用逾期违约策略的占比稳定，当 $Q \in \{0,1\}$ 或者 $P = 1 - [Lr - \lambda L]/[\rho L(1+R)]$ 时，商业银行采用提供信贷策略的占比稳定。因此，商业银行与科技型中小企业演化博弈时的局部均衡点为 (0, 1 -

$[Lr-\lambda L]/[\rho L(1+R)])$、$(0, 0)$、$(0, 1)$、$(1, 0)$ 和 $(1, 1)$。

一般而言，政府在银行给科技型中小企业提供信贷后，给予商业银行的信贷风险补偿 λL 小于银行的成本 Lr。因此，当 $0<P<1-[Lr-\lambda L]/[\rho L(1+R)]$ 时，有 $u_{21}-u_2>0$ 成立，即企业违约概率在上述区间内，银行提供信贷的期望收益高于平均收益，银行应提供信贷的策略，此时 $Q=1$ 为演化稳定策略；不然，科技型中小企业违约概率超过上述区间时，银行应向拒绝提供信贷靠近，此时 $Q=0$ 为演化稳定策略。可见，$P=1-[Lr-\lambda L]/[\rho L(1+R)]$ 为商业银行向提供信贷或者拒绝信贷策略靠近的分解点。从而，当政府提供信贷补偿时，政府给银行的补贴 λL 越大，银行便会增加对企业逾期违约比例 P 的接受能力。

从现实角度看，政府提供信贷补贴系数 λ 给为科技型中小企业提供信贷的商业银行，为了减少企业违约选择发展动力强的企业 $p>r/(1-\alpha)(A_1-A_2)$，这些企业因为发展潜力大、发展势头猛，其出现违约的概率又会降低，因此对该类企业增加补贴系数可以出现正反馈环路，以支持其有序发展。否则，将会出现负反馈回路，应该减少补贴系数，即政府提供信贷补偿时补偿系数具有"扶强不扶弱"的特征。实际上，这种信贷补偿方式对科技型企业整体发展水平是有利的。对此，不妨设 t 时刻可供补偿的科技型中小企业有 $n(t)$ 个，记为 $\{s_i\}_{i=1}^{n(t)}$，设企业 s_i 在 t 时刻的发展动力强弱产生的预期收益率为 $r_i(t)$。显然，$r_i(t)$ 可能随着时间的改变而改变，且不同科技型中小企业有不同的预期收益率。由于政府为科技型中小企业提供信贷补偿的目的在于支持科技型中小企业获得资金，更好地发展，因此可以假定希望企业能产生最大预期收益率。

为了分析预期收益率和信贷补偿导致的资金流通量的变化规律，设科技型中小企业 s_j 在时间区间 $[t, t+1]$ 里流向科技型中小企业 s_i 的净资金量为 $m_{ji}(t)$，即 $m_{ji}(t)\triangleq f_{ji}(t)-f_{ij}(t)$，其中 $f_{ij}(t)$ 表示 s_i 在时间区间 $[t, t+1]$ 里流向 s_j 的资金量。显然，$m_{ji}(t)<0$ 表示在时间区间 $[t, t+1]$ 里有净资金由 s_i 流向 s_j，且有 $m_{ij}(t)=-m_{ji}(t)$ 成立。从而，在时间区间 $[t, t+1]$ 里，由其他企业流向 s_i 的净资金总量 $m_i(t)=\sum_{j=1,j\neq i}^{n(t)}m_{ji}(t)$。当预期收益率 $r_i(t)>r_j(t)$ 时，政府可能增加对企业 s_i 的信贷补偿力度，引起商业银行对其增加信贷额度，从而在时间区间 $[t, t+1]$ 里由 s_j 流向 s_i 的资金量 $f_{ji}(t)$ 将增加。因此 $r_i(t)-r_j(t)$ 越大，$m_{ji}(t)$ 越大，即 $r_i(t)-r_j(t)$ 与 $m_{ji}(t)$ 成正比，不妨假设比例系数为 $k_{ji}(t)>0$，则有 $k_{ji}(t)=k_{ij}(t)$ 和 $r_i(t)-r_j(t)=$

$k_{ji}(t)m_{ji}(t)$ 成立。此外,在区间 $[t,t+1]$ 里由其他企业流向 s_i 的净资金量 $m_i(t)$ 越多,则 s_i 在 $t+1$ 时刻的预期收益率 $r_i(t+1)$ 会下降,进而 $r_i(t+1)-r_i(t)$ 会下降。从而 $m_i(t)$ 越大,$r_i(t+1)-r_i(t)$ 越小,即 $r_i(t+1)-r_i(t)$ 与 $m_i(t)$ 成反比,不妨设比例系数为 $c_i(t)>0$,则有 $r_i(t+1)-r_i(t)=-c_i(t)m_i(t)$ 成立。因此,如果记矩阵 A 和向量 $\overrightarrow{r(t)}$ 为式(9.6)所示,则有 $\overrightarrow{r(t+1)}-\overrightarrow{r(t)}=A\times\overrightarrow{r(t)}$ 成立。

$$\begin{cases} A \triangleq [a_{ij}]_{n(t)\times n(t)} = A^T \\ a_{ij} \triangleq \begin{cases} \sum_{l=1,l\neq i}^{n(t)} \dfrac{-c_i(t)}{k_{li}(t)}, if\ i=j \\ [k_{ji}(t)]^{-1}c_i(t), if\ i\neq j \end{cases} \\ \overrightarrow{r(t)} \triangleq [r_1(t),\cdots,r_{n(t)}(t)]^T \end{cases} \quad (9.6)$$

对 $\overrightarrow{r(t+1)}-\overrightarrow{r(t)}=A\times\overrightarrow{r(t)}$ 展开定性分析可知,可以推出 $\sum_{i=1}^{n(t)}\dfrac{r_i(t+1)-r_i(t)}{c_i(t)}=0$ 成立。这意味着,预期收益率改变量 $r_i(t+1)-r_i(t)$ 按照比例系数 $c_i(t)$ 的倒数的加权和始终为零。从而,对于在 t 时刻可供提供信贷补偿的 $n(t)$ 各企业而言,某企业 $s_i\in\{s_i\}_{i=1}^{n(t)}$ 的预期收益率改变量的增加,势必会引起其他企业预期收益率改变量的减少,比例系数 $c_i(t)$ 反映了企业 s_i 对整个群体均衡预期收益率的影响。同时,由于发展动力强的企业相对弱小企业而言,一般都是有一定的基础的,因而规模略大的企业对资金净流入量的敏感程度较小,进而可知这类企业较其他企业对维持群体均衡的作用更大。

四 优化融资机制与产品服务

中小企业的融资受到多种因素的共同制约,要想实现可持续发展,依靠融资服务、信贷评价方法的改进和信贷补偿机制优化无法完全解决中小企业的困境。为了使中小企业克服融资难题,促进国内中小企业的高质量发展,还需要从贷款资产证券化、融资机制、规范引导影子银行等方面共同努力。

第一,中小企业贷款资产证券化。为应对监管部门的不良资产率考核,银行会主动控制对中小企业贷款的规模,导致中小企业贷款难。原因在于,中小企业的高风险性导致不良贷款率相对较高。因此,通过资产证券化转移银行风险能够有效地解决银行的贷款风险。由于高风险与高收益并存，中小企业贷款资产证券化的作用在于隔离贷款资产转移风险。操作流程是首先银行需要在一定时期内，从贷款、企业以及地域等方面对贷款进行分类处理，并将其以合理的折价率出售给愿意承担高风险的机构。此时，贷款资产与其他资产隔离的方法能在风险被转移的同时让银行收到无风险的现金流。而愿意承担高风险的金融机构则低价买进了贷款证券并收获了到期收益权。目前，国内该类金融机构主要为信托公司，而在其他国家多是证券公司和专业组织。这种转移方式等价于一次表外的资产融资，不仅能将贷款债权套现，提高充实银行资本，又可以转嫁贷款风险。

接盘机构在买入证券化的贷款资产后，会评估其信用等级、偿付等级和收益率，并以此进行分类，最后卖给偏好高风险的债券投资者。这时便出现了流动性便利服务以解决债券化资产的现金流与其偿付之间错配的问题，这种服务不需要承担任何信用风险，但是，为使资产化的现金流与偿付相匹配，会对出现错配的情况垫付资金。该类服务普遍是由更熟悉中小企业信贷资产情况的银行提供，业务服务费为服务的收益。

中国第一支中小企业信贷资产证券化产品产生于 2008 年，由浙商银行发行，市值接近 7 亿元。但是由于信用评级权威性不够等原因，导致之后的一些其他产品沦为了垃圾债券。主要原因在于不完善的信用评级和信用体系以及相关法律的缺失，同时在破产风险管理和风险转移过程中资产证券化操作性不强，与传统抵押担保贷款相似。

目前，债券市场投资的主要参与者多为保守的大型金融机构，这些机构对规模小而风险高的中小企业债券化产品并不感兴趣。针对这种情况，为降低资产证券化的成本，国家和政府机构应该尽快出台和完善资产证券化相关法律，为中小企业的债券化产品清理障碍，实现针对性的风险转移。同时政府应该积极发展债券市场，提高交易的公平性、透明度和活跃度，为中小企业贷款资产债券化提供优良制度和平台。

第二，规范引导影子银行为中小企业融资服务。长期以来，由于制度性、结构性等问题，国内以银行信用为主的金融体系难以满足现代化的金融服务。针对该问题，需要提高金融资源配置效率，促进非银行金融机构的发展，着力推进立体化、多层次、宽延展、广覆盖金融体系的建立。规模太小是现有担保公司运营体例中重要的不利因素，可通过引入外资等方法来改善该不利局面，同时构建"控数量、提质量、优布局、防风险"的新型融资担保体系。新型融资担保体系可通过债券、票据等金融工具服务中小企业。并且，以政府政策为导向，信用担保公司在此过程中为中小企业提供融资担保，以构成一条有效的融资道路。

第三，加快信托公司改制。信托公司改制需要坚持规模化、专业化、市场化、多元化的原则。信托公司的改制目标是要构建一个涵盖全产业链的信托业务流程，并以市场为导向调整业务方向。信托公司与银行、债券和保险之间应该加紧联系，凭借市场资源和有效网络的基础上拓展信托的产品销售渠道；同时以传统金融机构丰富而庞大的信息数据库为基础，对具有良好发展前景的中小企业提供资金支持。

第四，规范小额贷款公司。资金成本过高是导致小贷公司业务风险不断加大的主要原因。为了扩展中小企业资金的有效来源，降低系统风险，应该大力支持有良好的发展前景的小贷公司吸引外来投资者进入，并进一步增资扩股升级为村镇或者社区银行。数额小、时效强是小额贷款公司相对于其他机构最大的优势，并且小额贷款公司的业务对象分布呈散点状，符合分散化的风险管理法则，因此可以利用市场机制的方式向中小企业引导。

五　完善政策法规体系建设

（一）完善法律保障体系建设

政府需要完善中小企业金融支持法律法规政策体系。中国现阶段针对中小企业发展的金融支持政策具有明显的缺点，如单一性和缺乏系统性等。各相关部门可以联手出台法规《中小企业金融支持相关条例》，明确指明各个部门职责，并规定相关的实施方式。此外，建议以《中小企业促进法》为基础建立支持中小企业融资的相关法律细则，如《中小企业融资细则》《促进中小企业贷款细则》等，达到细化中小企业融资的相关权利和义务，创造一个良好的法律环境以促进中小企业的发展。另外，需要优化执法方式，增加中小企业和相关金融机构的法律意识，使相关法律政策能够切实提高中小企业的融资效率。

（二）为小额贷款行业发展创造良好政策环境

近年来，小额贷款呈高速发展态势，但是关于小额贷款行业方面监管等政策体系建设还有待于进一步完善，基础建设等方面也存在不足，影响了小额贷款行业的健康发展。未来，建议进一步规范小贷公司信用评级制度，加快小贷公司信用评级制度纳入央行征信系统的步伐。解决贷前问题的有效方法就是小贷公司接入央行系统，地方金融办与中国人民银行共同制定好小贷公司接入征信系统的要求，规范小贷公司对系统的使用标准。中国人民银行等监管机构的监管与服务是决定小贷公司能否健康发展的重要条件。为了更好地提供监管和服务，应该制定合理的行业标准，对小贷公司使用客户数量、累计贷款额度等指标进行实行差异化分级管理。着力降低小贷公司的税收压力。部分小贷公司如果在服务中小企业的数量多，并且已经在技术创新方面有突出贡献的话，政府应该给予税收奖励，加强对优秀企业的政策倾斜。

（三）制定有利于中小企业发展的税收政策

合理优惠的税收政策能够增加中小企业的融资渠道。例如，投资抵免或者税收抵扣政策有助于企业增加研发资金，可改善中小企业的融资困境。企业的相关投资若是符合国家产业政策技术改造项目，则应当给予鼓励和适当税收优惠。对企业在技术研发业务或与之相关的技术服务与咨询方面取得的收入可给予一定的税收优惠。针对使用先进设备生产低价优质产品，设备更新周期又短的企业，政府可以逐步推行加速折旧方法，通过减轻税收或提供税收贷款的方式，给予这部分企业良好的资金渠道以推动其技术进步。

（四）完善产业集聚相关政策

共生融资是以聚集中小企业为基础的另一种融资途径。企业的集聚将促进行业创新，提高国家的科技竞争力。政府不需要使用强硬手段创造集群，只需要提供良好的公共基础设施、高效的服务和部分税收的降低，就可以达到吸引资本流入、推动产业集聚的目的。

一是整合科技园区，打造品牌优势。整合科技园区不仅要对园区之间还要对园区内部进行整合。加强邻近地域之间科技园区的合作，联手打造地域品牌效应。这种园区之间的协作，不但可以增强园区间各企业的业务合作，而且园区之间还可以以合力举办展会的方式扩大影响力；利用当前网络平台或者自建网络平台，进行园区间的虚拟整合。科技园区之间的核心业务和技术比较接近，这些园区之间就可以以互联网为载体，通讨网络平台增强相互间的协作，促进核心技术的发展；科技园区内部各部门可以通过整合的方式快速发展核心产业，完善产业链。通过"技术生物链"搭建一个产业之间相互依存的网络体系，为中小企业发展提供良好的上下游环境。

二是整合国家资源，创新国家资源的使用方式。虽然在中央和地方都设有专门用于支持中小企业发展的基金，但是政府对中小企业发展的支持力度比较分散。为使这些分散的基金得到更加合理的使用，需要将其集中起来。例如，成立专门的风险投资公司，以市场为导向对满足条件的中小企业提供股权融资，优化国内风险投资环境；设立专门的信用担保机构，为需要融资的中小企业提供担保，从而更好地缓解中小企业的融资问题。

三是转变国家的优惠政策。园区的优惠应向技术和产业倾斜而非向区域倾斜。科技园区设立初期,为园区内所有企业提供区域性优惠政策,以达到吸引企业的目的。这样虽然能够快速形成企业在园区内的集聚,但对快速形成产业集聚帮助不大,更无法形成品牌效应。向技术和产业倾斜的优惠政策才能真正地促进中小企业的发展,形成园区集聚效应和品牌效应。

结　　论

中小企业作为国民经济和社会发展的生力军，社会主义市场经济的重要组成部分，其典型特征是实力弱、规模小、发展快、生命周期短、经营成本高、组织结构简单、抵御风险能力差、资金薄弱等，这些特征大都可以反映在融资难融资贵问题上。融资困境是制约中小企业进一步发展的重要因素，也是影响中小企业供应链决策的关键要素。在金融供给侧结构性改革背景下，普惠金融等各项创新型金融政策的实施，为中小企业的融资提供了更多可能的选择，这在很大程度上缓解了中小微企业的融资难问题。

在此背景下，本书主要以中小企业为研究对象，较为系统全面地研究线性市场需求、随机市场需求以及特殊分布市场需求等情形下的中小企业融资与订购问题。首先，阐述本书的研究背景，以及国内外研究现状，并梳理和分析金融供给侧结构性改革对中小企业融资与订购策略的影响机理；其次，在经典线性需求下研究企业融资策略问题，还在经典线性需求下，考虑具有扩张属性的市场，引入市场扩张性系数，分析企业融资策略问题；再次，研究随机市场需求情形下的企业订购策略问题，还研究了在随机市场需求下考虑期权合同的企业订购策略问题；复次，在随机市场需求下，针对某些突发事件导致的市场需求剧烈波动情形，研究极端需求风险下企业订购策略问题；最后，考虑一类特殊的市场需求，也就是市场需求服从两点分布情形，研究此情形下企业融资与订购策略问题。

在线性市场需求下，考虑由供应商和零售商组成的两阶段供应链，通过对比供应商单向持股零售商、供应商和零售商交叉持股融资下的利润优化决策发现：在供应商单向持股零售商的融资中，降低供应商的持股比例可以减少零售商利润的损失，类似地，对于供应商来说，持有更多零售商的股份意味着更多的利润；无论供应商的持股比例如何变化，零售商的利润值始终会低于没有利用持股融资服务的情况，对于供应商来说，提供持股融资服务会提高其利润。在供应商与零售商相互交叉持股融资中，当供应商的持股比例一定时，增加零售商的持股比例，可以提高零售商的利润而在一定程度上降低供应商的利润；当零售商持股比例保持不变时，要想提高零售商的利润就要适当减少供应商的持股比例，反之减少零售商的持股比例可增加供应商的利润。

在随机市场需求下，分析零售商融资结构对最优订购策略的影响。根据商业信用融资、外部股权和债权融资模式的差异性，深入研究商业信用融资利率、债权融资比例以及随机市场需求等因素对零售商利润和订购量的影响。研究发现，在随机市场需求下，利用股权和债权融资的零售商存在一个最优融资比例，该比例不仅与订购量有一定关系，还与需求分布函数相关。当分布函数的值大于临界值时，零售商最优订货量与债权融资比例呈负相关；当小于临界值时，与债权融资比例呈正相关；当等于临界值时，与债权融资比例没有关系。进一步，本书还以服从均匀分布的需求函数为例，利用数值示例和敏感性分析方法，深入研究了零售商的融资模式问题，发现零售商采用内部融资更有利，并且商业信用融资利率与利润存在负相关关系，在商业信用融资利率较低时，商业信用内部融资下的零售商利润更高；如果采用供应链外部融资，那么零售商利润与债权融资比例成正比。相关研究结论，对于供应链中小企业融资模式选择具有重要的实际应用价值。

在特殊分布市场需求下，也就是两点分布市场需求情况下，零售商如果同时考虑外部股权融资和债权融资策略时，企业通过适度增加股权融资比例，将有助于降低融资成本、提高利润水平。此外，零售商可以利用多余销售收入进行投资，当投资收益率是一个固定值时，零售商要想提高利润水平，就要降低债权融资利率；与此同时，若保持零售商的债权融资利率不变，适度提高投资收益率一定程度上可以增加零售商的利润。

参考文献

白默、侯冠廷：《交叉持股对公司业绩影响的评述与研究展望》，《经济问题》2017年第9期。

白世贞、贾雪莲：《资金约束型生鲜农产品双渠道供应链运营策略研究》，《中国管理科学》2022年。

白雪：《以金融供给侧改革助力独角兽企业成长》，《人民论坛》2019年第25期。

白月：《中国中小企业融资状况与前景》，《财经问题研究》2016年第1期。

边文龙、沈艳、沈明高：《银行业竞争度、政策激励与中小企业贷款——来自14省90县金融机构的证据》，《金融研究》2017年第1期。

曹志强、杨筝、刘放：《基于折中决策值为参考点的报童订购行为研究》，《管理评论》2019年第1期。

曹宗宏、张成堂、赵菊等：《基于资金约束的风险厌恶制造商融资策略和渠道选择研究》，《中国管理科学》2019年第6期。

陈道富：《我国融资难融资贵的机制根源探究与应对》，《金融研究》2015年第2期。

陈汉文、周中胜：《内部控制质量与企业债务融资成本》，《南开管理评论》2014年第3期。

陈见丽：《风投介入、风投声誉与创业板公司的成长性》，《财贸经济》2012年第6期。

陈杰、唐萍、高腾：《带有多元马氏需求的多产品报童模型》，《中国管理科学》2017年第2期。

陈祥锋、朱道立、应雯珺：《资金约束与供应链中的融资和运营综合决策研究》，《管理科学学报》2008年第3期。

陈志明、周少锐、周建红：《两级商业信用下考虑违约风险的供应链协调》，《管理学报》2018年第12期。

程六兵、叶凡、刘峰:《资本市场管制与企业资本结构》,《中国工业经济》2017 年第 11 期。

邓天虎、黄四民:《基于预期理论的报童模型及敏感性分析》,《管理评论》2009 年第 6 期。

董骥、田金方、李航:《金融供给侧结构性改革是否改变了信贷歧视——基于中国 A 股上市公司的检验》,《金融经济学研究》2020 年第 5 期。

窦亚芹、白少布、储俊:《基于供应商回购激励的供应链投融资协调策略》,《管理评论》2016 年第 6 期。

杜文意、刘晓婧、唐小我:《基于融资需求的损失厌恶零售商订货策略及供应链协调》,《中国管理科学》2019 年第 3 期。

段丙蕾、汤泰劼、王竹泉:《"商业信用歧视"降低了行业资本回报率吗》,《经济管理》2021 年第 8 期。

段丙蕾、王伟志:《我国第一起交互持股案例引发的思考》,《管理世界》2001 年第 5 期。

樊文平、王旭坪、刘名武等:《零售商持股制造商减排投资的供应链协调优化研究》,《系统工程理论与实践》2021 年第 9 期。

方磊、夏雨、杨月明:《考虑零售商销售努力的供应链融资决策均衡》,《系统工程理论与实践》2018 年第 1 期。

付红、马永开、唐小我:《制造商持股供应商情形下的组装供应链协调》,《系统工程理论与实践》2014 年第 9 期。

顾海兵、石红艳、刘玮:《我国银行贷款利率的结构性分析》,《学术研究》2006 年第 3 期。

关旭、马士华、桂华明:《产品单生产周期的多阶段融资和采购决策研究》,《管理科学》2011 年第 6 期。

郭金森、周永务、嵇凯:《带有资金约束的风险厌恶零售商的双渠道供应链运作策略》,《运筹与管理》2017 年第 4 期。

郭娜:《政府?市场?谁更有效——中小企业融资难解决机制有效性研究》,《金融研究》2013 年第 3 期。

郭威、盛继明:《金融供给侧结构性改革与制造业高质量发展——失衡表现与路径选择》,《金融论坛》2021 年第 9 期。

郭晓龙、苏增慧:《竞争环境下随机产出供应商的融资策略研究》,《运筹与管理》2021 年第 7 期。

何丽红、黄甘泉、张哲薇:《供应链交叉持股对制造商直销渠道选择的影响》,《管理学报》2018 年第 9 期。

何靖：《宏观经济环境影响资本结构调整速度吗？——来自中国上市公司的经验证据》，《南方经济》2010年第12期。

胡恒强、范从来、杜晴：《融资结构、融资约束与企业创新投入》，《中国经济问题》2020年第1期。

胡竹枝、李明月：《中小企业融资顺序论》，《广东金融学院学报》2005年第2期。

华胜亚、翟昕：《考虑初创企业的供应链融资与期权交易策略》，《中国管理科学》2020年第2期。

黄佳舟、鲁其辉、陈祥锋：《供应商融资中买方担保机制的价值影响研究》，《管理科学学报》2020年第7期。

黄少安、张岗：《中国上市公司股权融资偏好分析》，《经济研究》2001年第11期。

黄涛、李浩民：《金融供给侧结构性改革：重点任务与路径选择》，《改革》2019年第6期。

黄兴孪、邓路、曲悠：《货币政策、商业信用与公司投资行为》，《会计研究》2016年第2期。

黄益平：《金融改革的经济学分析》，《新金融》2020年第5期。

蒋志芬、赖宇：《国外扶持中小企业发展的金融举措及借鉴》，《现代经济探讨》2004年第4期。

金伟、骆建文：《基于双边资金约束供应链的均衡组合融资策略》，《系统工程理论与实践》2017年第6期。

李超、骆建文：《基于预付款的资金约束供应链收益共享协调机制》，《管理学报》2016年第5期。

李广子、刘力：《债务融资成本与民营信贷歧视》，《金融研究》2009年第12期。

李汇东、唐跃军、左晶晶：《用自己的钱还是用别人的钱创新？——基于中国上市公司融资结构与公司创新的研究》，《金融研究》2013年第2期。

李建斌、谢闻、成蔚等：《考虑供应商保留储备金的供应链融资策略》，《管理学报》2022年第4期。

李建苗、李向荣、张克勇等：《新零售模式下在线零售商融资均衡与协调策略研究》，《中国管理科学》2021年第4期。

李露：《金融供给侧改革与企业转型升级的协同发展》，《学海》2017年第3期。

李鹏亮：《团体贷款发展态势及博弈分析》，《沈阳建筑大学学报》（社会科学版）2005 年第 4 期。

李青原、唐建新：《企业纵向一体化的决定因素与生产效率——来自我国制造业企业的经验证据》，《南开管理评论》2010 年第 3 期。

李涛、黄晓蓓：《企业现金流量与融资决策关联性的实证研究》，《管理世界》2008 年第 6 期。

李毅学、汪寿阳、冯耕中：《物流金融中季节性存货质押融资质押率决策》，《管理科学学报》2011 年第 11 期。

李峥、孙永祥：《融资结构与公司治理》，《经济评论》2002 年第 4 期。

梁亚松、钟田丽、胡彦斌：《产品多元化战略与融资结构决策：理论模型与实证检验》，《管理评论》2016 年第 4 期。

林强、徐晴：《预付款融资下期权契约的协调研究》，《运筹与管理》2018 年第 6 期。

林毅夫、李永军：《中小金融机构发展与中小企业融资》，《经济研究》2001 年第 1 期。

林毅夫、孙希芳：《信息、非正规金融与中小企业融资》，《经济研究》2005 年第 7 期。

刘秉镰、孙鹏博：《国家级金融改革试验区如何影响碳生产率》，《经济学动态》2022 年第 9 期。

刘贯春、程飞阳、姚守宇等：《地方政府债务治理与企业投融资期限错配改善》，《管理世界》2022 年第 11 期。

刘家国、吴冲：《基于报童模型的两级供应链回购契约协调研究》，《中国管理科学》2010 年第 4 期。

刘名武、樊义平、付红：《零售商持股制造商减排投资的运作与优化策略》，《科技管理研究》2017 年第 16 期。

刘社欣、刘亚军：《农村金融供给侧改革如何发力》，《人民论坛》2020 年第 10 期。

刘伟、张子健、张婉君：《纵向合作中的共同 R&D 投资机制研究》，《管理工程学报》2009 年第 1 期。

刘星、魏锋、詹宇等：《我国上市公司融资顺序的实证研究》，《会计研究》2004 年第 6 期。

刘英、慕银平：《基于讨价还价模型的持股型供应链最优订货与定价策略研究》，《中国管理科学》2021 年第 6 期。

刘志远、白默：《公允价值计量模式下的会计政策选择——基于上市公司交叉持股的实证研究》,《经济管理》2010 年第 1 期。

鲁其辉、曾利飞、周伟华:《供应链应收账款融资的决策分析与价值研究》,《管理科学学报》2012 年第 5 期。

陆立军、周国红、徐亚萍:《科技型中小企业创新的制度原因及其启示——以浙江省绍兴市为例》,《科学学与科学技术管理》2002 年第 6 期。

陆岷峰:《地方金融供给侧结构性改革与纾困小微企业融资路径研究》,《青海社会科学》2020 年第 1 期。

陆正飞、杨德明:《商业信用:替代性融资,还是买方市场?》,《管理世界》2011 年第 4 期。

罗丹阳、宋建江:《私营企业成长与融资结构选择》,《金融研究》2004 年第 10 期。

吕劲松:《关于中小企业融资难、融资贵问题的思考》,《金融研究》2015 年第 11 期。

吕敏蓉:《以金融供给侧结构性改革"精准滴灌"小微企业》,《人民论坛》2019 年第 24 期。

马德青、胡劲松、姜伟等:《具损失厌恶和损失概率厌恶的报童问题研究》,《中国管理科学》2017 年第 9 期。

马健、刘志新、张力健:《异质信念、融资决策与投资收益》,《管理科学学报》2013 年第 1 期。

梅冬州、杨龙见、高崧耀:《融资约束、企业异质性与增值税减税的政策效果》,《中国工业经济》2022 年第 5 期。

闵亮、沈悦:《宏观冲击下的资本结构动态调整——基于融资约束的差异性分析》,《中国工业经济》2011 年第 5 期。

聂佳佳、石纯来:《零售商纵向持股对制造商直销渠道选择的影响》,《软科学》2016 年第 3 期。

宁博、潘越、汤潮:《地域商会有助于缓解企业融资约束吗?——来自 A 股民营上市企业的证据》,《金融研究》2022 年第 2 期。

牛攀峰、侯文华:《考虑供应商产品交付水平的供应链融资策略研究》,《中国管理科学》2021 年第 10 期。

钱海章:《高新技术企业的生命周期及融资战略》,《金融研究》1999 年第 8 期。

乔海曙、杨蕾:《论金融供给侧改革的思路与对策》,《金融论坛》2016 年第 9 期。

邱国斌：《考虑参照点的损失厌恶企业订货决策研究》，《系统科学学报》2018年第1期。

区少萍：《浅析MM命题及相关理论在中国的实际应用》，《现代经济信息》2009年第11期。

冉明东：《论企业交叉持股的"双刃剑效应"——基于公司治理框架的案例研究》，《会计研究》2011年第5期。

沙晓君：《深化金融供给侧改革、破解民营企业融资困境》，《现代管理科学》2019年第12期。

尚文芳、祁明、陈琴：《需求预测信息更新条件下供应链的三阶段期权协调机制》，《系统工程理论与实践》2013年第6期。

邵帅、吕长江：《实际控制人直接持股可以提升公司价值吗？——来自中国民营上市公司的证据》，《管理世界》2015年第5期。

申广军、姚洋、钟宁桦：《民营企业融资难与我国劳动力市场的结构性问题》，《管理世界》2020年第2期。

师苑、王新华、高红伟：《三级供应链企业间交叉持股时均衡定价及市场绩效研究》，《运筹与管理》2021年第9期。

石晓军、张顺明：《商业信用、融资约束及效率影响》，《经济研究》2010年第1期。

宋鹏、田丽丽、李常洪：《交叉持股网络与企业风险承担》，《经济问题》2019年第6期。

宋玉臣、任浩锋、张炎炎：《股权再融资促进制造业企业创新了吗——基于竞争视角的解释》，《南开管理评论》2022年第5期。

宋兆宇、孙秉珍、赵可彤：《线性需求供应链中供应商参股制造商的定价与协调》，《运筹与管理》2021年第6期。

苏雪琴、刘乃梁：《平台经济视阈下的股权控制和市场竞争》，《商业研究》2020年第8期。

孙金钜：《金融供给侧改革与资本市场融资制度完善研究》，《新金融》2019年第12期。

孙婧、张然：《以供给侧改革增强金融服务实体经济能力》，《人民论坛·学术前沿》2019年第23期。

孙巍、董文宇、宋南：《外生冲击、融资模式选择与制造业升级——兼论经贸摩擦和新冠肺炎疫情下的金融供给侧改革》，《上海财经大学学报》2020年第4期。

唐松：《新中国金融改革70年的历史轨迹、实践逻辑与基本方略——推进新时代金融供给侧改革，构建强国现代金融体系》，《金融经济学研究》2019 年第 6 期。

陶锋、胡军、李诗田等：《金融地理结构如何影响企业生产率？——兼论金融供给侧结构性改革》，《经济研究》2017 年第 9 期。

陶毅、杨锐思、林强等：《考虑竞争与风险规避行为的电商供应链融资与定价决策模型》，《中国管理科学》2022 年。

田春英、陈东彦、陈兆波：《供应商现金缺口期的融资策略：贷款融资 vs. 保理融资》，《系统工程学报》2022 年第 1 期。

汪小京、刘志学、郑长征：《多类顾客环境下报童模型中库存分配策略研究》，《中国管理科学》2010 年第 4 期。

王国刚：《优化金融供给结构 防范流动性风险》，《经济理论与经济管理》2020 年第 3 期。

王婧、陈旭：《考虑期权合同的生鲜农产品批发商的最优订货》，《系统工程理论与实践》2010 年第 12 期。

王润国、严虎：《金融支持供给侧结构性改革调查——以海西蒙古族藏族自治州为例》，《青海金融》2020 年第 1 期。

王文利、骆建文、李彬：《需求依赖价格下的供应链预付款融资策略》，《系统管理学报》2014 年第 5 期。

王文利、骆建文：《基于价格折扣的供应链预付款融资策略研究》，《管理科学学报》2014 年第 11 期。

王文利、甄烨、张钦红：《面向资金约束供应商的供应链内部融资——股权还是债权？》，《管理科学学报》2020 年第 5 期。

王筱筱、李时宇、袁诚：《政府补贴和国有参股对参与 PPP 企业外部融资的影响》，《金融研究》2022 年第 3 期。

王孝钰、高琪、邹汝等：《商帮文化对企业融资行为的影响研究》，《会计研究》2022 年第 4 期。

王宇、于辉：《成长风险下企业股权融资中委托代理问题的鲁棒分析》，《系统工程理论与实践》2019 年第 5 期。

王宇、于辉：《供应链合作下零售商股权融资策略的模型分析》，《中国管理科学》2017 年第 6 期。

魏志华、王贞洁、吴育辉等：《金融生态环境、审计意见与债务融资成本》，《审计研究》2012 年第 3 期。

吴庆念：《中小企业内源融资的渠道和模式研究》，《企业经济》2012 年第 1 期。

吴英晶、李勇建、张李浩：《基于期权契约的零售商融资最优策略研究》，《管理评论》2014 年第 10 期。

肖晶：《中小金融机构的发展缓解了中小企业融资约束吗？——基于地区制度环境差异化的研究》，《金融论坛》2016 年第 2 期。

徐鹏程：《文化产业与金融供给侧改革》，《管理世界》2016 年第 8 期。

徐贤浩、邓晨、彭红霞：《基于供应链金融的随机需求条件下的订货策略》，《中国管理科学》2011 年第 2 期。

许嘉禾、孙晋海：《体育产业与金融供给协同演化：理论与实证》，《天津体育学院学报》2020 年第 6 期。

许明辉、于刚、张汉勤：《带有缺货惩罚的报童模型中的 CVaR 研究》，《系统工程理论与实践》2006 年第 10 期。

燕汝贞、李冉、高伟等：《供应链融资结构视角下的零售商订购策略研究》，《中国管理科学》2019 年第 8 期。

燕汝贞、李冉、高伟等：《基于随机市场需求的供应链融资模式研究》，《运筹与管理》2020 年第 9 期。

杨凤娟：《发达国家解决中小企业融资难的举措及借鉴》，《经济问题》2004 年第 3 期。

杨贺、马微、徐璋勇：《新发展格局下如何协调推进稳增长和稳杠杆——基于金融供给侧结构性改革的视角》，《经济学家》2022 年第 7 期。

杨丽芳、周永务、曹彬：《基于公平关切行为下双渠道供应链中制造商的融资策略研究》，《管理学报》2023 年第 3 期。

杨宗昌、田高良：《浅析中小企业融资难的原因与对策》，《会计研究》2001 年第 4 期。

姚耀军、董钢锋：《中小企业融资约束缓解：金融发展水平重要抑或金融结构重要？——来自中小企业板上市公司的经验证据》，《金融研究》2015 年第 4 期。

易雪辉、周宗放：《基于供应链金融的银行贷款价值比研究》，《中国管理科学》2012 年第 1 期。

尹志超、钱龙、吴雨：《银企关系、银行业竞争与中小企业借贷成本》，《金融研究》2015 年第 1 期。

于海静、康灿华：《基于供应链金融视角的中小企业融资机制研究》，《南开经济研究》2017 年第 4 期。

于辉、王宇：《供应链视角下成长型企业融资方式选择：债权融资 VS 股权融资》，《中国管理科学》2018 年第 5 期。

余明桂、潘红波：《金融发展、商业信用与产品市场竞争》，《管理世界》2010年第8期。

张冲、袁兰兰、王海燕：《基于ACC支付模式的供应链金融模型研究》，《中国管理科学》2018年第4期。

张汉江、宫旭、廖家旭：《线性需求供应链中企业交叉持股的定价和绩效变化研究》，《中国管理科学》2010年第6期。

张嘉兴：《风险投资的机制、效应及前景分析》，《财经问题研究》2000年第4期。

张璟、刘晓辉：《融资结构、企业异质性与研发投资——来自中国上市公司的经验证据》，《经济理论与经济管理》2018年第1期。

张李浩、常陆雨、范体军：《资金约束供应链RFID投资决策与融资优化》，《中国管理科学》2021年第5期。

张楠、周宗放：《上游企业持股下游企业的供应链协调研究》，《管理评论》2017年第8期。

张晓波：《金融供给侧结构性改革、消费需求与经济增长的动态关系分析》，《统计与决策》2018年第15期。

张璇、刘贝贝、汪婷等：《信贷寻租、融资约束与企业创新》，《经济研究》2017年第5期。

张义刚、唐小我：《延迟支付下短生命周期产品批发价契约研究》，《中国管理科学》2011年第3期。

赵爱梅、李敏：《非竞争情形下资金约束供应链的融资与定价研究》，《中国管理科学》2012年第2期。

赵瑞政、王文汇、王朝阳：《金融供给侧的结构性问题及改革建议——基于金融结构视角的比较分析》，《经济学动态》2020年第4期。

赵岳、谭之博：《电子商务、银行信贷与中小企业融资——一个基于信息经济学的理论模型》，《经济研究》2012年第7期。

郑威、陆远权：《中国金融供给的空间结构与产业结构升级——基于地方金融发展与区域金融中心建设视角的研究》，《国际金融研究》2019年第2期。

郑志来：《严监管背景下金融供给侧改革、经济高质量发展的逻辑与路径选择》，《现代经济探讨》2020年第2期。

钟远光、周永务、李柏勋等：《供应链融资模式下零售商的订货与定价研究》，《管理科学学报》2011年第6期。

周佳琪、张人千：《交叉销售产品的报童模型与博弈分析》，《管理科学学报》2015 年第 7 期。

周建、任露璐：《资金约束下三层供应链的融资和定价决策研究》，《运筹与管理》2017 年第 1 期。

周立新：《家族控制、企业目标与家族企业股权融资——基于浙江和重庆两地家族企业的实证》，《软科学》2008 年第 4 期。

周泰云、邢斐、姚刚：《机构交叉持股对企业价值的影响》，《证券市场导报》2021 年第 2 期。

朱传波、季建华、包兴：《供应风险规避下基于 VaR 的零售商订货策略》，《系统管理学报》2014 年第 6 期。

Achleitner A. K., Spiess-Knafl W., Volk S., 2014: "The Financing Structure of Social Enterprises: Conflicts and Implications", *International Journal of Entrepreneurial Venturing*, Vol. 6, No. 1.

Agostino M., Trivieri F., 2008: "Banking Competition and SMES Bank Financing Evidence from the Italian Provinces", *Journal of Industry Competition & Trade*, Vol. 8, No. 1.

Ameli N., Dessens O., Winning M., et al., 2021: "Higher Cost of Finance Exacerbates a Climate Investment Trap in Developing Economies", *Nature Communications*, Vol. 12, No. 1.

An S., Li B., Song D., et al., 2021: "Green Credit Financing Versus Trade Credit Financing in a Supply Chain with Carbon Emission Limits", *European Journal of Operational Research*, Vol. 292.

Anderson R. C., Mansi S. A., Reeb D. M., et al., 2004: "Board Characteristics, Accounting Report Integrity, and the Cost of Debt", *Journal of Accounting & Economics*, Vol. 37, No. 3.

Astvansh V., Jindal N., 2022: "Differential Effects of Received Trade Credit and Provided Trade Credit on Firm Value", *Production and Operations Management*, Vol. 31.

Bartram S. M., Hou K., Kim S., 2022: "Real Effects of Climate Policy: Financial Constraints and Spillovers", *Journal of Financial Economics*, Vol. 143.

Beck T., Demirgüç-Kunt A., Pería M. S. M., 2011: "Bank Financing for SMEs: Evidence Across Countries and Bank Ownership Types", *Journal of Financial Services Research*, Vol. 39, No. 1.

Bradley M., Dong C., 2011: "Corporate Governance and the Cost of Debt: Evidence from Director Limited Liability and Indemnification Provisions",

Journal of Corporate Finance, Vol. 17, No. 1.

Chayet S., Kouvelis P., Yu D. Z., 2011: "Product Variety and Capacity Investments in Congested Production Systems", *Manufacturing & Service Operations Management*, Vol. 13, No. 3.

Chen J., Zhang T., Zhou Y. W., et al., 2022: "Complex Dynamic Analysis of Risk-averse Newsvendor Models with Buyback Guarantee Financing", *International Journal of Production Research*, Vol. 60.

Chen X., Lu Q., Cai G., 2020: "Buyer Financing in Pull Supply Chains: Zero-interest Early Payment or In-house Factoring?", *Production and Operations Management*, Vol. 29.

Cheng G. P., Tu J. P., 2013: "Study of the Advance Payment Financing Model Based on E-commerce Platform", *Advanced Materials Research*, Vol. 694~697.

Chong T. T. L., Lu L., Ongena S., 2013: "Does Banking Competition Alleviate or Worsen Credit Constraints Faced by Small and Medium Enterprises Evidence from China", *Journal of Banking & Finance*, Vol. 37, No. 9.

Deangelo H., Roll R., 2015: "How Stable are Corporate Capital Structures?", *Journal of Finance*, Vol. 70, No. 1.

Deng S. M., Gu C. C., Li Y. H., 2018: "Financing Multiple Heterogeneous Suppliers in Assembly Systems: Buyer Finance vs. Bank Finance", *M&Som-Manufacturing & Service Operations Management*, Vol. 20, No. 1.

Dietzenbacher E., Smid B., Volkerink B., 2000: "Horizontal Integration in the Dutch Financial Sector", *International Journal of Industrial Organization*, Vol. 18, No. 8.

Du J., 2008: "Corruption and Corporate Finance Patterns: An International Perspective", *Pacific Economic Review*, Vol. 13, No. 2.

Ergungor O. E., 2008: "Financial System Structure and Economic Growth: Structure Matters", *International Review of Economics & Finance*, Vol. 17, No. 2.

Feng Y., Hassan A., Elamer A. A., 2020: "Corporate Governance, Ownership Structure and Capital Structure: Evidence from Chinese Real Estate Listed Companies", *International Journal of Accounting and Information Management*, Vol. 28.

Fisman R., Love I., 2003: "Trade Credit, Financial Intermediary Development, and Industry Growth", *Journal of Finance*, Vol. 58, No. 1.

Fu H., Ke G. Y., Lian Z., et al., 2021: "3PL Firm's Equity Financing for Technology Innovation in a Platform Supply Chain", *Transportation Research Part E-Logistics and Transportation Review*, Vol. 147.

Fu K., Wang C., Xu J., 2022: "The Impact of Trade Credit on Information Sharing in a Supply Chain", Omega-*International Journal of Management Science*, Vol. 110.

Güth W., Nikiforakis N., Normann H. T., 2007: "Vertical Cross-shareholding: Theory and Experimental Evidence", *International Journal of Industrial Organization*, Vol. 25, No. 1.

Gilo D., 2001: "The Anticompetitive Effect of Passive Investment", *Michigan Law Review*, Vol. 99, No. 1.

Greenlee P., Raskovich A., 2006: "Partial Vertical Ownership", *European Economic Review*, Vol. 50, No. 4.

Guariglia A., Mateut S., 2006: "Credit Channel, Trade Credit Channel, and Inventory Investment: Evidence from a Panel of UK Firms", *Journal of Banking & Finance*, Vol. 30, No. 10.

Gurău C., Dana L., 2020: "Financing Paths, Firms' Governance and Corporate Entrepreneurship: Accessing and Applying Operant and Operand Resources in Biotechnology Firms", *Technological Forecasting and Social Change*, Vol. 153.

He M., Kang K., Mu X., 2022: "Impact of Tax Difference and Asset Structure on a Capital-constrained Vertical Equity Holding Transnational Supply Chain", *International Journal of Production Research*, Vol. 60.

Hu Q., 2022: "Capital Structure and Supply Chain Capacity Investment", *Production and Operations Management*, Vol. 31.

Hu X., Yao G., Zhou T., 2022: "Does Ownership Structure Affect the Optimal Capital Structure? APSTR Model for China", *International Journal of Finance & Economics*, Vol. 27.

Huang Y. M., Pagano U., Panizza U., 2020: "Local Crowding Out in China", *Journal of Finance*, Vol. 75, No. 6.

Jiang S., Ye F., Lin Q., 2021: "Managing Green Innovation Investment in a Co-opetitive Supply Chain under Capital Constraint", *Journal of Cleaner Production*, Vol. 291.

Jiang W. H., Xu L., Chen Z. S., et al., 2022: "Financing Equilibrium in a Capital Constrained Supply Chain: The Impact of Credit Rating", *Transportation Research Part E-Logistics and Transportation Review*, Vol. 157.

Jin X. D., Zhou H., Wang J. P., 2021: "Joint Finance and Order Decision for Supply Chain with Capital Constraint of Retailer Considering Product Defect", *Computers & Industrial Engineering*, Vol. 157.

Jing Huang, Wensheng Yang, Yiliu Tu, 2020: "Financing Mode Decision in a Supply Chain with Financial Constraint", *International Journal of Production Economics*, Vol. 220.

Jong A. D., Kabir R., Nguyen T. T., 2008: "Capital Structure around the World: The Roles of Firm-and Country-specific Determinants", *Journal of Banking and Finance*, Vol. 32, No. 9.

Kouvelis P., Zhao W., 2012: "Financing the Newsvendor: Supplier vs. Bank, and the Structure of Optimal Trade Credit Contracts", *Operations Research*, Vol. 60, No. 3.

Kouvelis P., Zhao W. H., 2016: "Supply Chain Contract Design under Financial Constraints and Bankruptcy Costs", *Management Science*, Vol. 62, No. 8.

Kpodar, Kangni, Singh, Raju Jan, 2011: "Does Financial Structure Matter for Poverty? Evidence from Developing Countries", https://ssrn.com/abstract=1972131.

Kruk S., 2021: "Impact of Capital Structure on Corporate Value-review of Literature", *Journal of Risk and Financial Management*, Vol. 14, No. 4.

Lai Z., Lou G., Zhang T., et al., 2021: "Financing and Coordination Strategies for a Manufacturer with Limited Operating and Green Innovation Capital: Bank Credit Financing Versus Supplier Green Investment", *Annals of Operations Research*.

Li G., Wu H., Xiao S., 2020: "Financing Strategies for a Capital-constrained Manufacturer in a Dual-channel Supply Chain", *International Transactions in Operational Research*, Vol. 27.

Li H., Bi G., Song W., et al., 2022: "Trade Credit Insurance: Insuring Strategy of the Retailer and the Manufacturer", *International Journal of Production Research*, Vol. 60.

Luo Y., Jiang C., 2022: "The Impact of Corporate Capital Structure on Financial Performance Based on Convolutional Neural Network", *Computational Intelligence and Neuroscience.

Ma H., Sun Y., Yang L., et al., 2022: "Advanced Human Capital Structure, Industrial Intelligence and Service Industry Structure Upgrade-experience from China's Developments", *Emerging Markets Finance and Trade*.

Ma P., Meng Y., 2022: "Optimal Financing Strategies of a Dual-channel Closed-loop Supply Chain", *Electronic Commerce Research and Applications*, Vol. 53.

Mahata G. C., 2016 "Optimal Ordering Policy with Trade Credit and Variable Deterioration for Fixed Lifetime Products", *International Journal of Operational Research*, Vol. 25, No. 3.

Martellini L., Milhau V., Tarelli A., 2017: "Capital Structure Decisions and the Optimal Design of Corporate Market Debt Programs", *Journal of Corporate Finance*, No. 49.

Ngo Vi Dung, Nguyen Thang V., Roy Achinto, 2022: "Bank Ties, Institutional Pressures, and Capital Structure of Vietnamese SMEs", *International Journal of Entrepreneurial Behavior & Research*, Vol. 28, No. 6.

Nina Y., Xiuli H., Ye L., 2019: "Financing the Capital-constrained Supply Chain with Loss Aversion: Supplier Finance vs. Supplier Investment", *Omega*, Vol. 88.

Papachristos I., Pandelis D. G., 2022: "Newsvendor Models with Random Supply Capacity and Backup Sourcing", *European Journal of Operational Research*, Vol. 303.

Qin J., Fu H., Wang Z., et al., 2021: "Financing and Carbon Emission Reduction Strategies of Capital-constrained Manufacturers in E-commerce Supply Chains", *International Journal of Production Economics*, Vol. 241.

Ryan R. M., O'Toole C. M., Mccann F., 2014: "Does Bank Market Power Affect SME Financing Constraints?", *Journal of Banking & Finance*, Vol. 49.

Sakai H., 2020: "Did Financing Constraints Cause Investment Stagnation in Japan After the 1990s?", *Journal of Corporate Finance*, Vol. 64.

Sanna K., 2018: "Natural Resources and Capital Structure", *Economic Systems*, Vol. 42, No. 3.

Seifert D., Seifert R. W., Protopappa-Sieke M., 2013: "A Review of Trade Credit Literature: Opportunities Forresearch in Operations", *European Journal of Operational Research*, Vol. 231, No. 2.

Serghiescu L., Idean V. L., 2014: "Determinant Factors of the Capital Structure of a Firm: An Empirical Analysis", *Procedia Economics and Finance*, Vol. 15.

Shi J. Z., Liu D. A., Du Q., et al., 2023: "The Role of the Procurement Commitment Contract in a Low-carbon Supply Chain with a Capital-constrained Supplier", *International Journal of Production Economics*, Vol. 255.

Shi Y., Wang X., Gao H., 2021: "Profit Formulation and Equilibrium Strategy of Firms with Cross-shareholding", *Finance Research Letters*, Vol. 38.

Sprcic D. M., Wilson I., 2007: "The Development of the Corporate Bond Market in Croatia", *EuroMed Journal of Business*, Vol. 2, No. 1.

Stein J. C., 2002: "Information Production and Capital Allocation: Decentralized Versus Hierarchical Firms", *Journal of Finance*, Vol. 57, No. 5.

Sumani S., Roziq A., 2020: "Reciprocal Capital Structure and Liquidity Policy: Implementation of Corporate Governance Toward Corporate Performance", *Journal of Asian Finance Economics and Business*, Vol. 7.

Tang C. S., Yang S. A., Wu J., 2018: "Sourcing from Suppliers with Financial Constraints and Performance Risk", *M&Som-Manufacturing & Service Operations Management*, Vol. 20, No. 1.

Tang R., Yang L., 2020: "Impacts of Financing Mechanism and Power Structure on Supply Chains Under Cap-and-trade Regulation", *Transportation Research Part E-Logistics and Transportation Review*, Vol. 139.

Thomas L., Florian K., Stefan S., 2018: "The Effect of Internationalization on Firm Capital Structure: A Meta-analysis and Exploration of Institutional Contingencies", *International Business Review*, Vol. 27, No. 6.

Torre A. D. L., Pería M. S. M., Schmukler S. L., 2010: "Bank Involvement with SMEs: Beyond Relationship Lending", *Journal of Banking & Finance*, Vol. 34, No. 9.

Tran Q. T., 2022: "Foreign Ownership and Cost of Debt Financing: Evidence from an Emerging Market", *International Journal of Emerging Markets*, Vol. 17.

Utami E. S., Gumanti T. A., Subroto B., et al., 2021: "Static or Dynamic Capital Structure Policy Behavior: Empirical Evidence from Indonesia", *Journal of Asian Finance Economics and Business*, Vol. 8.

Vo M. T., 2021: "Capital Structure and Cost of Capital When Prices Affect Real Investments", *Journal of Economics and Business*, Vol. 113.

Vo V. X., 2017: "Determinants of Capital Structure in Emerging Markets:

Evidence from Vietnam", *Research in International Business and Finance*, Vol. 40.

Wang C. X., Webster S., 2009: "The Loss-averse News Vendor Problem", *Omega*, Vol. 37, No. 1.

Wang C., Chen J., Chen X., 2019: "The Impact of Customer Returns and Bidirectional Option Contract on Refund Price and Order Decisions", *European Journal of Operational Research*, Vol. 274, No. 1.

Wang Y. M., 2017: "Supply Chain Finance of Commercial Bank, Risk and Management: From the Perspective of Counterparty Credit Risk", *Financial Theory & Practice*, No. 8.

Wei L., Chen M., Du S., et al., 2022: "By-state Fairness in Selling to the Newsvendor", *Transportation Research Part E-Logistics and Transportation Review*, Vol. 159.

Wu C. H., Chen C. W., Hsieh C. C., 2012: "Competitive Pricing Decisions in a Two-echelon Supply Chain with Horizontal and Vertical Competition", *International Journal of Production Economics*, Vol. 135, No. 1.

Wu S. M., Chan F. T. S., Chung S. H., 2022: "A Study on Green Supply Chain under Capital Constraint Considering Time-varying Salvage Value", *International Journal of Production Research*, Vol. 60.

Xie X., Shi X., Gu J., et al., 2023: "Examining the Contagion Effect of Credit Risk in a Supply Chain under Trade Credit and Bank Loan Offering", *Omega-International Journal of Management Science*, Vol. 115.

Xu L., 2005: "Institutions, Ownership, and Finance: The Determinants of Profit Reinvestment among Chinese Firms", *Journal of Financial Economics*, Vol. 77, No. 1.

Xu S., Fang L., 2020: "Partial Credit Guarantee and Trade Credit in an Emission-dependent Supply Chain with Capital Constraint", *Transportation Research Part E-Logistics and Transportation Review*, Vol. 135.

Xu X. S., Wang H., Dang C., et al., 2017: "The Loss-averse Newsvendor Model with Backordering", *International Journal of Production Economics*, Vol. 188.

Yan N., Liu C., Liu Y., et al., 2017: "Effects of Risk Aversion and Decision Preference on Equilibriums in Supply Chain Finance Incorporating Bank Credit with Credit Guarantee", *Applied Stochastic Models in Business & Industry*, No. 2.

Yan N., Liu Y., Xu X., et al., 2020: "Strategic Dual-channel Pricing Games with E-retailer Finance", *European Journal of Operational Research*, Vol. 283.

Yan N., Sun B., 2013: "Coordinating Loan Strategies for Supply Chain Financing with Limited Credit", *OR Spectrum*, Vol. 35, No. 4.

Yang H., Zhuo W., Shao L., 2017: "Equilibrium Evolution in a Two-echelon Supply Chain with Financially Constrained Retailers: The Impact of Equity Financing", *International Journal of Production Economics*, Vol. 185.

Yang S. A., Birge J. R., 2018: "Trade Credit, Risk Sharing, and Inventory Financing Portfolios", *Management Science*, Vol. 64, No. 8.

Yu H., Yan X., 2022: "Advance Selling under Uncertain Supply and Demand: A Robust Newsvendor Perspective", *International Transactions in Operational Research*.

Zhang D., Vigne S. A., 2021: "The Causal Effect on Firm Performance of China's Financing-pollution Emission Reduction Policy: Firm-level Evidence", *Journal of Environmental Management*, Vol. 279.

Zhang X., Xiu G., Shahzad F., et al., 2021: "The Impact of Equity Financing on the Performance of Capital-constrained Supply Chain under Consumers' Low-carbon Preference", *International Journal of Environmental Research and Public Health*, Vol. 18, No. 5.

Zheng Y. Y., Zhao Y. X., Wang N. M., et al., 2022: "Financing Decision for a Remanufacturing Supply Chain with a Capital Constrained Retailer: A Study from the Perspective of Market Uncertainty", *International Journal of Production Economics*, Vol. 245.